Philippines

菲律賓史

東西文明交會的島國

陳鴻瑜　著

三民書局

國家圖書館出版品預行編目資料

菲律賓史：東西文明交會的島國／陳鴻瑜著.－－增訂
　三版二刷.－－臺北市: 三民, 2018
　　面；　公分.－－(國別史叢書)

　ISBN 978－957－14－6199－1　（平裝）

　1.菲律賓史

739.11　　　　　　　　　　　　　　　105018782

© 　菲律賓史
──東西文明交會的島國

著 作 人	陳鴻瑜
發 行 人	劉振強
著作財產權人	三民書局股份有限公司
發 行 所	三民書局股份有限公司
	地址　臺北市復興北路386號
	電話　(02)25006600
	郵撥帳號　0009998－5
門 市 部	(復北店)臺北市復興北路386號
	(重南店)臺北市重慶南路一段61號
出 版 日 期	初版一刷　2003年6月
	增訂三版一刷　2016年10月
	增訂三版二刷　2018年1月
編　　　號	S 730120

行政院新聞局登記證局版臺業字第○二○○號

有著作權‧不准侵害

ISBN　978-957-14-6199-1　（平裝）

http://www.sanmin.com.tw　三民網路書店
※本書如有缺頁、破損或裝訂錯誤，請寄回本公司更換。

增訂三版序

　　六年匆匆又過，菲國在 5 月 9 日舉行了新一輪總統、各級政府首長和議會議員的選舉，在民意呼聲高的情況下，來自菲國南部納卯市的市長杜特地高票當選新一任的總統。杜特地經常脫口而出的驚世駭俗之語，引人側目，其菲式幽默，能擄獲菲人民心而告當選，誠非它國人可以理解。

　　回首六年來艾奎諾三世勵精圖治，菲國經濟漸有起色，平均年成長率達 6%，是東南亞國家中相當不錯的優等生。臺灣與之相比，相對不如，2015 年只有 1% 不到。艾奎諾三世透過修改法律，鼓勵外來投資，增加就業機會。對內則與南部穆斯林叛軍達成和解，簽署協議，最後雖未能獲國會支持通過，對南部和平仍是著有貢獻。

　　艾奎諾三世的另一成就就是打貪防腐，對馬可仕遺孀伊美黛和前總統艾洛雅的貪腐，透過法庭追贓。他懲治大貪官，目標明顯，人心大快，但中小貪官卻未被併同處置，亦是事功未盡全，貪污之風依然如舊。

　　艾奎諾三世的外交政策過於親美反中，為了南沙群島島礁問題而與中國對簿聯合國仲裁法庭，他與美國簽署加強防務合作，允許美軍重新駐守菲國基地，也企圖拉攏日本以圍堵中國勢力在南海的擴張。南海周遭似乎又重回冷戰氛圍。不過，這樣的對峙緊張情勢，在杜特地總統時代，恐將逐漸褪去，杜特地主張與中國在南海地區共同開發資源，以及歡迎中國增加對菲國的投資。在杜特地領導下菲國政治社會將會展開歷史新頁。

陳鴻瑜謹誌

2016 年 9 月 27 日

增訂二版序

　　八年前撰寫菲律賓史初稿時，恰好逢其爆發第二次人民力量革命，群眾經常在街頭示威，社會充滿暴戾之氣。革命的結果，迫使艾斯特拉達總統下臺。人民總以為推翻國家領導人就可以換來更好的生活，其實歷史總是無法重塑美好願景，新上臺的女總統艾洛雅，不如艾奎諾夫人那樣清廉及受人民愛戴，艾洛雅走的是傳統菲國政客的老路，任內一再遭到國會貪污的指控和彈劾動議。

　　在艾洛雅八年治下，菲國經濟沒有好轉，貪污之風依然如舊，在國外從事勞務的菲人高達七、八百萬人，2007～2008 年甚至出現糧食不足現象。菲人為了感念艾奎諾夫人的貢獻，在 2010 年選舉其兒子艾奎諾三世為總統，受苦難的人民望治殷切，艾奎諾三世能否勵精圖治，猶待觀察。

　　這八年中，菲國政治、經濟和社會發展進展遲緩，選舉的暴力、南部穆斯林動亂及新人民軍的叛亂活動亦未止息。值此再版之際，本書增補了上述資料，俾讓讀者知道菲律賓的近期情勢。

陳鴻瑜謹誌
2011 年 3 月 29 日

自　序

　　菲律賓是一個群島、多元種族和宗教信仰的國家。在西班牙殖民統治前，信史缺乏，在中國古籍文獻上，略有記載，但並不詳盡，尤缺人文、種族背景之描述，以至於對早期菲律賓的歷史，有各種不同的推測。儘管菲島族群之來源的論述，各有其本，但非本書之宗旨，故僅略述其族群聚落之分佈。

　　菲國較為明確的歷史，應從西班牙自1521年航抵菲島開始。西班牙將它殖民統治菲島的歷程一一加以記錄，留下豐富的歷史文獻。然而，作為一個民族國家，菲律賓在短短的歷史裡，竟從1521年到1946年是被外國殖民統治，所呈現的歷史，也就是外國在菲島的殖民史。一個民族缺乏自主歷史觀點，毋寧是種悲哀。菲律賓人應是感受良深。以至於近數十年來，菲國知識份子意圖重新尋求其民族定位，而以反美為催化劑。戰後菲國知識份子尋求民族認同，強調國家主權地位，確立本國歷史精神，已成為菲國民族主義運動的一環。

　　寫一國歷史，難也。所謂難，並非資料難尋，而是難以在論述中給予菲律賓歷史一個客觀的評論。其次，筆者為政治學者，並非歷史學者，寫一國歷史，難免偏重政治史，寫作方向和取材難免有偏。第三，受到叢書字數之限制，因此史事材料之取捨，難免厚此薄彼，何者宜多，何者宜少，權衡難免有失。

　　本書編輯，為使版面生動，需附人物及文物圖片，但此些圖片在臺灣蒐集不易，乃洽請菲律賓中正學院院長施約安娜女士代為尋覓適當圖片，對於她的協助，謹致謝忱。

陳鴻瑜謹誌

2003 年 3 月 6 日

菲律賓史

東西文明交會的島國

目　次

contents

Philippines

第 I 篇
十六世紀前的菲律賓

第一章
遙遠的記憶：史前文化

　　早期菲律賓史可以溯及遠古的石器時代。菲島很早就有石器時代的人類活動遺跡，以後慢慢演化至新石器時代及鐵器時代。由於菲國係群島地形，因此舊石器或新石器使用的分佈就相當分散，並非同時可在各個島嶼上見及。

第一節　舊石器與新石器時代

　　根據已出土的器具研判，舊石器時代距今約有 30,500 年。這個時期的石器較為粗糙、沒有磨利，主要用來砍樹和造園。

　　在菲島出現的人類大概在 500,000 年前。在卡加揚河谷發現人類使用的器具，但沒有發現人類遺骨。在出土的石器中，有兩個遺址最受矚目，一個是在菲南的巴拉望島的塔奔窟 (Tabon Cave)，另一個是在卡林加的麗灣（屬於卡加揚河谷的一部份，現在易名為黎薩）。

　　麗灣石器的特點是只在一面打薄，形狀較為平滑，便於切割東西。而塔奔人除了能使用器具外，其居所選擇也極具巧思。其洞穴位在高地，面向南海，洞口開闊，可讓人方便進出，陽光可直射進洞內，洞內可保持光亮和乾燥。

　　塔奔人使用的石器年代約在西元前 28,500–前 6,500 年之間。洞內

圖 1：菲律賓群島地圖

留有使用火的證據，足見塔奔人已知道用火燒烤食物。

在塔奔窟附近也發現古力窟 (Curi Cave)，估計使用年代在西元前5,000–前 500 年之間。該洞窟發現的石器較塔奔窟小，但磨得較為銳利，足見其工藝技術較為進步。

在巴坦加斯的塔爾窟 (Taal Cave) 也發現石器，大多數為用較堅硬的燧石和石英石做成的石斧。

這個時期的菲人已開始懂得農業技術，有稻米、甘藷、芋頭、香蕉，甚至還養有家禽。

到了新石器時代，出現製陶技術，使得人類生活發生重大變化。

陶器可能首先是在埋葬死人時使用，可能用來裝小孩的屍體。後來將死者的牙齒、頭骨等放入陶甕中。

第二節　金屬時代

考古學家認為西元前 500 年是金屬時代的開始，人類利用各種金屬製造器具和裝飾品。金屬工具的使用，也改善了農耕技術和生活方式，使得人類能維持及改善進步的經濟生活條件。

史前人類首先使用的金屬是銅，繼之為青銅。在菲島可發現數處出產銅礦，但青銅卻非菲島產品，因此歷史學家認為可能是由其他亞洲地區的商人帶來的。在菲島數處地方都發現青銅器製品，在黎薩省和武拉干省都發現青銅器裝飾品，例如耳環；在米骨省，發現手鐲和工具；在馬斯巴提島，發現大小不同的青銅鐘；在高迪里拉的中央地方也發現許多青銅和銅製品。

圖2：巴拉望島出土的新石器時代陶器

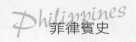

第三節　菲人族群的來源

關於菲人族群的來源，有的從考古學，有的從人類學，有的從語言學的角度提出看法，尚無定論。

在各種論述中有一個特點，即是承認菲島有一個相當早的小黑人族群，他們大概在西元前 25,000–30,000 年前從南部移入菲島，他們沒有形成政府組織、文字、藝術、科技和教育體系，而以採集和狩獵為生。目前在菲島還有他們的族群存在。在蘇比克灣工業區附近即有一處小黑人族群，他們的居住區成為觀光的景點。

其次移入菲島的是印度尼西亞種人，首波是在西元前 3,000 年前，第二波是在西元前 1,500 年前移入菲島。他們已懂得農業，在高地種稻，用竹筒煮飯，但沒有陶器。他們知道使用弓箭、矛和吹箭。

再隨後移入的是搭乘叫「巴朗蓋」(Barangay) 的船跨海而來的馬來人，時間大概在西元前 200 年開始移動，持續到十五世紀。他們已知道使用鐵器，以鐵製造器具和武器，知道製陶技術，用手紡織和織布，製造玻璃珠、手鐲、玻璃，農業更為發達，具有宗教、文字以及政府組織的雛形。

另有學者認為呂宋西部的早期住民是約在西元前四世紀時從越南北部移來，他們承襲了製陶技術和在山坡種稻之梯田特色。他們以種稻為主，顯然與臺灣早期住民以種小米為主不同。

由於海島的地理環境，所以周邊的大洋洲和波里尼西亞、巴布亞等地的土著，也航海抵達菲島，和菲島的土著混血。因此，一般將新近移入菲島的馬來族群稱為混血馬來人，或稱新馬來人，他們就是今天菲國的主要人種來源。不過，因為地理分隔、不同種族的混血、以及語言的變化，今天菲國有八十七種語言族群團體。

第四節　菲人發源地——班乃島

根據古代班乃島的文獻，在十三世紀中葉印尼蘇門答臘的室利佛逝的勢力曾到達婆羅洲島，該島統治者馬卡土諾蘇丹 (Sultan Makatunaw) 採取高壓統治，導致島上十名馬來酋長攜帶眷屬、戰士和奴役逃離婆羅洲，航抵班乃島。當時班乃島是小黑人居住，雙方經過交涉，由馬來人以黃金購買島上的平原地帶，小黑人則退至山區居住。以後，有七名馬來酋長定居在班乃島，另外三名酋長則繼續往北航行到呂宋島的塔爾湖（在今天的巴坦加斯）。

在班乃島上的酋長們為了相互保護，組成馬迪亞亞斯邦聯 (Confederation of Madya-as)，由蘇瑪奎爾酋長 (Datu Sumakwel) 為統治者。日後逐漸擴散到周鄰的島嶼，今天稱該地區為米賽亞 (Visaya)。

無論是菲島的中部或北部的呂宋地區，馬來人逐漸建立起來的統治政權，形成當地的主要部落，直至十六世紀初葉西班牙勢力進入菲島後才一一被征服。

第五節　早期菲人的文化

一、住屋與家庭制度

早期菲人聚居的地方大都靠近海灣、海岸及河流出口地帶，群居的人數少者約五十人，較大者有二千人以上。聚居的村落位置，以可以獲得食物來源為主要考慮；亦有靠近海岸或河流出口，主要以交通便利為考量。由於菲國島嶼眾多而且分散，人民移動過於頻繁，難以形成大的帝國。

文化信仰也影響菲人家庭和社群的建立，例如，當屋主感覺他觸怒了房子的神靈時，他會迅速搬家，另覓新家，以防報復。

　　早期菲人蓋房子也很謹慎，以防敵人攻擊。他們習慣在屋外蓋籬笆圍起來，用棕櫚樹幹作圍牆，木頭柱上塗滿泥巴。

　　菲人的住屋是用木頭柱子，上覆椰子葉，整棟屋子離地約三至四公尺。屋內分二到三個房間，可作為臥室、儲藏室和會客室。地板到地面的空間則用來養雞、豬、羊和水牛，也可作為儲藏室或工作室。在內陸地區可發現在樹上蓋屋，以防止野獸或敵人的攻擊。

　　早期菲人的經濟活動，以農耕、漁獵、畜養家禽和豬、採金礦和貿易為主。菲人採用燒耕方法種稻，後來使用水耕種稻，主要在低地平原地區。貿易主要是與中國往來，中國商人帶來瓷器、鏡子、翡翠等商品，換取菲島的蜂蜜、樹脂和黃金。

　　菲人家庭生活非常緊密，維持著強烈的家族關係。早期社會分為四個階級：酋長、貴族、自由民和奴隸。酋長為一個村落的首長，酋長和貴族大都為同一家族成員，自由民則為一般平民，他們沒有私有財產，皆由酋長控制。那些因出生關係、無法償債、買賣、罪犯和戰敗者，可能成為奴隸。菲島婦女則享有很高的社會地位，她們與男性一樣受到尊重。菲國是男女雙系家庭制，子女可從母姓。

二、政治體系——「巴朗蓋」

　　早期的菲律賓沒有統一的中央政治組織，僅有散佈各地的村落，菲律賓人稱為「巴朗蓋」。這是因為菲人實施大家族制，家族之間藉由聯姻與安全互保而結合組成的。由於群島地形上的限制，「巴朗蓋」之間往往因征伐兼併而互有消長，所以各地的「巴朗蓋」組織規模甚小，其組成的家庭數目各有差異。一般而言，每個「巴朗蓋」包括三十到一百個家庭，平均約五十個家庭，有些規模甚至大如城鎮，如宿霧、馬尼拉和維庚（在呂宋西北）就約各有二千人的社區。

　　以大家庭為基礎形成的「巴朗蓋」組織，雖為一種族團體，而非嚴格意義的「政治」社會。但是由於仍然具備人民、政府、主權和土地等四個要素，不失為國家的雛形，大致上，較近似於古希臘城邦的

特性。「巴朗蓋」的政治形式是貴族制和君王制的混合，或係一種有限的君王制。「巴朗蓋」的統治者通稱為酋長，有些地方稱為拉康 (lakan)、哈代 (hadye)、拉闍 (rajah)、加特 (gat)、蘇丹 (sultan)。酋長屬於貴族階級，他是「巴朗蓋」社區的制法者、執法者、裁判者和軍事領袖，分配灌溉農地給族人；但酋長的權力不是絕對的，在決策、宣佈法律、宣戰、締約和仲裁裁判時，尚須經長老的參贊，且須遵循傳統習慣與法律。酋長與長老共同決定「巴朗蓋」政策事務，構成「巴朗蓋」政策的領導者。

「巴朗蓋」政治體系係以家族團體為基礎，基於家族關係的團結、忠誠以及安全上的需要，故組織成員對「巴朗蓋」的認同非常強烈。蓋不如此，即有可能因戰爭失利而淪為其他「巴朗蓋」的奴隸階級。這種家庭型態的組織形式，造成「巴朗蓋」之間的距離，每一「巴朗蓋」是獨立自主的，除因戰爭和貿易外，彼此很少往來。雖然「巴朗蓋」之間有因互助與婚姻而結成「邦聯」組織，例如十三世紀由蘇瑪奎爾酋長領導的馬迪亞亞斯邦聯，和由索利曼酋長領導的巴石南方邦聯 (Confederation South of Pasig)，但是這些邦聯組織鬆散，各「巴朗蓋」仍認同其地方主義，未能團結組成「國家」的組織型態。

三、宗教與信仰

宗教在菲人日常生活中扮演重要的角色，他們相信超神靈，稱為「巴撒拉」。他們認為「巴撒拉」是上蒼、地球和人類的創造者；他們也相信農業神祇伊地安那女神；米賽亞人信奉死亡之神「西達帕」；邦加絲蘭人 (Pangasinense) 信奉戰神「阿波拉基」；伊洛干諾人 (Ilocano) 崇拜美麗女神「達蘭」。

基本上，早期菲人的宗教信仰是傾向萬物有靈崇拜，舉凡山、川、木、石都成為膜拜對象，因為他們相信死去親人的靈魂可能附在萬物之中。早期是由祭司或女祭司執行這類宗教祭典，祭禮通常在屋內舉行，伴隨著唱歌和跳舞。

　　早期菲人對葬禮也極為講究，人死後，要洗淨，塗以香水，穿上衣服。屍體存放在洞穴內或朝海的一面，撿骨後則另置於陶罐內。埋葬時，會將亡者的衣服、食物、珠寶、家庭器物、武器，甚至奴隸陪葬。葬禮時，親人則著白衣陪侍在旁。若是酋長逝世，則暫停戰爭以及相關的活動，唱歌也被禁止，特別是船返航的時候，所使用的槍矛的矛尖都須朝下置放。

第二章
新興宗教的傳入

第一節　伊斯蘭教傳入

關於伊斯蘭教何時傳入菲島，沒有信史的依據。傳說中，在不知的年代，有一艘船叫「巴朗蓋」航抵民答那峨島南部上岸，他們開始耕種，也從事航海貿易，在伊斯蘭教傳來以前，他們就與中國、印尼、中南半島有貿易往來。蘇祿群島上的和魯成為商業貿易的中心，吸引了各地的商人前來，其中包括來自馬來亞的伊斯蘭教商人和傳教士。

根據蘇祿早期的家譜文獻〈塔西拉〉以及若干伊斯蘭教皇室家族的記載，在十三世紀和魯的巴德酋長 (Bud Datu) 統治時，就有穆斯林社區。據說一位名叫馬沙伊卡 (T. Masha Ika) 的外來穆斯林與當地酋長女兒結婚，其子女變成穆斯林，以後部份托索族人也逐漸伊斯蘭化。

1380 年另一位伊斯蘭教傳教士馬卡敦來到和魯，繼續傳佈伊斯蘭教，改宗信仰伊斯蘭教者日眾。據稱這些傳教士是因為逃避蒙古軍於 1258 年入侵巴格達而前往蘇祿的。

在十四世紀末葉，一位蘇門答臘米南加堡的王子巴金達 (Baginda)，是一位穆斯林，率領衛士抵達和魯，在佔領和魯後，與當地酋長女兒結婚，以後伊斯蘭教遂為其子民所接受。

另一位將伊斯蘭教傳至菲島的人是烏爾哈辛 (Shari ul'Hasim)，又稱為阿布巴卡 (Abu Bakr)。據信他在十五世紀中葉抵達和魯，與拉哈・巴金達的女兒巴拉米蘇莉 (Paramisuli) 結婚，後來建立了蘇祿王國，王號為「阿布巴卡蘇丹」。經由他的努力，伊斯蘭教不僅在和魯，而且在鄰近沿岸地帶傳佈開來。

約在 1475 年，一位來自馬來半島柔佛的王子卡邦蘇萬 (S. M. Kabungsuwan)，在海上遭遇暴風雨漂流至民答那峨的古達描（當時叫馬金達諾，Maguindanao）。他開始傳佈伊斯蘭教，遠至內陸的普蘭吉河。在十六世紀末葉，馬金達諾變成伊斯蘭教地區，他們獲得蘇祿和摩鹿加群島的德那地等地穆斯林的支援，對抗西班牙人的入侵。古達描成為民答那峨島伊斯蘭教的中心。

伊斯蘭教傳入菲南，除了改變宗教信仰外，也改變了一些稱呼，例如傳統酋長叫達杜 (Datu)，以後改稱為蘇丹。但並非所有伊斯蘭教部落酋長都改稱蘇丹。穆斯林有其獨特的文化、藝術、音樂、繪畫和法律制度。

圖 3：馬金達諾統治者古達特拉蘇丹

第二節　穆斯林住區

　　菲國全境有穆斯林約四百萬人，主要分佈在菲國南部的馬金達諾、南蘭佬、北蘭佬、北古達描、南古達描、蘇祿、塔威塔威、巴西蘭、南三寶顏、北三寶顏、南納卯、巴拉望、古達拉蘇丹等十三省。主要族群為托索族、西亞西族、沙摩爾族、馬金達諾族、瑪瑞諾族、山吉爾族、雅堪族、巴耀族、巴拉望尼族、米勒布加蘭族、巴哥勃斯族。

　　上述各族群有各自的方言和生活方式，例如瑪瑞諾族長於繪畫和藝術，巴耀族長於航海，以海為家。瑪瑞諾族與其他族群較少來往，因此能保留較為獨特的文化。他們的習慣、藝術、信仰、傳統，以及對伊斯蘭教信仰的程度，也不盡相同。儘管如此，他們自認為是一個伊斯蘭教族群，有別於菲島中部和北部的天主教族群。因此，從西班牙入侵以來，他們就極力抗拒天主教徒的移入。

第三章
早期菲律賓與亞洲鄰國關係

第一節　菲島與中國

　　菲島與中國的關係約開始於第十世紀。982 年有菲人（當時稱麻逸，位在今天的民多洛島）前往廣州從事貿易。在十四世紀中葉和十五世紀達於頂峰。有些考古發現更認為在唐朝時即有中國瓷器經由阿拉伯人運往菲島，菲島有很多考古遺址發現唐朝的瓷器，足以證明。在宋朝時，還從中國運來大型的陶罐，可能作為埋葬或裝飾之用。

　　1372 年元月，呂宋遣使向中國朝貢。1405 年合貓里（位在今天的呂宋東南方的薩馬島）遣使向中國朝貢。1406 年 8 月馮牙施蘭（邦加絲蘭）的酋長玳瑁、里欲二人各率其部屬至中國朝貢。1410 年復朝貢中國。1417 年 9 月 21 日，蘇祿東王、西王、峒王及眷屬、臣僚三百四十人訪問中國，在中國停留二十七天。在歸途行經河北省德州時，東王病逝，明朝永樂帝諡為「恭定王」。除其二子和三子留在中國守墓外，明朝派宦官張謙於同年 12 月 15 日陪伴其長子、西王、峒王和其他隨員返回蘇祿。1420 年 11 月 16 日張謙夥同古麻刺朗（位在民答那峨島南部納卯〔Davao〕市附近）國王前往中國。隔年 5 月 27 日，古麻剌朗國王返國途經福建時病逝，永樂帝諡為「康靖王」。

有相關研究指出，鄭和下西洋時，其部屬曾於 1406–1407 年訪問林牙彥，1408–1410 年訪問馬尼拉，1417 年訪問民多洛和蘇祿。菲島的土著國家蘇祿國最後一次前往中國朝貢的年代是在 1763 年。

菲島與中國來往，其文化、衣著、飲食習慣、風俗、語言等皆受到中國的影響，主要表現在下述幾方面：包括使用瓷器、傘、銅鑼、銀及其他金屬；冶金術、礦物、火藥和其他武器；衣服、褲子、雨衣、帽子、拖鞋；貴族穿黃色衣，平民穿藍色衣；放風箏；訂婚、媒妁、長幼有序、敬老尊賢；在達加洛語中借用漢語；簡樸耐心、勤勞、家族團結等。

菲南的和魯、民多洛、馬尼拉等地都成為與中國進行貿易的中心。

第二節　早期菲律賓與臺灣的關係

在宋朝時，趙汝适著的《諸番志》一書曾提及毗舍耶的地名，它可以位在臺灣南部。而毗舍耶也是位在今天菲島中部的土著族名和地名，菲名稱為 Visaya，顯示早期臺灣和菲律賓土著有關連。中國古籍提及毗舍耶人和白蒲延人在十二世紀騷擾泉州海岸的居民，白蒲延即今天呂宋島北部的巴布煙群島。

1573 年，海盜林鳳（或稱林亞鳳）從澎湖遷移至臺灣魍港（今布袋一帶），為福建總兵胡守仁所敗。是年冬進犯福建，又為胡守仁所敗，追擊至淡水洋，沉其二十舟。1574 年 11 月 23 日，海盜林鳳即從魍港出發，率領六十二艘戰艦，二千名陸軍，二千名海軍，一千五百名婦女，以及許多農民和工匠、家具、農具、種子、家禽等移居菲律賓，在進攻馬尼拉時為西班牙和土著聯軍所敗。林鳳逃至邦加絲蘭 (Pangasinan)。在阿哥諾 (Agno) 河口據地稱王。1575 年 3 月 22 日，西班牙軍隊擊敗林鳳，摧毀林鳳在林牙彥灣 (Lingayen Gulf) 內的艦隊，並對林鳳之據點進行包圍。8 月 3 日，林鳳乘小船逃離菲律賓。

1593 年，西班牙當局曾計畫出兵佔領臺灣，派遣一支二百人的艦

隊出兵，但在出馬尼拉港到巴旦 (Bataan) 海岸外時，遭到巨風，被迫折返馬尼拉。

　　1626 年，站穩腳步的西班牙軍隊出兵佔領北臺灣的基隆，在社寮島（和平島）和小基隆東方築城，並在附近高處築砲臺。1629 年，進而在淡水紅毛城築砲臺駐守，並設立天主教堂及學校。西班牙建造四座大城與一街市，即聖三位一體 (Sanetissimo Trinidado)、聖安東尼奧 (St. Antonio)、聖米崙 (St. Milan)、聖奧古斯丁 (St. Augustin) 以及雞籠街 (St. Salvador) 與淡水的聖多明哥 (St. Domings) 堡壘。1636 年 11 月因西班牙人苛虐淡水土著，要求已婚土著每年課徵家雞二隻及米三 gautang 之稅，引起土著反抗，攻擊淡水城，殺害西班牙人三十人，其餘的西班牙人遂逃至雞龍避難。以後西班牙人在北部與土著形成對峙局面。

　　西班牙在北臺灣的發展，引起在臺南荷蘭人的不安，曾致函要求西班牙軍隊撤走，卻遭到拒絕。1641 年 8 月，荷蘭從臺南出兵攻打雞籠島（今和平島），僅將雞龍島對岸的金包里村 (Kimpaulij) 燒毀後，即返回臺南。荷人同時致函西班牙守將投降，為西班牙守將所拒。1642 年 7 月，荷蘭再度出兵襲擊基隆港和淡水，才將西班牙的勢力逐出臺灣。1662 年 2 月 1 日，鄭成功率領福建廈門地區的軍隊攻臺，荷人敗降簽約，驅逐荷蘭人後，臺灣才成為漢人治理的地區。

　　鄭成功控制臺灣後，為宣揚國威，於 1662 年 4 月 25 日，派遣義大利神父李西歐 (Fray Victorio Riccio) 攜函前往馬尼拉，要求馬尼拉總督拉勒 (Don Sabiniano Manrique de Lara) 每年來朝納貢。但為拉勒總督所拒，甚至準備作戰，他解除了非基督徒華人的武裝，將之驅逐出境，撤退西班牙在三寶顏 (Zamboanga) 和摩鹿加群島的前哨據點，將軍力集中在馬尼拉。當地華人擔心戰爭爆發，有不少華人搭船前往臺灣。約有二千名留在馬尼拉的華人武裝自己，進行示威遊行，焚燒房屋，與當地人發生衝突，西班牙軍隊進行鎮壓，華人被害一千五百多人。鄭成功對馬尼拉的招諭沒有獲得正面的效應。同年 5 月 8 日，鄭

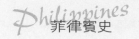

成功去世，李西歐神父勸服鄭經放棄出兵菲島之企圖。1663 年，李西歐神父第二度前往馬尼拉，洽商簽訂臺灣與菲律賓的貿易條約。

第三節　菲島與阿拉伯

大約第九世紀，阿拉伯人直接與菲島有接觸，當時阿拉伯人到中國廣州從事商業往來，亦有阿拉伯人轉往菲島尋找商業機會。阿拉伯傳教士後來也到菲島傳播伊斯蘭教。在十五世紀末西班牙抵菲島前，菲南的伊斯蘭教勢力已很堅強。菲南建立了數個伊斯蘭教蘇丹國政權。

第四節　菲島與印度、印尼

古印度文化對東南亞文化的影響很大，史前時代，印度人透過海上活動將其文化傳至東南亞，印尼群島和菲島、中南半島海岸地帶的越南中部（古稱占城或占婆）、柬埔寨等都受到印度文化的影響。

大約在西元前 800 年至西元後 800 年，印度文化曾傳至菲島，在諾瓦里契斯 (Novaliches) 遺址曾發現從印度傳來的念珠和玻璃手鐲。在第七世紀時，印尼蘇門答臘出現了一個大的佛教王朝——室利佛逝，在第八世紀成為東南亞海、陸的強權力量。該帝國顛峰時期勢力達到馬來亞、錫蘭、蘇門答臘、部份爪哇、婆羅洲、西里伯斯和菲律賓南部。有些學者則反對上述觀點，認為並無證據顯示該印尼王朝曾統治過菲島及其以北地區。

無論考古說法如何，古印度與菲島的關係可能是屬於商業性質，而且可能是從印尼傳至菲島。印度文化對菲島的影響有幾方面，包括音節文字、宗教信仰、哲學、語言、衣著和經濟活動。在菲國國語中，有三百三十六個字是印度梵語。許多菲人相信宿命論、犬儒主義、忍耐和自尊等，大都是印度哲學的一部份。

菲人穿沙龍或裙子、刺繡披肩、緊身褲子等，都受到印度服飾的

影響。金屬手工藝和使用武器等，亦是受到印度的影響。

第五節　菲島與日本

　　菲島與日本的關係約開始於 654 年。當時有一艘船從托克哈拉國搭載兩名男子和兩名女子航行日本南部觸礁沈沒，日本學者認為該托克哈拉國是菲律賓。在西班牙勢力進入菲島之前或以後，西班牙軍隊曾與日本倭寇發生衝突。例如，1572 年西班牙軍隊在邦加絲蘭外海與三艘日本海盜船發生戰鬥。1582 年西班牙派軍隊前往卡加揚河口驅逐在當地盤據的日本人，該批日本人由泰福沙領導，在該地建立一個王國。

　　自十三世紀起，菲島和日本雙方展開商品貿易，有些日本人定居在卡加揚、林牙彥、馬尼拉等地。日本人引進了一些工業技術，例如皮革製造、工具、武器製造、人工飼養鴨子和魚。

　　與中國和印度相比，日本文化對菲島的影響較小。

Philippines

第 II 篇
西班牙統治下的菲律賓

第四章
第一次白人入侵：西班牙

第一節　麥哲倫東來

一、葡、西對海權衝突

　　葡萄牙是個濱海國家，它之所以對拓展海外活動有興趣，應歸功於其皇室成員。亨利王子是位航海家，他拓展海外活動有三個原因：一是希望獲得海外領土，以便將其居民轉變為基督教徒；二是希望取得非洲奴隸貿易權益；三是想與亞洲國家貿易。他在 1400 年代初設立一所航海學校，專門培養航海人才。當時在大西洋的航海路線，是以西歐沿海地區為主，而不敢越過葡萄牙以南的西非海岸地帶。直至 1488 年迪亞茲 (B. Diaz) 才大膽的航向西非以南沿海地帶，繞經非洲南端的好望角，進入印度洋。1498 年，達加瑪 (Vasco de Gama) 抵達印度，後來帶回許多珠寶和香料。此一新航路所帶來的商品遠較陸路運輸便宜，而陸路和海洋運輸大多為阿拉伯人控制。

　　西班牙是另一個海權國家，國王佛迪南支持哥倫布航海尋找新航路到印度。哥倫布相信往西航行可到達印度。1492 年 8 月他率領三艘船從西班牙出航，穿過大西洋。經過兩個月航行，抵達加勒比海，發

現一個小島，他命名為「聖薩爾瓦多島」。他繼之又發現附近數個小島，然後返回西班牙，宣稱他已到達印度海岸。事實上，他到達的是今天中美洲的西印度群島。

葡萄牙和西班牙經常為新發現的群島而發生爭端，為解決此一問題，乃將紛爭訴請教皇仲裁。1493 年教皇發佈教皇分界線，是在大西洋的中間畫一條從北極到南極的想像線，線以西新發現的群島歸西班牙所有，線以東的則歸葡萄牙所有。1494 年西、葡又簽訂〈托得西拉斯 (Tordesillas) 條約〉，將該線往西移。

當西班牙繼續派遠征軍前往摩鹿加群島時，與葡萄牙發生對於該群島的所有權爭議，雙方皆宣稱該島位在 1494 年雙方所簽署的〈托得西拉斯條約〉所規定的分界線內。為解決此一問題，以及西班牙國王查理一世為應付歐洲戰爭，急需經費，而於 1529 年 4 月 22 日與葡萄牙簽訂〈札拉哥沙 (Zaragoza) 條約〉，以三十五萬金幣出售摩鹿加群島的所有權主張給葡萄牙。他也在該約中同意將分界線定在摩鹿加群島以東的 297 1/2 里格（約 1,430 公里），位在該線以東的土地屬於葡萄牙，以西則歸西班牙。然而，由於當時地理知識不足，葡萄牙根本不知道根據該條約購買的土地原本即是屬於它的，因為摩鹿加群島（以及菲律賓）係位在該線內原屬於葡萄牙的領域。

二、劃時代的航越太平洋之行

麥哲倫是葡萄牙航海家，他相信往西航行可以到達東方，找到東方出產的香料、瓷器、黃金，此一信念為西班牙國王查理一世所接受，因此他為西班牙服務。在 1519 年 9 月 20 日從西班牙聖魯卡港口出發，率領五艘船，二百六十五名水手出發，沿非洲西岸航行，穿越大西洋，到達南美洲東岸巴西，再沿南美洲東岸南下。1520 年 10 月 20 日他發現一個海峽，命名為「聖者海峽」（後改名為麥哲倫海峽）。繞道該海峽進入太平洋，他發現該海洋相當平靜，故稱為「太平洋」。11 月 28 日他帶領三艘船開始航向太平洋，展開一個劃時代的航越太平洋之行。

經過四個月遭逢疾病、飢餓和口渴的航行，於隔年的 3 月 6 日始到達關島，獲得飲水和食物。由於島民偷了他的一艘船，他便燒毀四十到五十間民房、殺了七名土著，並將該島稱為「盜賊之島」。3 月 9 日他離開關島，繼續向西行。八天後，到達菲島中部薩馬島以南的荷蒙宏島，受到土著的歡迎。他再前往林馬沙瓦島，同樣受到歡迎，透過他的蘇門答臘奴隸與土著用馬來語溝通，他並與土著酋長可蘭波 (Rajah Kolombo) 於 1521 年 3 月 29 日歃血為盟。3 月 31 日在林馬沙瓦島舉行首次天主教彌撒儀式。他開始教化當地土著信仰天主教，並把該群島命名為「聖拉撒路斯群島」。隨後他又前往宿霧 (cebu) 島，與宏馬文拉闍 (Rajah Humabon) 歃血為盟。他在宿霧島播下了天主教的第一粒種子，由華德拉瑪 (Valderrama) 神父在 4 月 4 日執行首次受洗儀式，有八百名宿霧土著受洗，其中包括宏馬文拉闍及其夫人。

在馬克坦島上有兩個部落相互敵對，蘇拉部落親近麥哲倫，而拉布拉布 (Lapu-Lapu) 反對西班牙的主權。4 月 26 日蘇拉的兒子來到宿霧，攜帶兩隻羊作為禮物，請求麥哲倫協助攻擊拉布拉布。麥哲倫沒有聽從部下的意見，執意介入這兩個部落的戰爭。翌日麥哲倫率一千名宿霧土著軍和六十名西班牙軍隊進攻拉布拉布，結果麥哲倫被土著以毒箭射中腿部身亡。拉布拉布成為首位擊敗歐洲人的菲島英雄。

西班牙軍隊在遭此挫敗後，準備返回西班牙，5 月 1 日宏馬文拉闍為他們舉行送別晚會，然而參加的二十七個人全遭土著殺害。經此事變後，殘餘的西班牙軍隊只乘兩艘船返回西班牙，在 11 月抵達摩鹿加群島。其中一艘船「維多利亞號」裝滿香料，在 12 月 21 日啟程離開摩鹿加群島。船上有六十人，其中有四十七位歐洲人，十三位馬來人。1522 年 7 月 9 日「維多利亞號」航抵葡萄牙所控制的維德角群島，船長皮嘎菲塔 (Pigaffeta) 發現他的航行日誌時間比歐洲時間晚一天。儘管他們隱藏他們的國籍，但為葡萄牙當局所查知，乃匆促駛離該港口，以致有十三人被葡萄牙逮捕。9 月 6 日只有十八人終於安全返抵西班牙的聖魯卡港。後來在維德角群島被葡萄牙逮捕的十三人也安全

回到西班牙的士維拉市。另一艘船「千里達號」則被葡萄牙逮捕，1526
年有四名船員返回西班牙。在二百六十五人的遠征軍中，最後只有三
十五人平安返回西班牙。

1522 年西班牙國王法庭舉行一次調查，為何會發生宿霧島大屠殺
歐洲白人事件？結果查出係因為歐洲白人行為粗暴，強暴土著婦女所
引起。

麥哲倫的歷史性航行，為期二年十一個月又十六天，不僅對菲律
賓，而且對世界具有重要意義。之後西班牙開展了對菲島的殖民統治，
並發現了到亞洲的新航路，增加了歐洲對亞洲的瞭解。另一個重大意
義是麥哲倫從另一方向航行也可抵達東方，證明了地球是圓的。

第二節　其他遠征軍東來

由於麥哲倫成功發現菲島，西班牙國王查理一世下令在 1525 年 7
月 24 日展開第二次遠征行動，由羅義沙 (G. J. de Loaisa) 率領七艘船、
四百五十人，跟隨麥哲倫的航行路線前往菲島，於 1526 年 9 月 19 日
到達民答那峨島。原本要繼續航向宿霧島，但被逆風吹向摩鹿加群島
的蒂多蕾島，遂與土著結盟，與葡萄牙進行三年多的戰爭。

1526 年 4 月 3 日西班牙再派遠征軍，由卡伯特 (S. Cabot) 率領四
艘船、二百五十人，但只航行到巴西，因人員傷亡慘重以及一無所獲，
而於 1530 年 8 月返回西班牙。1527 年 10 月 31 日，再由沙維德拉
(Saavedra) 率領三艘船、一百一十人自墨西哥出發，目的有四：

1. 尋找 1521 年離開宿霧後，攝拉諾及其他殘存者的下落。
2. 尋找在摩鹿加群島被遺棄的「千里達號」的下落。
3. 尋找 1526 年卡伯特遠征軍的下落。
4. 調查羅義沙遠征軍的下落。

　　沙維德拉的遠征軍於 12 月 29 日航抵關島。在稍事休息後，繼續航抵民答那峨島，發現了三名羅義沙遠征軍的人員，得知有八名在 1521 年宿霧大屠殺事件後殘存的西班牙人，後來被宿霧人賣給中國商人。沙維德拉的遠征軍原擬前往宿霧，但被風吹至蒂多蕾島，發現了羅義沙遠征軍的人員。他兩度想從美拉尼西亞返回墨西哥，皆告失敗，而於 1529 年逝於蒂多蕾島。翌年，他殘餘的部下和羅義沙殘軍共四十人向摩鹿加群島的葡萄牙軍隊投降。四年後，部份西班牙人被葡萄牙軍隊送至印度，再經過兩年，他們才輾轉回到西班牙。

　　1542 年 11 月 1 日第四次遠征軍由維拉羅伯斯 (R. L. de Villalobos) 率領六艘船、二百人，為節省經費，該遠征軍在墨西哥組織，由納維達港出發，目的在殖民統治菲島，將菲島人民天主教化。維拉羅伯斯在 1543 年 2 月 2 日抵達民答那峨島，遭土著抗拒，不提供糧食，他乃強迫水手們種玉米，軍人以只懂作戰而非農耕為由加以拒絕，復遭到摩鹿加群島的葡萄牙軍隊與菲島土著聯合拒賣東西給他們，導致這群飢餓的西班牙人找到任何能吃的東西就吃了，包括椰子花、貓、狗、老鼠、蝸牛、螃蟹、樹根。

　　1543 年 5 月 18 日維拉羅伯斯把菲島命名為「菲律賓納」(Filipinas)，以紀念查理國王的兒子菲律普王子 (Prince Philip)，菲律普王子後來出任國王，稱菲律普二世。由於在民答那峨島糧食不足，維拉羅伯斯只好航向摩鹿加群島，遭葡萄牙軍隊逮捕，翌年病逝於該島，殘餘的軍隊則於 1549 年經由印度和里斯本返回西班牙。

第三節　西班牙征服馬尼拉

　　菲律普二世登基後，為擴展版圖，於 1564 年 11 月 21 日派遣黎牙實比 (M. L. de Legazpi) 率領四艘船、三百八十人的遠征軍，從墨西哥納維達港啟程到菲島。其中一艘「聖路卡斯號」脫隊，於 1565 年 1 月 29 日抵達民答那峨島，運載當地一些香料即越過太平洋，於 1565 年

1 月 29 日回到納維達港。黎牙實比則於 1565 年 1 月 22 日航抵關島，2 月 13 日抵達菲島中部的宿霧島，未受土著歡迎，乃轉往薄荷島，受到熱烈歡迎。3 月 16 日，他與島上的一位酋長希卡土納 (Sikatuna) 簽署血盟。數天後，又與另一位酋長希嘎拉 (Sigala) 簽署血盟。

黎牙實比於 4 月 27 日登陸宿霧島，遭到抵抗，他使用大砲和毛瑟槍擊潰土著，雙方達成和平協議，宿霧酋長杜巴斯 (Tupas) 同意對西班牙國王進貢，並同意提供西班牙軍隊永久駐地，黎牙實比則保證保護土著。隨後有一艘來自呂宋的船，運載十八名菲人和貨物抵達宿霧，黎牙實比善待這些呂宋人。

黎牙實比在鞏固宿霧的據點後，想從宿霧尋找出一條可以返回墨西哥的航路，乃於 6 月 1 日派遣由其孫子沙爾熙多 (J. de Sakedo) 和烏達尼塔 (Urdaneta) 神父率領的遠征軍乘「聖彼得羅號」出發，沿著雷特島、薩馬島，穿過聖伯納迪諾海峽，往北行到北緯二十四度，至拉得龍尼斯再往東北方向走，到達北緯三十七度到三十九度，再轉向東行。10 月 8 日，航抵阿卡普爾科港，只有十人勉強維持體力。此後這條航線成為大帆船貿易的航路，開展了所謂大帆船貿易的時代，直至 1815 年菲律賓的議會代表建議開放墨西哥、加里福尼亞、秘魯、厄瓜多等港口與菲律賓貿易，才終止大帆船貿易。這條新航路對東西方商品貿易和文化交流貢獻匪淺。

由於宿霧的糧食不足、土著缺乏善意以及葡萄牙入侵的威脅，黎牙實比乃決定北上探查其他島嶼。1569 年他前往班乃島建立第二個殖民地。

1570 年 5 月 3 日，黎牙實比派遣一百二十名西班牙軍隊和六百名米賽亞人，由葛義蒂 (M. de Goiti) 率領前往馬尼拉。當時的馬尼拉由數個伊斯蘭教小國家治理，在巴石河河口以南由索利曼 (Soliman) 拉闍及其叔叔馬坦達 (Matanda) 拉闍聯合治理。河口以北則是由伊斯蘭教的唐多王國統治，由拉康度拉 (Lakan-Dula) 拉闍治理，據稱他是索利曼拉闍的叔叔。開始時西班牙軍隊受到索利曼拉闍的歡迎，但索利曼

不願簽署和平條約以及向西班牙國王進貢，因為他不願變成西班牙的附庸。雙方發生衝突，西班牙軍隊擊敗索利曼軍隊，俘虜八十八人，其中有中國人和日本人。為了避開颱風季節的來臨以及索利曼的報復，葛義蒂隨後即返回班乃島，向黎牙實比報告遠征馬尼拉的結果。

　　1571 年 4 月 15 日黎牙實比率二十七艘船、二百名西班牙軍隊和數百名武裝的米賽亞人出發前往馬尼拉。當西班牙軍隊抵達馬尼拉時，索利曼撤退至唐多地區。5 月 19 日西班牙軍隊佔領馬尼拉。黎牙實比與唐多地區的拉康度拉拉闇達成和平協議，拉康度拉拉闇承認西班牙主權，同意對西班牙國王進貢。黎牙實比以和平的方式佔領了馬尼拉。6 月 24 日黎牙實比建立市政府，正式宣佈馬尼拉為菲律賓首都。1574 年 6 月 1 日西班牙國王菲律普二世授予馬尼拉一個新名稱──「傑出及永恆的忠誠城市」。

　　1571 年 6 月 3 日索利曼率海軍攻擊馬尼拉的西班牙軍隊，索利曼及其他三百名菲人戰死，結束了菲人在馬尼拉的抵抗。

　　黎牙實比佔領馬尼拉後，繼續派軍征服附近地區的土著。葛義蒂成功征服中呂宋地區，很少遭到抵抗。沙爾熙多則在南呂宋進兵，也征服北呂宋的詹巴里斯、邦加絲蘭、伊洛科斯、卡加揚，甚至遠到波利羅島。1572 年 8 月 20 日黎牙實比因心臟病逝於馬尼拉，他是西班牙首位駐菲島總督，但死時身無財產。1573 年 7 月沙爾熙多又成功征服米骨地區，至此西班牙控制了呂宋島。

第五章
西班牙的殖民統治和文化影響

第一節　政教合一

一、劍與十字架

　　西班牙教會與政府合一，是因為實行一種「保護」制度，此乃羅馬教皇交付給西班牙國王的一項責任，就是國王要支援教會的物質需要。國王可以決定派遣多少傳教士前往殖民地，在印度群島徵收教會稅收、劃定教區疆界。國王有權要求協助推廣天主教。

　　國王擁有皇家教士推薦權，此係由教皇亞歷山大六世和朱利烏斯二世授權給西班牙國王，承認其對天主教的服務。國王可以為美洲印地安人（指西班牙屬地的墨西哥人）提名高級教士，以宗教命令發給聖俸與設立大教區，認可低級教職的任命，並且控制殖民地的正規教士與凡俗教士。藉此授權，教皇可減輕對於西班牙海外殖民地精神事務的直接責任。教皇的權力僅限於同意由西班牙國王提名的高級教士，以及名義上的教會職責。作為宗教保護者的西班牙國王將其教權委諸總督，後者成為宗教副保護者。

　　當 1571 年黎牙實比宣佈馬尼拉為菲律賓首都後,顯示文事和宗教

統治的開始。政教合一是當時西班牙治菲的政策，文事官員和教士共同掌控政治和宗教。在殖民初期，遠征軍和托缽僧（傳教士）一起負起統治的責任。從市政廳和教會蓋得非常近看出來，二者的關係很密切，也可以瞭解當時西班牙是用劍和十字架征服菲島土著。

二、傳教士的貢獻

先後傳入菲島的天主教有六派，最早的是烏達尼塔神父傳入的奧古斯丁修會托缽僧，其次是 1577 年的聖方濟修會，1581 年的耶穌會，1587 年的道明修會，1606 年的重振修會 (Recollects)，1895 年的本篤修會。托缽僧引進菲島的天主教，是所謂的世俗天主教，他們修改了某些信仰和儀式，而與歐洲傳統的天主教稍有不同。為了使土著接受天主教信仰，傳教士接受土著的部份傳統信仰，例如傳教士會針對土著原有的神祇與天主教所傳授的較為接近的神，讓土著覺得二者很相像，而加以接受。此外，傳教士也允許土著維持傳統的信仰、習慣，例如祭拜祖靈，融入天主教的儀式中。

傳教士不僅是教士，他們擁有各種才能和技巧，他們是社區建設者、教育家、工程師、農業專家、出版家、圖書館員、作家、社會工作者、音樂家、藝術家和科學家。傳教士在菲島建造許多城鎮，光是奧古斯丁修會就打造三百八十五個城鎮。他們也建築許多廣場、政府辦公大樓、修路、架橋、築堡壘、開水閘，同時引進許多植物和動物，例如玉米、菸草、棉花、小麥、靛青、可可、馬鈴薯、茄子、木瓜、鳳梨、龍舌蘭、番茄、花生、青豆、南瓜、樹薯等，都是從墨西哥和歐洲移來；牛、馬、天鵝、鴨子、鴿子則是從歐洲移來。傳教士也引進製絲、磁磚、養牛、冶煉鐵礦和銅礦、種植香蕉、織帽等技術。

傳教士在菲島建了許多教會學校，最早的是 1611 年的聖湯瑪士大學、1620 年的理傳學院、1696 年的伊沙貝爾大學、1719 年的西巴斯汀大學、1750 年的聖塔羅莎大學、1859 年的馬尼拉雅典紐大學、1869 年的康克迪亞大學、1892 年的聖母昇天學校、1895 年的聖奧古斯丁大學。

傳教士也分擔統治責任，他們視察小學、收稅、監督地方選舉，在地方上成為具有影響力的人。馬尼拉總主教也曾被任命為總督，例如古斯塔樞機主教在 1719 年被任命為總督。西班牙統治時期有二位總主教和二位主教（代理二位總主教）接掌政權，分別是科恩塔總主教 (1719–1721)、阿瑞契德拉主教 (1745–1750)、伊斯培利塔主教 (1759–1761) 和羅卓總主教 (1761–1762)。

三、政教合一的影響

在殖民時期，西班牙的勢力並不能完全達於群島每個地方，例如，呂宋中部山區的高迪里拉和菲南的民答那峨，所以這些地區就無法天主教化。無論如何，西班牙政教合一的統治方式，把散漫的菲島北部與中部地區予以統一並且天主教化，卻導致菲律賓劃分為兩部份：南部穆斯林菲律賓人一直與西班牙政府對抗，迄西班牙結束其統治為止，仍保持其宗教、文化和獨立地位。這種對抗局面延續到今天，嚴重影響到菲律賓的國家統合。

第二節　建立政府機構

一、總督府

西班牙自佔領菲律賓群島北部和中部之後，迅速建立統一的中央政治體系，並在馬尼拉設立總督府，分授官職，建立官僚制度。直至 1821 年墨西哥脫離西班牙獨立為止，菲律賓是由墨西哥總督以西班牙國王的名義實行統治。1821–1898 年才由西班牙國王直接統治，由國王發佈敕令，任命菲律賓殖民地的總督、官員以及皇家最高法院的法官。在西班牙，菲律賓事務是由印度群島委員會負責，它與國王有關，負責西班牙殖民地的立法。該委員會也是西班牙殖民地法院的最高上訴法庭，設立於 1524 年，1836 年廢止。以後經過數次改隸，菲律賓

於 1863 年隸屬於西班牙殖民部管轄。

　　菲律賓總督府設總督一人，由西班牙國王委派，代表西班牙國王的權力與尊嚴駐在菲律賓，也由西班牙國王予以撤免。在西班牙帝國內的官職沒有比菲律賓總督享有更大的權力，他可運用政治、軍事、司法和宗教等職權。政治方面，總督有權監控所有行政官吏，無須經國王同意即可任免官吏。軍事方面，總督是菲律賓武裝力量的總司令，負有保衛菲律賓的重任。司法方面，總督是馬尼拉皇家最高法院的主席（直至 1861 年為止），有權任命法官，並終止來自於西班牙的法律或不予執行。宗教方面，總督是「皇家副保護聖徒」(Royal Vicepatron)，有權管理教會事務。此外，總督並有權收稅、頒發條例俾使地方官吏遵循、赦免罪犯、監督貿易和工業。

　　由於菲律賓與西班牙相隔千里，菲律賓又接近亞洲權力中心，策略上的因利就便與需要，菲律賓總督可自行與亞洲國家進行外交關係，他有如獨立的君王，可以與其他國家宣戰、訂約、接見和派遣使節。菲律賓總督雖享有內政與外交大權，但仍受到下述諸方面的限制：

　　　1. 皇家最高法院，於 1583 年設於馬尼拉，目的在限制總督的權力，保護菲律賓人，以防止官員濫權。
　　　2. 審查會，係由繼任的總督擔任主席所召開的法庭，目的在審查前任總督和官員卸職前的行為。人民無論貧富皆可出席調查庭，控訴卸職官員的不法行為。
　　　3. 調查官，係由西班牙國王任命的特使，目的在調查殖民地事務，將調查結果直接向國王報告。他有權懲罰違法的官員。
　　　4. 托缽僧和殖民地下層官員，可直接向國王訴願。

　　總督是經西班牙國王任命，若在職期間因死亡、病重而出缺，則由皇家最高法院接掌政治大權，資深法官擔任軍事總司令。在三百多年的西班牙統治期間，由皇家最高法院接掌政府共有八次，分別為：

1606–1608 年、1616–1618 年、1624–1625 年、1632–1633 年、1677–1678 年、1689–1690 年、1715–1717 年、1762–1764 年。1719 年修改〈總督繼承法〉，馬尼拉總主教有權於總督死亡或出缺時接掌政權。唯當 1762 年英國海軍攻擊馬尼拉時，羅卓總主教代理總督職權，未能應付英軍的進犯，遂再度修改〈總督繼承法〉，另設置副總督。但隨後又加以廢止，改為由副總司令遞補總督的空缺；若無副總司令，則由海軍司令遞補。

從 1565–1898 年共三百三十三年之間，菲律賓總督共更迭一百二十二位。總督任期雖無限制，但更迭過於頻繁，平均每位總督的任期尚不滿三年，過短的任期，常不能完成既定的政策。在諸多總督中，受到菲人讚揚的有黎牙實比 (1565–1572)、巴斯科 (J. Basco, 1778–1787)、迪拉托里 (C. M. dela Torre, 1869–1871) 等。黎牙實比為西班牙統治菲島奠定基礎，他善待土著，禁止西班牙軍隊酷虐菲人。巴斯科訂立農業計畫，設立「國家之友經濟協會」，從事農業發展。他在 1782 年將菸草納入官賣，以增加政府歲收，並立法禁止債權者沒收負債農民的土地、水牛和農具。托里被認為是總督中最具自由思想者，他鼓勵菲人從事改革運動，支持菲人追求自由和民主。

二、內閣輔佐機構

總督之下，另設有兩個輔佐機構，一是中央局，一是行政會議。中央局設於 1850 年，形如內閣，由總督任主席，成員包括馬尼拉總主教、副總司令、海軍司令、財務監督官、民事行政總監、皇家最高法院主席和總檢察官，主要功能是備總督諮詢重要問題。

行政會議設立於 1861 年，是由數目龐大的代表組成的協商機構，由總督任主席，成員包括馬尼拉總主教、副總司令、海軍司令、財務監督官、民事行政總監、高級神父、馬尼拉商會主席、選自於呂宋的三位代表、選自於米賽亞的三位代表、以及由西班牙國王任命的四位代表；主要功能是討論政府預算、皇家教士推薦權問題，以及總督認

為必要廣徵意見的問題。

在行政機關之外尚有司法機關，最重要的是皇家最高法院，設立於 1583 年，包括一位主席、三位法官、一位檢察官和其他官員，主席由總督擔任。後因總督與其他法官意見不合，時起衝突，遂於 1589 年廢棄最高法院。此後，菲律賓政府官吏因無法加予掣肘，政務廢弛，官箴不修，不得不在 1595 年決定重新設立最高法院，1598 年菲最高法院正式在馬尼拉成立。最後迄 1898 年西班牙政權結束為止，未再中輟。

三、地方制度

在中央政府之下設有省、鎮、村、市。在呂宋與米賽亞已綏靖地區設置省，省行政官由文人擔任，稱為省長。在未綏靖地區設區，由政治軍事首長統治，稱為區長。後者因綏靖工作完成，而與前者合併為省。省行政長官握有行政、司法、軍事和財政權，係由總督任免。因其濫用貿易權、斂財貪污，以致怠忽職守，於 1886 年被剝奪行政權，改為省的法官執掌省業務，所有省區改併為文人統治的省。文人省長由殖民部任免。1893 年通過〈穆拉法〉(Maura Law)，在每一省會設立九人組成的省議會掌管政務。

省下設鎮，由鎮長治理。鎮長每年由已婚男性鎮民選舉產生，並經中央政府認可。以後改為十三位選舉人每年選舉產生，他們是卸職鎮長與十二位村長，並在省行政長官和教區教士的監督下，舉行秘密投票。1847 年，市政法規定，地方選舉委員會改由卸職鎮長與十二位居民（半數選自前任鎮長與村長，另外半數選自現任村長）組成。1893年，〈穆拉法〉則給予人民更多的自治權。

鎮長當選後的第一件事，即是進行「審查會」，以調查前任鎮長的行為。在村長協助下，鎮長向鎮民收取稅賦，管理地方財政、執行法律與審判輕微的民事案件。

鎮下設村，設村長一人。村長原先是世襲，後改為任命。1786 年

改為選舉。所有村長不納稅賦，服務若干時候，即成為鎮貴族「普林西帕利亞」(Principalia) 的一員。村長的主要職責是收稅，然而此權力漸由教區的僧侶取代。

　　菲律賓人不能參與省級以上的政治事務，鎮、村、市的若干職位，如鎮長、村長和行政長官，雖然允許菲律賓人競選，然而這些職位僅是方便統治的中介，他們擔任這些工作必須是「代表殖民者的意志，在菲律賓人執行其權力和威權，保護殖民者，以免鎮市人民的憤怒」。若干民主選舉的措施，也改為寡頭選舉，譬如鎮長原由已婚鎮民選舉產生，後來改為由一位卸職鎮長和十二位村長組成的十三人選舉委員會，於每年 1 月 1 日至 2 月 28 日提出三位候選人，靠近馬尼拉的鎮歸由馬尼拉總督圈選其中一位；遠離馬尼拉的偏遠鎮，歸由省行政官圈選其中一位。又如市行政官也由地主選出，政治職位幾乎由少數的地主獨佔。

　　西班牙在菲島設立的第一個市是宿霧市，是黎牙實比於 1565 年設立的。第二個市是 1571 年 6 月 24 日設立的馬尼拉市。市議會包含市議員以及警察首長。

四、教會行政體系

　　此外，與中央行政體系相並行的，即為教會行政體系。當十六世紀西班牙佔領菲律賓時，即有意天主教化菲律賓，藉由傳佈天主教福音，教化異教徒的菲律賓土著，因此隨遠征軍前來的傳教士與軍事行動並進，而皈依天主教的菲律賓人也逐年增加。教會行政體系與政治行政體系相配合，也自成系統。全菲律賓的教會行政體系自成一總主教區，底下劃分為主教區、教區、傳道區。馬尼拉總主教是全菲教會行政體系的領袖，是經由西班牙國王的推薦、教皇任命的。總主教之下是主教，是各別主教區的領袖；主教之下是教區教士，在大教區教士通常都有年輕的助手，稱為「副教士」(Co-adjutors)。

　　總主教與托缽僧等教會權威，不僅代表教皇行使教權，同時代表

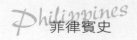

國王維護西班牙的王權與主權。在體制上，因為總督是皇家副保護聖徒，擁有教士推薦權；當總主教遇總督出缺時，可代理總督職權，雙方為爭取領導權而時有衝突發生。在地方上，政教衝突的機會則較少，此因教會深入底層社會，學習地方語言，教士成為當地民眾的精神領袖，以及與政府溝通的中間人。天主教的信仰和儀式，有加強菲律賓社會統一的作用，與天主教的受洗儀式，形成「公巴列」(Compadre) 制，可以溝通上下社會階層的關係。

在菲律賓北部與中部地區，殖民政府的合法地位也時受挑釁。據估計，殖民時期的叛亂活動約有百次，叛變原因包括爭取自由、反抗重稅賦與強迫勞役、反抗托缽僧侵佔土地、宗教信仰的差異等。此外，呂宋島的平原地區與山岳地區在西班牙人未至之前，即曾因移民先後而發生土地爭奪問題，勢力弱的住民則退居山地。西班牙統治時期，於 1591、1608、1635、1663 年先後派遣軍隊清剿山岳地區，但未能予以有效控制。直到十九世紀中葉以後，西班牙勢力始達這些頑強抗拒的山地民族佔據地區。

第三節　西班牙議會中的菲人代表

菲人派遣代表出席西班牙議會有三個階段，分別在 1810–1813、1820–1823、1834–1837 等年。

西班牙議會之所以在 1810–1813 年允許菲人代表參與，乃因拿破崙侵略西班牙以及西班牙的獨立戰爭所致。1807 年拿破崙入侵西班牙，引起西班牙人反抗，雙方在 1808 年 5 月 2 日爆發「半島戰爭」，爭取西班牙的獨立。為安撫西班牙人，拿破崙於 6 月 15 日派遣其兄弟波納巴特出任西班牙國王，並領佈一部自由的憲法——《貝揚尼憲法》(Constitution of Bayonne)。該憲法規定設立三院制國會，其權利法案給予人民宗教、出版、言論及其他的個人自由。但西班牙人反對由法國派遣新國王。西班牙愛國份子在 9 月 25 日組織一個臨時政府，稱為「王

國最高中央議會」，由前皇家大臣佛羅里達布蘭卡以西班牙國王佛迪南七世的名義召開。

　　1809 年 1 月 22 日中央議會下令所有西班牙殖民地，包括菲律賓，都有權派代表出席西班牙議會。5 月 22 日中央議會下令重新召開國會，但受到法國軍隊的追擊，中央議會從阿蘭宙芝遷至士維拉市，再遷至卡迪茲港的里昂島，並於翌年 1 月 29 日將權力移轉給攝政委員會。該委員會於 2 月 14 日下令西班牙及其殖民地選舉代表參加國會。9 月 24 日，在里昂島召開新國會。

　　菲島選出一名高齡七十歲的馬尼拉商人雷耶士 (V. de los Reyes) 為代表，他在當選後即趕赴卡迪茲港。在他未抵達前，菲島先由兩位臨時代表出席國會。雷耶士在 1813 年 3 月 20 日提案廢止大帆船貿易獨佔權，後來獲得國會通過。法國於 1813 年釋放佛迪南七世，他宣佈廢止國會，將以前國會通過的議案改為建議案。佛迪南七世接受雷耶士的廢止大帆船貿易獨佔權案，於 1815 年 4 月 23 日發佈敕令。

　　1820 年 1 月 1 日西班牙發生革命事件，由里耶哥 (D. R. del Riego) 領導的革命軍攻入皇宮，佛迪南七世被迫於 3 月 10 日宣佈恢復國會以及 1812 年憲法。在菲島未選出代表前，先由西班牙政府選出兩名代表。1822 年 10 月 3 日菲島選出的三名代表抵達西班牙參加國會，直至 1823 年國會又被佛迪南七世廢止為止。由於此次國會存在時間短，這三名菲島代表在議事上沒有什麼成就。

　　1833 年 9 月 29 日佛迪南七世去世，女兒伊莎貝拉繼位，引起國王的兄弟卡羅斯親王的反對。為爭取國內自由派份子對伊莎貝拉的支持，克莉斯提娜皇后決定做出讓步，也就是重新召開國會以及給予人民自由權。1834 年 4 月 10 日公佈《民權憲章》，7 月 24 日正式召開國會。菲島在 1835 年 3 月 1 日選出兩名代表。1836 年 7 月 31 日，這兩名代表再度當選為代表。1837 年 3 月 12–14 日，菲島又選出四名西班牙議會代表。

　　西班牙議會在 1837 年 1 月 16 日召開一次秘密會議，菲島代表沒

有出席，來自互連西亞的代表山科 (V. Sancho) 提案表示西班牙殖民地應由特別法治理，並因其距離西班牙遙遠，應廢止殖民地的國會代表。此項動議在 4 月 16 日以一百五十票對三票通過。6 月 18 日西班牙公佈新憲法，將上述決議列入憲法條文中。菲島的自由主義份子以及菲島各地的領導人曾數度向西班牙議會爭取代表權，結果均未獲得成功。儘管如此，菲人初嚐代議政府的滋味，激起他們的政治覺醒，要求更多的民主權利。1872–1892 年，菲島在西班牙的知識份子所推動的「宣傳運動」，主要的目的之一就是恢復菲人在西班牙國會的代表權。

第四節　「因坎民達制」的興廢

當黎牙實比在馬尼拉設立殖民政府後，於 1571 年獲得西班牙國王的同意，引進歐洲封建制度的「因坎民達制」（Encomienda，即采邑、封地），將宿霧的土地賞賜有功的戰士，後來又賞給西班牙人和教士。大多數菲人都成為封建農奴，淪為繳交穀租佃戶和負債者的苦境，經濟上不能獨立，也無力參與政治，利益完全為少數地主富豪壟斷，分配不均導致社會不安與叛亂。獲得「因坎民達」者，稱為封建主。1571年宿霧的土地也納入「因坎民達制」。

「因坎民達制」是西班牙古老的制度，即國王將一塊土地及地上的居民一併賞給有功或效忠國王的人，獲得該土地的人則有權從該土地獲得收入以及管理土地上居民的權利。但在菲島實施的制度略與西班牙不同，即它不給予土地，而是給予對居住該土地上的人徵稅的權利，封建主則有保護農民的義務。他必須維護土地內的和平和秩序，對土著施行天主教化，並善待土著。西班牙國王給予封建主「因坎民達制」的權利，一般是給予兩代，特殊的情況會給三至四代。但後來他們仍取得土地所有權，而變成大地主。

在菲島有三種「因坎民達制」，分別是皇家、教會和私人的「因坎民達」。皇家「因坎民達」是指土地歸屬皇家所有；教會「因坎民達」

是指土地歸教會所有；私人「因坎民達」是指土地歸於有功的西班牙官員和西班牙人。該制本意甚好，但往往會出現地主濫權徵稅和貢物、沒收佃農土地、穀物、動物、農具，虐待農民或強制工作而沒有支付報酬。這些劣跡受到教士的抨擊，並向西班牙國王報告，以後逐漸廢止該制度。

第五節　菲人處於附庸地位

在西班牙的殖民統治下，菲人喪失自由，成為西班牙的附庸，他們被迫服從西班牙國王和西班牙總督頒佈的法令。菲人要納貢、強迫勞役以及服從「強制收購農產品」。

菲人繳交的貢物是一種稅，每一家庭要付八里耳 (Reales)，後增加到十里耳，1851 年增加到十二里耳。納貢是一種奴隸的象徵，西班牙人經常要求納貢用財貨，而非金錢。徵稅官常低估貢品的價值，以至於菲人要多付出金錢。由於此一弊病，所以納貢制在 1884 年廢止，取而代之者是執照稅。

服勞役是另一種封建制度，規定菲人男性年滿十六至六十歲，每年須服勞役四十天，他們須至船塢、鑄造工廠、橋樑、道路、伐木場等地從事勞動工作。菲人也須服陸軍和海軍兵役。如果繳交一筆錢，菲人即可免除該種勞役。菲人視此服勞役為畏途，因為不僅要遠離家庭，而且不給任何報酬或飲食，西班牙官吏還從中剝削菲人勞力。

西班牙當局最大的貢獻是 1589 年 8 月 9 日下令解放在菲島的奴隸，比俄國在 1861 年、美國在 1863 年和其他西歐國家解放奴隸的時間來得早。

西班牙政府可以強制菲人販售其穀物、麻及其他農產品給政府，此叫做「強制收購農產品」。政府經常沒有付錢給農民，導致民怨四起，其中最有名的是邦邦牙省，西班牙當局積欠該地農民二十萬菲幣，在卡滂噴根的一位農民曼尼亞哥即因不滿而發動叛亂。

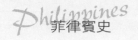

第六節　橫跨太平洋貿易：大帆船貿易

　　大帆船貿易是由政府經營和監督往來於馬尼拉和墨西哥阿卡普爾科港之間的貿易。來自亞洲地區，包括中國、日本、印度、麻六甲、暹羅、柬埔寨、爪哇、安南和摩鹿加群島等地的商品都先集中在馬尼拉，再用大帆船轉運至墨西哥。從墨西哥返回馬尼拉的大帆船，則載回歐洲和美洲的商品、黃金、銀幣。

　　大帆船船身短、較寬，一般有四個甲板，排水量在三百到二千噸，裝有四十到六十門砲。最大一艘橫渡太平洋的大帆船是「山逤西曼‧千里達號」，排水量有二千噸，裝有六十門砲。它在 1762 年被英國俘虜至普里茅斯港。大部份的大帆船都是在菲島建造，少數在印度和暹羅建造。

　　在大帆船貿易頭幾年，大帆船可自由航行太平洋沿岸港口，1579年下令可停靠秘魯的卡勞 (Callao)、巴拿馬 (Panama)、薩爾瓦多的松松那特 (Sonsonate)、墨西哥的那維達 (Púerto de Navidad) 等港口，頭十年也不徵關稅。但西班牙國王在 1593 年下令大帆船貿易僅限於菲島和墨西哥之間。此乃因為西班牙商人擔心廉價的東方商品，主要是中國商品入侵美洲市場，排擠西班牙的商品，也擔心大量的白銀流入東方而非西班牙。以後一直到 1815 年採行上述閉門的商業政策，橫跨太平洋的貿易只有在馬尼拉和阿卡普爾科兩點之間進行，一般稱之為大帆船貿易或「馬尼拉和阿卡普爾科貿易」。

　　1585 年西班牙國王菲律普二世頒令限制中國商品運入馬尼拉，以阻止中國商品大量流入美洲市場。但該禁令並未嚴格被遵守。1587 年菲律普二世又禁止中國紡織品從墨西哥運入秘魯。1593 年秘魯與菲律賓的直接貿易被禁止。馬尼拉和墨西哥之間的貿易額也受到限制，從馬尼拉運至墨西哥每年貨物總值為二十五萬披索，而從墨西哥運至馬尼拉的貨物總值為五十萬披索。每年由兩艘大帆船負責載運，每艘載

圖4:十六世紀大帆船貿易的船隻模型

貨不得超過三百噸。但商人不理會運貨的配額限制，殖民地官員也視而不見。1597 年，從墨西哥運到馬尼拉的銀達一千二百萬披索。1602年，達五百萬披索。1631 年，禁止墨西哥與秘魯之間的貿易。

　　1702 年，西班牙提高運貨的配額，從馬尼拉運出的貨品總值為三十萬披索，運入馬尼拉的貨品總值為六十萬披索。每年仍由兩艘大帆船負責載運，每艘載貨不得超過五百噸。1718 年因為中國絲織品大量流入美洲市場，西班牙國王再度禁止中國絲織品運入墨西哥，僅允許瓷器、蜂蜜、胡椒、丁香、亞麻布、肉桂等西班牙不產的商品進入墨西哥，走私絲織衣服將予以焚燬。1721 年再度發出同樣的禁令。後由於馬尼拉商人的抗議和發生暴動，1724 年恢復中國絲織品運至馬尼拉。1734 年從馬尼拉出口到墨西哥的貨品總值增加到五十萬披索，而從墨西哥運至馬尼拉的貨物總值為一百萬披索。但每年由兩艘大帆船負責載運減為一艘。

　　大帆船貿易的商品，從馬尼拉運至墨西哥的是中國的絲織品、棉花、亞麻布、瓷器、香料、琥珀、麝香、香水、蜂蜜、松脂、陶器和其他亞洲珍品；從墨西哥運至馬尼拉的是銀元、國王詔書、法令、官員、傳教士、書籍、酒、麵粉、家具、女用小披風、餐具、肥皂、鐵器等。

　　大帆船貿易是皇室的專營獨佔事業，大帆船屬於王室所有。須持

有航行權狀的人才可以從事大帆船貿易。航行權狀僅頒給總督、教士、文官、皇家最高法院法官及其朋友、西班牙官員的寡婦和退休的西班牙人。儘管他們擁有航行權狀，但沒有充足的錢從事航海貿易，便以高價將權狀賣給商人。沒有充足資金的商人，就向西班牙傳教士借錢買權狀，而傳教士的錢是來自信眾的捐款。

大帆船貿易被看成重大事件，船隻的啟航和抵達都有盛大慶祝。大帆船啟帆的時間大都在每年的 8 月，從馬尼拉出海後，船上除了裝滿了貨物外，也有多至四百名旅客。船沿南呂宋海岸航行，經過聖伯納迪諾海峽（位在呂宋島東南端與薩馬島之間），往東行進入太平洋，再往東北方向航行抵達北緯三十度。沿著該一緯度東行跨越太平洋，到加里福尼亞海岸，再南下到阿卡普爾科。航行時間長達二百零四天，相當危險，許多人在漫長的航行中因飢餓、寒冷、惡劣天氣和口渴等而死亡。回程較短，只須七十五到九十天，而且較舒服。回程約在 2、3 月間從阿卡普爾科出發，向西航行越過太平洋，中間在關島停靠，加足水、食物等補給品及燃料，再經由聖伯納迪諾海峽，回到馬尼拉。當船航抵科瑞吉多島（位在馬尼拉灣口）時，會燃起火炬，告知馬尼拉居民大帆船抵達了。船駛入馬尼拉灣時，市內教堂鐘聲齊鳴，人民熱烈歡迎大帆船平安抵達。

在 1800 年代初期，由於許多大帆船撞毀沉沒的損失；菲律賓皇家公司在 1785 年成立，享有菲島與中國和其他亞洲國家之間貿易的特權；以及從美國和英國投機商人走私商品到墨西哥，導致墨西哥市場無利可圖，甚至 1786、1787、1789 年從馬尼拉運至墨西哥的貨品找不到買主，而將原貨運返馬尼拉等因素，1810 年 7 月 7 日菲島總督亞吉拉 (G. Aguilar) 向西班牙國王建議終止大帆船貿易的獨佔，採用自由貿易政策。但未獲採納。1813 年西班牙的國會同意菲人代表雷耶士提出的廢止大帆船貿易的法案。但因佛迪南七世在 1814 年 5 月復辟，使該法案無效。雷耶士再度向國王呈遞該案，國王終於在翌年 4 月 23 日廢止了大帆船貿易，開放墨西哥、加里福尼亞、秘魯、厄瓜多等港口與

菲律賓貿易。以後馬尼拉和墨西哥之間繼續有貿易往來，但已無貿易獨佔。1821 年墨西哥從西班牙手中獨立，菲島與墨西哥之間的貿易趨於式微。

　　大帆船貿易有其優點和缺點。優點是它促進了東西方文化和商品的交流，墨西哥的白銀、美洲的菸草、玉米和番藷傳進東方，而東方的香蕉、甘蔗、瓷器、絲織品等則傳進美洲。其次是增加政府的收入，開啟馬尼拉的國際貿易市場，使馬尼拉躍升為東亞地區貿易的轉運站，西班牙在 1789 年開放馬尼拉為國際貿易港口，英、美、法、德、瑞士等國紛紛在馬尼拉設立商業辦事處。缺點是過於重視商業而忽略了農業和工業，依賴大帆船貿易作為收入的主要來源，忽略了農村地區的發展，只有少數人獲得利益。其次的缺點是將西班牙人集中在馬尼拉，其他城市則不易找到西班牙官吏。第三個缺點是該種貿易方式充滿高度風險和投機性，養成西班牙人懶惰和好賭的生活習氣，其商業交易中充滿虛假文件、侵佔、欺騙，有許多西班牙人因染上惡習而生活窮困。第四，因為中國絲織品大量輸往菲律賓，有許多拉丁美洲的白銀因此經由菲律賓流入中國，從 1645 年到 1820 年，總共有九千三百萬兩銀，導致中國的絲織品充斥菲律賓和墨西哥的市場，西班牙依賴大帆船貿易獲利的機會日益減少。

第七節　西班牙的其他貢獻

　　西班牙統治菲島在經濟發展上曾有一些成就，例如在 1782 年 3 月 1 日，成立菸草專賣，規定菸農須生產一定量的菸草賣給政府，自馬尼拉的菸草工廠製造成雪茄和香菸，由政府以官價販售。此一政策增加了政府收入和菲人的就業機會，也使菲島成為亞洲地區製造菸草最大的國家。

　　然而菸草獨佔也產生負面效果，特別是對菸農不利。官員經常欺騙菸農，沒有付給應給的價款，或假借菸農私藏菸草的理由而任意侵

入農民的家裡，拿走值錢的東西。由於該制發生流弊，所以在 1882 年廢止。

西班牙在菲島於 1785 年設立菲律賓皇家公司，目的在促進菲島與西班牙之間的直接貿易，以及發展菲島的自然資源。根據憲章規定，該公司須撥出盈利的 4% 從事農業發展。為確保公司的營業成功，西班牙國王給予一些特權，例如專屬控制菲島與西班牙之間的貿易、從菲島進入西班牙的貨物免稅、並可直接與亞洲國家貿易。由於管理不善，以及馬尼拉商人的不合作，該公司並沒有達成預期的目標。儘管如此，該公司成功的開啟了菲島與世界各地的貿易，它所提供的基金也有助於發展菲島的農業，特別是蔗糖、靛青、香料的生產。

西班牙在菲島也建設許多公路、橋樑和港口。最早的燈塔是 1846 年在巴石河口建的法羅拉 (Farola) 燈塔。菲島第一條鐵路是 1892 年 11 月 24 日啟用的從馬尼拉到大古盤鐵路，由英國公司建造。在馬尼拉，第一條用馬拉的街車是在 1893 年製造。馬尼拉鐵路電氣化是在 1895 年。

菲島的郵政系統在 1837 年完成，1854 年完成馬尼拉和香港之間每月郵件運送服務。1873 年建立電報系統。1890 年在馬尼拉建立電話系統。1873 年馬尼拉和西班牙之間蒸汽船航線開航。

菲島的第一家銀行是由羅德里桂茲 (F. Roderiguez) 於 1830 年創立的羅德里桂茲銀行。第一家西班牙銀行是由烏畢茲東多 (A. Urbiztondo) 總督於 1851 年創立的銀行，至今還存在，但名稱已改為菲島銀行。

菲島因從事對外貿易，所以刺激其農業生產，像菸草、麻、蔗糖、椰乾等工業都有發展。某些省份就是專門生產這些農作物，例如巴坦加斯省專門生產咖啡；伊莎貝拉省專門生產菸草；拉古納省和塔亞巴斯省專門生產椰子；米骨省專門生產馬尼拉麻；黑人省專門生產蔗糖。

西班牙在教育方面卓有貢獻。最早的學校是 1565 年由奧古斯丁教派在宿霧創辦的小學，教授讀寫算和一些職業課程。之後陸續設立高

中和大學。在西班牙時期，大學是男女分校的，第一所招收男生的大學是由耶穌會士於 1589 年創辦的馬尼拉學院，後易名為聖伊格納蕭學院，1621 年改為大學。由於耶穌會士在十八世紀遭到驅逐，所以該大學關閉了。第一所招收女生的大學是 1589 年設立的聖塔波騰西亞納學院，1866 年與他校合併，現在稱為聖塔伊莎貝爾學院。現存最早的大學是道明會士於 1611 年創立的聖湯瑪士大學。

　　早期菲島的教育系統都由教會控制，舉凡學校設立、教師任用、課程安排等都由天主教會掌理。直至 1863 年西班牙國王頒佈敕令，才開始設立公立學校系統。該敕令規定每個城鎮應設立兩所公立小學，分別招收男生和女生。也規定要設立培養教師的學校，因此在 1865 年在馬尼拉設立一所師範學校，由耶穌會士辦理。1871 年，在新卡西里士設立一所女子師範學校。

　　雖然西班牙統治菲島三百多年，但菲人並不大會說流利的西班牙語，因為西班牙人不願教土著說西班牙語，反而用拉丁字母拼讀土著方言，他們認為與土著用方言交談，有助於他們瞭解天主教教義。但在大學裡，學生必學西班牙語，因為這是教學媒介語。有許多西班牙語已變成菲國土著語的一部份。

　　在文學著作方面，較為著名的是黎薩寫的《社會癌症》和《貪婪之統治》兩本小說，內容是批評西班牙當局對菲人的苛政。另外有菲人作家，如皮臘 (Marcelo H. del Pilar)、羅培茲耶納 (Graciano Lopez Jaena)、龐士 (Mariano Ponce) 和邦嘎尼奔 (Jose Ma. Panganiban) 等人，他們的作品大都表現抒發民族主義情懷。

　　此外，菲島的音樂、舞蹈、歌曲、建築風格、繪畫、雕刻、科學等皆深受墨西哥和西班牙的影響。

第六章
西領時期的外來威脅

第一節　葡萄牙、荷蘭的威脅

根據〈托得西拉斯條約〉的規定，菲島應屬於葡萄牙所有。葡萄牙極力想從西班牙手中取得菲島，但西班牙堅持控制菲島，以至於葡萄牙難以實現其夢想。葡萄牙曾在 1566–1568、1570 等年入侵菲島，結果失敗。1580 年葡萄牙王位虛懸，而由西班牙國王菲律普二世繼承，結束了兩國對菲島的爭議。

荷蘭為了拓展在東方的貿易市場，於 1600 年派遣諾特 (O. de Noort) 海軍司令率兩艘船抵達呂宋西岸外海。12 月 4 日雙方發生海戰，諾特的旗艦逃逸，另一艘船則被俘虜，船員均遭西班牙軍處決。

1605 年荷蘭驅逐在摩鹿加群島的蒂多蕾和德那地的葡萄牙人，建立自己的商館。翌年 1 月西班牙總督阿古納 (B. de Acuna) 率艦隊從馬尼拉出發，進攻摩鹿加群島，成功驅逐在蒂多蕾和德那地的荷蘭人。但荷蘭在 1610 年 4 月 24 日對西班牙進行報復，衛特特 (F. de Wittert) 海軍司令率領的艦隊進攻伊洛伊洛，然後北行到馬里維力斯，俘虜數艘航向馬尼拉的商船。1617 年 4 月 8 日荷蘭艦隊第三次入侵菲島，在普雷雅宏達與西班牙海軍發生海戰，結果戰敗。1646 年荷蘭海軍再度

攻擊菲南的三寶顏，也沒有成功。翌年6月，荷蘭海軍佔領在巴丹的阿布桂鎮，但隨後被西班牙軍隊驅逐，此次戰爭荷軍損失慘重，以後即未再進犯菲島。

第二節　中國人的威脅

1573年海盜林鳳（或稱林亞鳳）從澎湖遷移至魍港，為福建總兵胡守仁所敗。是年冬進犯福建，又為胡守仁所敗，追擊至淡水洋，沉其二十舟。翌年11月23日，林鳳即從魍港率領六十二艘戰艦，四千名陸、海軍，一千五百名婦女，以及許多農民和工匠、家具、農具、種子、家禽等移居菲律賓，在抵達南伊洛科斯的西奈特時，與菲島土著發生小規模衝突。11月28日林鳳船隊進入馬尼拉灣，派部將日本人莊公 (Sioco) 率領六百人登陸，進入馬尼拉市區，結果遭到西班牙軍隊和土著的聯合攻擊而失敗。12月2日林鳳發動第二波攻擊，由莊公率領一千五百人登陸，在激戰後失敗。林鳳逃至邦加絲蘭。在阿哥諾河口據地稱王。1575年3月22日西班牙軍隊擊敗林鳳，摧毀林鳳在林牙彥灣內的艦隊，包圍林鳳的據點。8月3日林鳳乘小船逃離菲律賓。至於林鳳流落何地，有不同說法，有的說是前往渤泥（今天的婆羅洲）。

同年5月福建總督派遣特使歐盟康（音譯，Aumon 或 Omoncon）率領兩艘船到邦加絲蘭，尋找林鳳的下落。沙爾熙多告知林鳳被包圍在林牙彥灣。歐盟康前往馬尼拉會見總督拉維札瑞斯 (G. de Lavezares)，拉維札瑞斯送給他數名中國俘虜，作為給中國皇帝的禮物。當歐盟康返回中國時，拉維札瑞斯派了一個特使團隨行，攜帶一封總督向中國皇帝表示友好和有意通商的信函。福建總督接見該特使團，並將信函轉交中國皇帝。但因擔心西班牙特使團在中國傳教，所以他們在中國短暫停留，隨即在10月返回馬尼拉，不知中國皇帝對於西班牙總督信函的答覆。

1576 年 2 月中國又派遣特使抵達馬尼拉，捎來中國皇帝同意開放一個港口與西班牙通商的信函。西班牙新總督聖德因與菲島華人敵對，以致不能利用此一機會與中國進行貿易往來。當中國特使返回中國時，西班牙派了兩位托缽僧隨行。當船行至詹巴里斯海岸時，中國水手將該兩名托缽僧趕下船，並殺了翻譯員和三名菲人。後來該兩名托缽僧為路經的西班牙船救起。

居住在馬尼拉的八連（Parian，即市場之意）地區的華人，亦因西班牙的高壓統治、苛捐雜稅、華人人數增多、懷疑華人陰謀叛變、限制華人經濟活動等因素而與西班牙當局發生衝突，華人先後在 1603、1639、1662、1686、1762 等年發動暴動，但均遭西班牙鎮壓，甚至遭到數百至數萬人的大屠殺。

第三節　英國的威脅

十八世紀英、法之間發生尖銳的權力鬥爭，最高峰是在七年戰爭時期 (1756–1763)。自從西班牙和法國同屬於一個皇室家族——波旁王朝統治起，兩者聯合起來對抗英國。1762 年 1 月 2 日英國對西班牙宣戰。英國下令其駐印度軍隊進攻菲律賓。9 月 22 日晚，英軍由科尼徐 (S. Cornish) 海軍司令和德拉波 (W. Draper) 將軍率十三艘軍艦，數千名軍隊進入馬尼拉灣，並砲轟馬尼拉市。當時西班牙駐軍非常驚訝，不知道西班牙和英國已經開戰。英軍要求西班牙守軍投降，但遭拒絕。

翌日晨，英軍登陸馬尼拉南岸，再度呼籲西班牙駐軍投降，仍遭拒絕。英軍遂攻入市內，為避免嚴重傷亡，西班牙總督羅卓主教於 10 月 5 日投降。

皇家最高法院的法官安達 (S. de Anda) 則逃至武拉干，組織菲人軍隊對抗英軍，阻止英軍向其他地區進攻。

1763 年 2 月 10 日七年戰爭結束，簽訂〈巴黎條約〉，英國將菲島歸還給西班牙。但安達的軍隊與英軍的對抗，在條約簽署一年後才結

束。由於羅卓主教已死，英軍承認安達為總督。1764 年 5 月 31 日安達進入馬尼拉市，受到市民的熱烈歡迎，英軍將該城移交給安達，結束英軍對馬尼拉的短暫佔領。

英軍佔領馬尼拉市，鼓舞許多國家在該市建立商業據點。若干菲人則對西班牙的戰敗，感到失望，轉而謀求與英軍合作驅逐西班牙勢力，其中最為有名的是希蘭 (D. Silang) 叛亂 (1762–1763) 和帕拉里斯 (J. de la Cruz Palaris) 叛亂 (1762–1764)。

第四節　日本人的威脅

在西班牙進攻馬尼拉前，即有二十名日本人住在馬尼拉。1572 年西班牙海軍在邦加絲蘭外海與日本海盜發生戰爭，擊沈三艘海盜船。隨後日本海盜泰福沙在北呂宋卡加揚河口建設堡壘，擁有六百名兵力，自成一個小王國。1582 年西班牙派兵進攻該堡壘，驅逐日本海盜。1584 年後西班牙與日本進行貿易。

與中國人相比，日本人在馬尼拉的人數不算很多，1601 年有一千人，到 1623 年才超過三千人，他們集中住在迪拉奧和聖米吉爾兩個地區。雖然西班牙有意與日本維持友好關係，但因日本人對西班牙的政策不滿，因而造成叛亂，第一起案件發生在 1606 年，是由於一些日本人被皇家最高法院法官驅逐出境而引起。近因則是一名日本人被西班牙人謀殺，日人不滿而與西班牙軍隊發生衝突。後在聖方濟修會托缽僧及時介入下而化解衝突，隨後有許多日人離開菲島。第二起案例是 1607 年西班牙當局強制日本人到馬尼拉郊區做工，引起日本人反抗，遭到鎮壓，迪拉奧鎮被燒毀。1614 年日本迫害基督教徒，有一些日本人移入馬尼拉。1639–1853 年日本採取鎖國政策，日本與菲島貿易大量減少。1875 年日本派遣一個經濟代表團到菲島，重啟日本與菲島的貿易關係。1889 年 1 月日本在馬尼拉設立領事館。

第七章
西領時期菲人反抗運動

第一節 菲人反抗的原因

在三百三十三年西班牙人漫長的統治下，菲人反抗運動不斷，主要的原因是苛政及高壓統治。許多酋長怨恨他們喪失權力、特權和影響力，例如 1574 年拉康度拉、1587–1588 年唐多、1643 年拉迪亞 (Ladia)、1660–1661 年曼尼亞哥 (Maniago) 的反西班牙運動。因反抗西班牙橫徵暴斂和強迫勞役的暴動有：1596 年的馬嘎拉特、1621 年的嘎當 (Gaddang)、1630 年的卡拉嘎 (Caraga)、1639 年的卡加揚 (Cagayan)、1649–1650 年的蘇摩洛伊 (Sumoroy)、1660–1661 年的馬龍 (A. Malong)、1762–1763 年的希蘭、1762–1764 年的帕拉里斯等的暴動。至於 1621–1622 年唐伯洛特 (Tamblot) 和 1744–1829 年達哥霍伊 (Francisco Dagohoy) 的叛亂，是因為宗教因素，他們要求恢復舊宗教，而與西班牙當局發生衝突。

不公正的經濟政策也引發叛亂。苛捐雜稅導致在薩馬、邦加絲蘭、伊洛科斯、甲米地、阿爾貝、卡馬瑞尼斯、宿霧、馬斯巴提、邦邦牙等地發生叛亂。不正常的徵收貢物、強迫勞役，在執行禁止商業活動時，市長擁有過度的權力，亦導致馬龍在邦加絲蘭、西蘭在南伊洛科

圖 5：1744–1829 領導菲人反抗西
班牙的英雄達哥霍伊

斯的維庚發動叛亂。

在馬尼拉附近，也普遍發生農民叛亂事件。例如馬遜安薩 (Matien-
za) 在巴坦加斯的賴安和納蘇布領導農民反抗搶奪他們土地的西班牙
托缽僧。在拉古納、甲米地和摩隆等地的農民也響應起來反抗西班牙。

菲南穆斯林也是反抗西班牙的主要勢力，西班牙屢派遠征軍攻打
穆斯林，但都沒有效果，甚至將俘虜的穆斯林當成奴隸賣至汶萊和荷
屬東印度群島。1876 年西班牙與蘇祿蘇丹簽訂和約，蘇丹承認西班牙
主權，而由西班牙付給蘇丹及其後裔一筆養老金。然而其他派系的穆
斯林，並沒有遵守此一和約，繼續與西班牙抗爭，直至西班牙結束統
治菲島，穆斯林問題仍未解決。

在呂宋中央山區的少數民族，如高迪里拉山區的伊戈律族 (Igorots)
一直反抗西班牙的入侵和天主教化。

在西治時期，反抗運動不斷，不下百餘次，但何以不能推翻西班
牙的統治？主因是土著缺乏軍事訓練、武器不夠精良，無法抗衡西班
牙使用的新式武器。其次是反抗勢力分散，局限在特定區域，因此西

班牙人可以輕易調集其他地區的菲人族群來對付反抗的族群。另一個失敗的原因是，菲人反抗團體的領袖可能係出於私人利益，而非民族利益，缺乏全國性領袖人物。

第二節　菲人民族主義的勃興

十九世紀若干事件的發展，刺激了菲人民族主義的勃興，這些事件包括：從歐洲傳入自由思想；現代科技的引入；打開菲律賓通往世界貿易的窗口；1868 年西班牙自由主義份子發動革命，推翻專制的君主政治；1869 年蘇伊士運河的開通；新中產階級的興起；世俗化的發展；1872 年甲米地叛變；三位傳教士葛梅茲 (Mariano Gomez)、柏哥斯 (Jose Burgos)、詹摩拉 (Jacinto Zamora) 執行死刑，以及對西班牙統治的覺醒等。這一連串事件的發展，使得菲人認為有必要改變西班牙的

圖 6: 1872 年 2 月 17 日因反抗西班牙而殉道的三位菲人神父葛梅茲、柏哥斯和詹摩拉

統治，而開始採取宣傳和武力反抗行動。

　　由於菲律賓經西班牙開發成為世界貿易的一環，對外貿易興起，經濟的繁榮使菲島出現了中產階級，提升了生活水平，送子女到馬尼拉讀大學以及到歐洲留學。因為接受西方的自由平等思想，他們對於西班牙當局對菲島土著的不平等待遇感到不滿。其中最有名的批評者是黎薩、皮臘、羅培茲耶納、巴特諾 (P. Patero)、柏哥斯、龐士，他們從事寫作和演講宣傳要求西班牙進行和平改革。

　　西班牙在 1868 年發生革命，自由派掌握政權，任命迪拉托里為駐菲總督。他以平等態度對待菲人，傾聽菲人的不滿的聲音。但自由派掌權時間很短，僅兩年就下臺了，迪拉托里也奉召返回西班牙。西班牙保守派政府另派伊茲奎亞多 (R. Izquierdo) 為駐菲總督。伊茲奎亞多採取高壓統治方式，限制菲人接受教育以及學習西班牙語，只有極少數人可學習西班牙語，引起菲人不滿。

　　1872 年，在甲米地發生暴動，起因是一位菲人士官馬德里 (La Madrid) 和在甲米地軍械庫的軍人和工人因被取消不用繳稅和免除勞役的特權，而計畫在 1 月 20 日同時在甲米地和馬尼拉舉事，但因誤認馬尼拉唐人街的煙火為開始行動的信號，結果遭西班牙當局鎮壓，馬德里及其同夥被處死，其他人則被監禁。另有三名傳教士葛梅茲、柏哥斯、詹摩拉也被指控涉入甲米地叛亂，而被判絞刑。菲人對此一事件深感不滿，認為必須團結起來推翻西班牙苛政，菲人的民族主義情緒漸漸形成。

第三節　改革運動

一、《團結報》

　　從 1872 年起，菲人知識份子在西班牙的巴塞隆納進行宣傳活動，主要喉舌組織是《團結報》，另一個是在馬德里的「西班牙人和菲人協

會」。他們的主要訴求是改革菲島政治，提高菲人的地位。他們並非革命者，仍然效忠西班牙。他們將這些改革主張印成書、小冊子，然後從香港運進菲島。

　　雖然改革份子譴責西班牙在菲島濫權、貪污，但並未主張推翻政府，或要求菲島獨立，而是希望菲島變成西班牙的一部份，菲人成為西班牙的公民。歸納他們的訴求如下：

1. 菲人和西班牙人在法律前平等。
2. 給予菲島成為西班牙一省的地位。
3. 給予菲人個人自由權，包括言論、出版、集會、請願的自由。
4. 恢復菲人在西班牙議會中的代表權。
5. 菲律賓教區的世俗化，或者將空懸的教區改由菲人傳教士出任。

圖7：從事反西班牙宣傳運動的偉大報人皮臘

圖8：反抗西班牙宣導運動的報人和改革主義者龐士

6. 司法改革。

改革份子透過寫作、演講、報紙、書籍和其他出版品等途徑，抒發他們對西班牙殖民統治的不滿。1887 年李特 (E. de Lete) 出版了一份報紙《在西班牙的菲律賓人》，以表達人民的心聲。但該報因缺乏資金，不多久就關閉了。《團結報》是 1889 年 2 月 15 日在巴塞隆納發行的第一份報紙，至 1895 年 11 月 15 日停刊，每月發行兩次，資金是由在西班牙和菲島的菲人民族主義者提供。為保護作者的家人，撰稿人都使用假名和筆名。

二、菲國國父——黎薩

黎薩所寫的兩部小說《社會癌症》(1887) 和《貪婪之統治》(1891)，旨在批評殖民統治的苛虐和錯誤，內容膾炙人口，成為菲人民族主義的聖經。改革份子相信如要獲得成功，就必須組織起來，因此於 1889 年 1 月 12 日在馬德里和西班牙人聯合組織了「西班牙人和菲人協會」，他們的訴求如下：

1. 在各級學校強制教授西班牙文。
2. 設立民事登記處和證書契據登記處。
3. 設立中學。
4. 由政府鋪設公路和鐵路。
5. 廢除監獄中不人道的懲罰。
6. 廢除地上收成物的稅以及教會維持稅。

在該協會的鼓吹之下，獲得西班牙官員的同情，最後制訂了〈穆拉法〉，用以保障菲人的福祉，可惜該法沒有執行。其他尚通過強制教授西班牙文、司法改革等法令，但遭到其他西班牙人的反對而沒有執行。

　　黎薩所寫的小說，不受菲島的托缽僧和官員喜歡。他想返回菲島探親，朋友勸他不要回去。他不為所動，毅然於 1887 年 8 月 5 日返抵馬尼拉。停留半年後，於 1888 年 2 月離開菲島。3 月 1 日菲島發生「1888 年請願運動」，有八百人簽署請願書，控訴托缽僧在菲島的惡行，要求將這些托缽僧驅逐出菲島以及教區世俗化，結果許多人被捕判刑或放逐。菲島西班牙當局懷疑黎薩涉及該反托缽僧的示威運動。

　　黎薩在 1892 年 6 月 26 日再度返回菲島，拯救了他的父親和妹妹，但他想在婆羅洲建立殖民地的理想卻未獲西班牙當局贊同。7 月 3 日黎薩組織了「菲律賓聯盟」，宗旨是：

　　1. 團結菲島所有人，以謀求每一個人的福祉。
　　2. 在需要及緊急時相互合作。
　　3. 促進教育、農業和商業。
　　4. 對抗各種形式的暴力和不公道。
　　5. 研究和進行改革。

　　儘管該組織是一民間組織，但西班牙當局懷疑它是一個顛覆組織，結果在 1892 年 7 月 6 日逮捕黎薩，並將他關在聖地牙哥堡。在總督迪司普卓 (E. Despujol) 的命令下，黎薩在 7 月 14 日被放逐到民答那峨的達必坦，在此地度過了四年的放逐生活。

　　1896 年 7 月他申請自願前往古巴擔任軍醫工作，獲總督艾里納斯 (R. B. y Erenas) 批准。8 月 6 日船抵達馬尼拉灣，尚不及與其親人會面，即被送往另一艘軍艦上加以看管。9 月 2 日被送上開往巴塞隆納的輪船。此時，馬尼拉附近地區已有暴動發生，反西班牙的革命運動已起。10 月 3 日船抵巴塞隆納，他立刻被關進監牢。10 月 6 日他又以革命犯罪名被判送回馬尼拉。11 月 3 日他被關進馬尼拉的聖地牙哥堡監獄。12 月 26 日，西班牙軍事法庭以非法結社及文字煽動叛亂罪名判處死刑，而於 12 月 30 日清晨七時在倫禮杳公園執行死刑。黎薩在就義前

夕，與其英籍未婚妻布刺肯舉行婚禮，其戀情之悲壯，為後人傳頌。菲人感念黎薩的義行，尊其為菲國國父。

同時，有許多共濟會組織推動改革運動，他們首先在西班牙建立共濟會集會所，例如羅培茲耶納建立第一個集會所叫「革命」，繼之的共濟會集會所是「團結」。在菲島也建立了第一個集會所，叫「尼拉德」(Nilad)。這類共濟會要求進行下述的改革：

> 1. 使菲島成為西班牙的一省。
> 2. 允許菲人在西班牙議會中有代表。
> 3. 建立民主政府。
> 4. 將菲律賓變成一個有尊嚴和進步的國家。
> 5. 政府應推行更寬鬆的行政管理。

三、改革運動的結果

改革運動並沒有達成改善菲人生活條件的目標，西班牙也沒有積極回應改革的要求，主要的原因為托缽僧和商人的反對。托缽僧反對任何可能給菲人啟蒙教化的改革，以免菲人起來反抗西班牙人。商人反對改革，是擔心他們在菲島的投資遭到損失。改革運動失敗的另一個原因是後勤援助不夠，缺乏資金，使得運動無以為繼。第三個原因是從事改革運動者彼此意見不合、衝突和嫉妒，以至於力量分散。

第四節　卡蒂普南──武裝革命組織

1892 年 7 月 7 日晚，對菲人而言是一個重要的日子，標誌著菲人要求和平改革的結束，開展了菲人武裝革命運動的序幕。該晚，「菲律賓聯盟」的成員保尼法秀 (Andres Bonifacio)❶、普拉塔 (T. Plata)、阿里蘭諾 (D. Arellano)、迪瓦 (L. Diwa)、迪亞茲 (V. Diaz) 等人在馬尼拉

的唐多地區秘密組織了革命團體——「卡蒂普南」
(Katipunan)，意思是「國家之子們最崇高及最受尊敬的
協會」。該組織的宗旨為：

1. 在一面國旗下團結菲人。
2. 經由革命手段達成獨立。
3. 保護被壓迫者，對抗施暴者。
4. 人生而平等，無論其膚色為白或黑。人的智慧、
   外表和財富，容或有優劣，但作為人則是平等
   的。

參加該組織者都是經過嚴格挑選，唯有通過嚴格測
試者才能加入。入會者須發誓執行該會的目標，對外不
得洩漏組織的活動和宗旨，而且都須歃血為盟。參加者
須使用假名，以逃避追捕，並保護其家人免受牽連。他
們徵選會員的方式是採取三角方式，即一個人介紹兩名
會員，但該兩人彼此並不認識。但當需要大量徵選新成
員時，該種方法並不十分有效，尤其當該組織聲名日為
菲人所知時，已無須採用此一方法。以後凡對該組織有
興趣，願支持其宗旨者，通過測試者即可加入。

「卡蒂普南」起初只接受男性會員，後來為了增加
會員人數，以及免除會員的太太、女朋友、媽媽、姊妹
或女兒的懷疑，而漸漸徵選女性加入。她們在組織內也
扮演重要的角色。

「卡蒂普南」有三級會議，最底層為村級會議，負
責城鎮或縣級事務。其次是省級會議，負責省級事務。
最高層是最高會議，負責全國事務。最高會議設有主席、
國務卿、國防部長、司法部長、財政部長、內政部長等

❶保尼法秀，1863
年 11 月 30 日出
生於馬尼拉的唐
多，父為裁縫師，
母為家庭主婦。下
有三個弟弟、兩個
妹妹，十四歲時父
母雙亡。由於生活
窮苦，做過各種苦
活，曾叫賣竹竿和
紙扇。後來為一家
外國公司做信差，
也擔任過一家外
國公司的店員。由
於家貧無法進大
學，便跟隨姑媽學
習識字，然後靠自
修而能博覽群書。
因不滿西班牙的
高壓統治，而於
1892 年 7 月投入
革命活動。

職位。

「卡蒂普南」發行的報紙為《自由報》，在 1896 年 3 月創刊，發行二千份，作者都使用假名。由於西班牙當局搜查到出版處所，僅發行一期就停刊了。

「卡蒂普南」的成員人數逐漸增加，約有二萬到四萬人，人一多就很難保密。8 月 19 日因「卡蒂普南」內部成員洩密，導致西班牙當局突襲在馬尼拉的秘密據點，破獲該組織，逮捕許多嫌疑犯。保尼法秀和賈辛托 (Jacinto) 則幸運地脫逃，未被逮捕。保尼法秀、羅沙里歐 (A. del Rosario)、普拉塔等領袖在當晚逃到馬尼拉北部數里的巴林塔瓦克山區，再轉到普嘎德拉溫。8 月 26 日「卡蒂普南」殘餘份子齊集普嘎德拉溫，他們同意為爭取獨立而戰。為證明其信念，他們撕毀他們的居住證書，並且高喊「菲律賓獨立萬歲」口號。此一事件被稱為「巴林塔瓦克之怒吼」，從此展開了武裝反抗西班牙運動。

菲島至此時之所以發生革命運動，有以下幾個原因：

1. 西班牙官員濫權。
2. 對菲島人民之改革要求，西班牙沒有做出適當的回應。
3. 對維護被壓迫菲人的領袖處以死刑，引起菲人不滿。
4. 西班牙對待菲人有種族偏見和歧視。
5. 期望恢復菲人祖先所獲得的獨立。

1896 年 8 月 30 日卡蒂普南份子在聖瓊山攻擊西班牙彈藥庫，以獲取武器，但因西班牙軍隊增援而告失敗。保尼法秀等人避難到馬里基納、聖馬提歐和蒙塔爾奔交界處的山區。隨後有沙蓋 (M. Sakay)、吉樂摩 (F. Guillermo)、山松 (A. Samson) 和路西洛 (Lucino) 等革命志士來投靠。保尼法秀後來攻擊在聖馬提歐的西班牙軍隊，但告失敗。

亞奎那多 (E. Aquinaldo)、呂卡特 (A. Ricarte)、馬司卡多 (T. Mascardo) 等人也同時在甲米地發動反西班牙暴動。亞奎那多相繼在伊穆

圖 9: 反抗西班牙的達加洛共和國總統沙蓋

斯、諾維利塔和畢那卡揚贏得勝利。

9 月 2 日藍尼拉 (M. Llanera) 領導的革命團體攻擊在新伊茲哈的卡比亞歐的西班牙軍隊。至 9 月底，甲米地、武拉干、巴坦加斯、新伊茲哈等省都加入了革命行列。革命浪潮也向其他省分傳開。

西班牙政府為制止革命運動散布，布蘭科 (R. Blanco) 總督將馬尼拉、甲米地、巴坦加斯、拉古納、丹轆、新伊茲哈、武拉干、邦邦牙等省宣佈為戒嚴法統治區。在戒嚴法公佈後四十八小時內投降者，可以獲得赦免。但西班牙當局並沒有遵守承諾，投降者遭到逮捕及酷刑。聖地牙哥堡關滿了投降的革命份子，有些人則被放逐到卡洛林群島和非洲。

第五節　亞奎那多建立革命政府

一、「卡蒂普南」的分裂

1896 年 8 月 31 日亞奎那多成功地攻取卡偉特，繼之於 11 月 11

日攻取甲米地，奠定他成為革命運動的領袖地位。然而，由於信念的不同，加上嫉妒以及個人野心的差異，導致亞奎那多和保尼法秀之間的不合。保尼法秀是革命運動的組織者，但不擅長於軍事，因此屢遭敗戰；而亞奎那多則是軍事幹才，經常擊敗西班牙軍隊。

在甲米地時，革命陣營內部就分為兩派，由亞奎那多領導的馬格達洛派 (Magdalo) 的基地在甲米地的卡偉特。另外由阿爾瓦瑞茲 (M. Alvarez) 領導的馬格迪汪派 (Magdiwang) 的基地在甲米地的諾維利塔，他們以保尼法秀為領袖。兩派從未同時聯合進攻西班牙軍隊。

兩派的另一個歧見是，亞奎那多派認為「卡蒂普南」無法在革命時作為有效的政府，而主張設立一個革命政府。但保尼法秀派主張以「卡蒂普南」作為政府，以及指導軍事行動的組織。12 月 31 日兩派在甲米地的伊穆斯舉行會議，試圖解決此一問題，結果失敗。翌年 3 月 22 日又在德黑洛斯集會，雙方同意設立革命政府，並舉行選舉，推舉亞奎那多為革命政府總統，特里亞斯 (M. Trias) 為副總統，呂卡特為總指揮官，迪歐斯 (E. R. de Dios) 為國防部長，保尼法秀為內政部長。但帝羅納 (D. Tirona) 認為內政部長應由具有法律背景的人來出任，另外推薦人選。保尼法秀因受辱而憤怒，宣佈該項選舉無效。作為「卡蒂普南」的最高領導人，保尼法秀解散了這個新成立的革命政府。

隨後保尼法秀遷移至尼亞克 (Niac)，起草第一份文件，成立新政府，宣稱不承認在德黑洛斯的選舉結果。在他發佈的第二份文件中，除了組成新政府的內容外，亦成立一支軍隊，由皮臘領導。當亞奎那多知道保尼法秀在尼亞克發表宣言後，便下令逮捕保尼法秀及其同夥。雙方發生衝突，保尼法秀和其兄弟普洛科皮歐 (Procopio) 被捕時受傷，另一個兄弟克里斯普洛 (Crispulo) 則遭殺害。

革命政府組成軍事法庭，審訊保尼法秀和其兄弟的案子。該法庭由七人組成，由諾里爾 (M. Noriel) 擔任主席。審訊從 1897 年 4 月 29 日到 5 月 4 日，儘管罪證不足，但保尼法秀和其兄弟均被以叛亂罪判處死刑。5 月 8 日亞奎那多將死刑改為流刑，但他的軍事顧問勸他維

持原判。二天後保尼法秀和其兄弟在甲米地塔拉山被槍斃。

二、「比亞克納巴托共和國」誕生

6 月，亞奎那多遭到一連串軍事失敗，甲米地為西班牙軍隊所奪回，乃遷移至巴坦加斯的塔利賽，與馬爾瓦 (M. Malvar) 將軍的軍隊整合。後來又將總部遷至武拉干，在巴由莫的比亞克納巴托 (Biak-na-Bato) 設立總部。11 月 1 日佛瑞爾 (F. Ferrer) 和阿塔克 (I. Artacho) 根據古巴憲法起草憲法，規定最高議會由總統、副總統、國防部長和財政部長組成。次日舉行最高議會選舉，亞奎那多被選為總統，副總統為特里亞斯，外長為蒙特尼格羅 (A. Montenegro)，內政部長為阿塔克，國防部長為迪歐斯，財政部長為薄德美洛‧阿奎那多 (Baldomero Aquinaldo)。比亞克納巴托共和國宣告誕生。

西班牙總督李維拉 (P. de Rivera) 知道革命勢力無法以武力平息，乃欲以談判尋求和平，但遭到亞奎那多拒絕。後經一位西菲混血兒帕特諾居間斡旋，革命份子和西班牙當局談判簽署了〈比亞克納巴托協議〉。協議中包含三份文件。第一份文件是在 11 月 18 日簽署，由李維拉總督和代表革命政府的帕特諾簽署。12 月 14、15 日又簽署第二、第三份文件。第一份協議稱為「綱要」，規定停止革命活動，亞奎那多及其他領袖自願離開菲島，其他人員則放下武器投降。第二份協議稱為「協議法案」，強調對於放下武器者給予大赦，他們有權在菲島或國外自由居住。第三份協議規定賠償的問題，強調西班牙將賠償總額為一百七十萬菲幣。

12 月 23 日有兩位西班牙將軍德傑伊洛 (C. Tejeiro) 和摩內特 (R. Monet) 前往比亞克納巴托擔任人質，27 日，亞奎那多及二十五位領袖離開菲島前往香港。他在香港重新組織了一個「香港議會」或稱「香港革命委員會」，後來擴大為「國家最高委員會」，他及其同志密切注意菲島局勢的發展。他們將西班牙賠償的四十萬菲幣存在香港銀行，作為活動的資金。

　　但西班牙和菲島反西份子雙方均未遵守〈比亞克納巴托協議〉，西
班牙並沒有如約付出全部的賠償金，許多投降的革命份子在回到故鄉
後，不是遭到逮捕下獄，就是被處決，而非原先承諾的給予大赦。至
於菲島反西份子也違反協議，仍繼續進行推翻西班牙統治的活動，並
未完全放下武器。

Philippines

第 III 篇
美國統治下的菲律賓

第八章
第二次白人入侵：美國

第一節　美、西戰爭

一、殖民地之爭

在十九世紀中葉時，美國勢力日益增強，但與其他西歐國家不同的是，西歐國家都有海外殖民地，唯獨美國沒有。然而美國欲與中國和古巴貿易，卻受到諸多限制，乃思獲取在亞洲和其他地區的殖民地據點。

古巴原為西班牙的殖民地，在 1895 年發生反西班牙的革命運動，美國支持古巴人民，美、西關係陷於緊張，美國勢須尋找一個藉口來對西班牙宣戰。1898 年 2 月 15 日，美國一艘戰艦「緬因號」不明原因爆炸沉沒在古巴的哈瓦那港口，美國譴責西班牙當局要對該沉船事件負責，美國對西班牙致送最後通牒要求西班牙退出古巴。西班牙拒絕該項要求，美國遂於 4 月 25 日對西班牙宣戰。當時美國的企圖是想取得西班牙在海外的所有殖民地，包括古巴、波多黎各、夏威夷、關島和菲律賓。美國想以菲律賓作為其擴張在亞洲影響力的基地。

美國對西班牙宣戰後，海軍部長郎恩 (J. D. Long) 下令在香港的杜

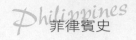
威 (G. Dewey) 海軍司令向菲島進兵。當其艦隊抵達菲島時,西班牙當
局感到震驚,因為毫無準備。5 月 1 日美軍有七艘船,而西班牙艦隊
有十二艘船,雙方在馬尼拉灣發生戰鬥,僅數小時,西班牙艦隊因老
舊及缺乏準備而失敗投降。美軍未損失一艘船和一名軍人,而西班牙
則死傷數百人。

二、亞奎那多支持美國

在馬尼拉灣戰役前,亞奎那多應一位曾住在菲島的英國人布瑞
(H. Bray) 之邀,於 1898 年 4 月 23 日前往新加坡。布瑞通知亞奎那多,
美國駐新加坡領事普拉特 (S. Pratt) 有意與他會面。布瑞充當亞奎那多
和普拉特會談時的翻譯員。普拉特勸亞奎那多重新發動革命,因為西
班牙已經違反〈比亞克納巴托協議〉的規定,同時表示美國將承認菲
律賓獨立。亞奎那多相信普拉特的話,而且表示一旦美、西發生戰爭,
他將與美國合作。亞奎那多回到香港,欲與杜威商量,但杜威已離開
香港,前往馬尼拉。他會見了美國駐香港領事韋德曼 (R. Wildman)。
韋德曼勸他回到菲島,並組織一個政府。

亞奎那多與十三名革命份子商議後,決定返回菲島。他們在 5 月
19 日抵達甲米地,與杜威舉行會議,杜威向他保證一旦西班牙投降,
美國將支持菲人獨立。亞奎那多乃號召菲人支持美國對抗西班牙。杜
威並將獲自西班牙的武器交給菲人領袖。

5 月 24 日亞奎那多呼籲菲人,美國是菲人的朋友,美國對菲島沒
有興趣,他強調菲島是個文明的社會,且能自行自我統治。此一呼籲
激起菲人團結起來對抗西班牙的暴政。至 6 月底亞奎那多控制了呂宋
的大部份地區。

西班牙當局為了爭取菲人的支持,於 5 月 28 日在馬尼拉由奧古斯
丁總督召開諮商會議,同意進行若干改革措施。但為時已晚,菲人不
再相信西班牙當局的改革,菲人代表乃拒絕出席會議,至 6 月 13 日休
會,毫無建樹。

圖 10：美國統治菲律賓初期的馬尼拉街景

　　雖然美軍在馬尼拉灣擊敗西班牙艦隊，但仍不能攻入馬尼拉城內，須仰賴菲人的合作協助。馬尼拉為美軍和菲軍包圍，城內糧食和飲水短缺，對外交通和通訊亦被美軍切斷，靠海一面遭美軍艦隊封鎖，馬尼拉完全陷入孤立。

　　當時美國宣佈封鎖馬尼拉灣，但是英、德、法、日等國的海軍亦派至馬尼拉灣疏散僑民，其中尤以德國艦隊力量最強，德國在馬尼拉灣有五艘軍艦，旗艦凱瑟琳號的噸位數和槍砲數超過美國旗艦奧林匹亞號。德國亦有想在遠東尋找一處殖民地的企圖，如有可能將取得菲島為殖民地。因此，德軍無視於美軍的封鎖，公然登陸馬尼拉灣，運送麵粉和補給品給西班牙軍隊。美軍對德國此一作法深感不滿，乃致送德國艦隊指揮官迪德里契 (von Diedrichs) 最後通牒，如不遵守封鎖規定，就開戰。馬尼拉灣情勢緊張起來。幸好英國艦隊支持美國的作法，德軍擔心與英、美聯軍作戰，遂停止其挑戰。

　　6 月 30 日美軍首波軍隊登陸甲米地，7 月 17 日第二波登陸，7 月 31 日第三波登陸，總兵力達一萬一千人。當時西班牙軍隊在菲島總兵力有三萬五千人，其中在馬尼拉有一萬三千人。而亞奎那多的兵力有一萬二千人，雖充滿鬥志，但缺乏戰鬥經驗。

三、美、西秘密協議

在 8 月 13 日早上馬尼拉保衛戰之前,西班牙當局與美國就有關馬尼拉投降事宜進行秘密談判。西班牙當局知道反抗美、菲聯軍於事無補,但若沒有防衛就放棄馬尼拉,是很失面子的。西班牙為想保留面子地撤退,乃經由比利時領事居間斡旋,杜威、梅里特 (W. Merritt) 將軍和西班牙的賈迪尼斯 (F. Jaudenes) 總督進行秘密談判,馬尼拉決定在一次「假戰鬥」後向美軍投降,菲人則被排拒在外。8 月 13 日,美軍先從軍艦上用砲火攻擊馬尼拉城內的西班牙據點,接著,美、菲聯軍進行陸上攻擊。美、西進行一場「假戰鬥」後,西班牙宣佈投降。此雖保存了西班牙人的面子,但此後美、菲即出現裂痕,因為美國並沒有實現它過去的承諾。

美國和西班牙私下決定投降的條件,美國國旗在聖地牙哥堡升起,結束了西班牙在菲島三百三十三年的統治。但美軍拒絕菲軍進入馬尼拉。這是西軍和美軍秘密協議的一部份,因為擔心菲軍進城後濫殺西班牙人。

1898 年 12 月 10 日美國和西班牙的代表在巴黎簽訂〈巴黎條約〉,正式結束美、西戰爭。條約的內容如下:

圖 11: 聖地牙哥堡

1. 西班牙割讓菲律賓群島給美國。
2. 美國付給西班牙二千萬美元，作為西班牙在菲島所做的改善努力的補償。
3. 西班牙割讓關島和波多黎各給美國。
4. 西班牙撤出在古巴的主權。
5. 由美國國會決定割讓土地上居民的公民權和政治權利。

　　在美、西締結和約時，菲人有被美國出賣的感覺，菲人革命軍隊既不能在西班牙投降後進入馬尼拉，菲人也不能派代表出席巴黎和平會議，之後美國也並未承認菲律賓獨立。菲人不滿西班牙將菲島割讓給美國，認為西班牙無權如此做，亞奎那多啟程前往美國華府，反對美國參議院批准美、西〈巴黎條約〉。他在 1899 年 1 月 30 日致送一份備忘錄給美國參議院，反對該項條約。但菲律賓和菲人當時在美國社會並不為人所知，美國人甚至認為菲人是野蠻未開化的民族，需要美國的殖民統治，因此他的呼籲沒有受到重視。反對美國的情緒日益高漲，參加亞奎那多組織獨立國家的人數也增加了。

第二節　第一個菲律賓共和國的誕生

　　當亞奎那多還在香港時，為了準備回到菲島重建新政府，他曾命龐士起草菲國憲法，內容係以革命政府為架構。亞奎那多回到菲島後，他的政治顧問薄逖斯塔 (A. R. Bautista) 慫恿他建立一個獨裁政府，於是他在 1898 年 5 月 24 日建立獨裁政府。6 月 12 日，他在甲米地的卡偉特住家門口宣佈菲律賓獨立，升起了菲國國旗，並演唱菲國國歌。國旗是由阿功西洛 (Marcela Marino Agoncillo) 設計縫製，國歌是由菲力普 (Julian Felipe) 作曲。

　　6 月 23 日，亞奎那多在馬畢尼 (A. Mabini) 的建議下將獨裁政府改為革命政府。為獲取外國的外交承認，亞奎那多在翌日下令設立香

圖 12：菲律賓國歌作曲家菲力普　　圖 13：菲律賓第一共和國國旗製
　　　　　　　　　　　　　　　　　　　　　作者阿功西洛

港革命委員會執行局或稱「香港議會」。

「香港議會」在外國設立委員會，從事宣傳，與外國政府進行外交談判，當時派有代表的國家有美國、日本、英國、法國和澳洲。

為獲取穆斯林支持革命，亞奎那多曾在 1 月 14 日致函蘇祿蘇丹，大加讚美蘇丹，強調穆斯林和天主教徒在菲律賓共和國下應平等如兄弟。但蘇祿蘇丹的回信簡短和直接，表示不想被任何人，包括天主教菲人或西班牙人統治。

1898 年 9 月 15 日，八十五名代表中（選舉和委派各半數）約有五十名代表在武拉干省馬洛洛斯的巴拉松安教堂召開馬洛洛斯大會，大會結束時，與會人數增加到九十人。9 月 29 日，大會批准菲律賓獨立，並通過了數項法律，以解決革命政府的財政問題以及設立小學、中學和學院。11 月 29 日，大會通過了《馬洛洛斯憲法》。由於馬畢尼認為目前革命政府還不穩定，應賦予總統更大的權力，所以反對該憲

法賦予議會過高的權力。後再經過一段時間的協商，修改部份條款，亞奎那多才在 1899 年 1 月 23 日公佈了該憲法。該憲法模仿歐洲和拉丁美洲國家的憲法，包含前言、十四章，一百零一條，並有附加條款。1 月 23 日，宣佈成立菲國第一個共和國，亞奎那多宣誓成為總統。

《馬洛洛斯憲法》採共和政治體系，宣揚主權在民，實施行政、立法、司法三權分立制。保障公民的自由和權利，採取政教分離政策。

從國際法觀點來看，第一共和因未獲國際承認，僅是事實政府 (de facto)，但是從菲律賓人觀點來看，因其由菲律賓武力與菲律賓人多數支持，是事實與合法政府 (de jure)。共和國政府的合法地位雖然獲得菲律賓群島各地領袖的支持，唯其實際控制地區僅有中呂宋的武拉干、山伊西德諾、新伊茲哈、安吉爾斯、邦邦牙、丹轆、巴揚班等地區。在短暫的二十七個月中，革命政府遷移頻繁，制度功能未盡發揮，制度化自是不可能。唯其憲法的民主設計，正可以反映二十世紀初期菲律賓民族主義的終極理想，不幸地，此種民主理想卻被另一民主國家所毀滅。

第三節　反美殖民戰爭

美國總統麥金萊 (W. McKinley) 對菲島的治理政策是採取仁慈的同化政策。菲人起初認為美國會協助菲人獨立，但後來發生下述情況，始發覺受騙：一是當西班牙投降後，美國禁止菲人軍隊進入馬尼拉市；二是菲人代表被禁止參加巴黎的和平會議；三是美國不承認菲國獨立。

菲人知道美國的企圖是兼併菲島入美國版圖。1899 年 2 月 4 日，一名菲人軍人行經聖瓊安橋時，遭到美軍步哨射殺，發生衝突的原因不明。隨後菲軍與美軍即展開衝突，美國先驅逐在馬尼拉市內的菲軍，然後在 3 月 31 日出兵攻擊馬洛洛斯。革命政府遷移至邦邦牙省的聖佛南多，亞奎那多則避難到新伊茲哈的聖伊西德諾，再逃至丹轆省。革命政府首都後來又遷至新維茲卡亞的巴永崩，再遷至邦加絲蘭省的巴

揚班。11 月 12 日亞奎那多放棄正規軍，改採游擊戰。

革命政府為爭取國際支持，進行宣傳，獲取國際承認，亞奎那多於 1898 年 6 月 24 日和 8 月 10 日設立「香港革命委員會」，負責外交活動。以後並在美國、日本、英國、法國和澳洲派駐外交代表。駐日外交代表龐士負責向日本購買軍火，1899 年 6 月 20 日，從日本運送一批軍火，包括一萬枝槍和六百萬發子彈及其他軍火。但該船在上海東方海面沉沒。第二次透過孫中山的協助，載運一批軍火運往菲島，但因美軍巡邏很嚴，該船無法靠近菲島，而於 1900 年 1 月航至臺灣卸貨。後來孫中山利用該批軍火從事反滿清的革命活動（惠州起義使用該批軍火）。

1900 年 9 月 6 日亞奎那多逃至伊莎貝拉省的帕拉南，其行蹤為美軍偵知。隔年 3 月 23 日，他被美軍逮捕。4 月 1 日，他宣誓效忠美國。4 月 19 日，他發佈一項聲明，呼籲菲人停止對抗美國，並接受美國的統治。1902 年 4 月 16 日，馬爾瓦在巴坦加斯省的利巴向美軍投降；羅亞 (S. Loa) 亦隨後向美軍投降，而結束了菲軍的抗美運動。

第四節　美國為殖民統治菲島辯護

一、軍事統治

美國和西班牙簽訂〈巴黎條約〉後，美國參議院對於是否批准該項條約出現爭議，大抵可分為帝國主義派和反帝國主義派。前者主張贊同殖民菲島，支持該立場者為資本家、投資者、抗議教派傳教士和軍人。他們認為殖民菲島可擴張美國在菲島的利益。後者則持反對立場，主要為憲政主義者和工人，他們不認為美國有權殖民菲島，因為在美國憲法中並無此一規定。由於此一爭論，導致批准該條約的時間延後。然而，當美、菲爆發戰爭後，原本反對批准者轉而投票贊成批准，因為他們相信菲人已變成與美國敵對了。

歸納言之，美國佔領菲島的動機有以下幾點：

1. 愛國主義：讓美國國旗在菲島飄揚，使人憶起美軍在菲島作戰的英勇事蹟。
2. 強力外交政策：相信美國在菲島有自己的使命。
3. 商業主義：在東方尋找新市場和投資機會。
4. 軍事主義：在遠東取得軍事基地。
5. 宗教：相信上帝已打開一條傳佈基督教的通路。
6. 人道主義：出於一種利他主義的「白人的負擔」的想法，目的在教化菲人以及訓練其自治。

在美國批准〈巴黎條約〉後，麥金萊總統遭到美國國內團體的壓力，發佈對菲島仁慈的同化政策。他在該項聲明中說：「菲律賓是屬於我們的，不能予以剝削，而應依據自治的科學方向給予發展、文明化、教育和訓練。」

1898 年 8 月 14 日美軍佔領馬尼拉後，杜威宣佈建立軍事政府，在與菲律賓革命政府戰爭時期，軍事總督由美國總統授權，將所佔領的任何領土皆置於軍事政府管轄之下，總督掌握行政、立法和司法大權。軍事統治延續至 1901 年 7 月菲律賓革命政府瓦解為止。

二、美國派遣調查委員會

1899 年 3 月 4 日，由美國康乃爾大學校長舒曼 (Dr. J. G. Schur-man) 領導的一個委員會抵達菲島，該委員會的功能是傳達美國對菲人的善意；調查菲律賓的情況；並向美國總統推薦在菲島設立政府。惜因美、菲戰爭爆發，該委員會無法實地瞭解菲島情況，不過該委員會在馬尼拉舉行聽證會，接見亞奎那多的密使，從各種途徑傳達美國政府對菲人的善意。1900 年 1 月 31 日，該委員會完成調查工作並返回美國，向麥金萊總統提出報告，建議麥金萊總統掌控菲島，因為菲島

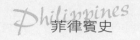

對獨立尚無準備。該委員會的建議有以下幾點：

1. 在菲島設立一個政府，有兩院制國會，下議院由民選產生，上議院半數民選，半數委派。
2. 在與美國和平相處的區域撤銷軍事統治，改為民事政府。
3. 為菲人維護自然資源。
4. 組織自治縣市和省政府。
5. 在菲島設立免費公立小學。
6. 任命賢能之士出任政府公職。

1900 年 3 月 16 日麥金萊總統派遣第二個委員會到菲島，由塔夫托 (W. H. Taft) 法官率領，該委員會又稱為「塔夫托委員會」。其任務是協助設立文人政府，它被賦予立法權和部份行政權，包括委任官員的權力，軍事總督的權力也因此縮小。該委員會在 6 月 3 日抵達馬尼拉。於 9 月 1 日開始執行其立法功能。它主要的工作是從事道路和橋樑修築；設立民事服務系統；設立縣市和省政府，俾讓菲人自行管理自己；設立民事訴訟程序；設立菲島警察制度；設立農業和森林局；設立公立學校制度。

在美國的軍事政府成立時期，菲律賓境內革命勢力方熾，菲律賓人同情革命政府，並不承認軍事政府的合法地位，在此情況之下，美國唯有採取剿撫並進政策：一方面對革命政府施加軍事壓力，另一方面積極準備民治政府，扶植菲律賓人參與政治事務。例如在 1899 年至 1901 年成立「尼格羅斯共和國」(Republic of Negros)。美軍在 1899 年 3 月 4 日獲尼格羅斯島糖業大亨之邀佔領該島。美軍召開憲法會議，初步仿效美國憲制，在該省置兩位首長，一位由美國駐菲律賓軍事總督任命，一位由民選產生。立法機關由民選的八十名議員組成。7 月 22 日該共和國憲法正式生效。10 月 2 日舉行行政長官選舉，西佛里諾 (M. Severino) 當選行政長官。在最高法院設六位菲律賓人法官和三位

美國軍法官。11 月 6 日該共和國正式成立。1901 年 4 月 30 日尼格羅斯成為正式的省份後，該共和國即被廢除。1899 年 5 月 6 日，在武拉干省的巴利瓦舉行市長普選，這是美軍佔領區第一個民選的首長。隨後，在馬尼拉附近的城鎮亦舉行選舉。軍事政府並任命菲律賓才智之士擔任政府高級職位。

三、成立民事政府

1901 年 3 月 2 日通過〈斯彭納修正案〉(Spooner Amendment)，確認美國總統在菲島結束軍事政府的權力，美國總統統治菲島的權力不是依據他作為美國武裝部隊總司令的權力，而是國會的授權。控制菲島的權力從總統移轉到國會，也重申假如情況許可，總統將在菲島設立民事政府。

7 月 4 日美國總統任命塔夫托為首任駐菲島民事總督，開啟美國對菲島的民事統治。塔夫托在就職演說中強調：「將執行美國的菲律賓化政策，為菲人謀利益。」為了籌措資金，除了美國國會撥款六百萬披索給菲島從事建設款項外，塔夫托甚至前往梵諦岡，與教皇協商將托缽僧在菲境的四十一萬公頃土地出售。1903 年 12 月，他花了一千四百四十七萬八千披索買下這些土地，再將土地細分，以低價賣給無地的農民。

1902 年 7 月 1 日美國國會通過〈菲律賓法案〉，賦予菲人跟美國一樣的權利法案，允許菲人派遣兩位「駐地委員」駐在美國，代表菲人出席美國國會，他們可以出席討論，但沒有投票權。該法案規定行政權委由文人總督辦理，總督同時是「菲律賓委員會」主席。此「菲律賓委員會」即為菲律賓國會的上院，係由美國總統任命組成。國會的下院是「菲律賓議會」，係由菲律賓人選舉產生。兩院共同運作立法權，但「菲律賓委員會」有權完全控制非基督教菲律賓人的立法案件。司法權則委由最高法院、初審法院以及和平法院的法官掌理。初審法院的法官包括美國人與菲律賓人，而和平法院的法官則皆為菲律賓人。

1905 年 2 月 6 日，美國國會通過法案，將菲島的「民事總督」名稱改為「總督」。

第九章
美國對菲島的訓政統治

第一節　訓練菲人自治

美國在 1898 年透過與西班牙簽訂〈巴黎條約〉取得菲律賓群島的控制權,初期菲島各地皆在美國軍事統治之下,不過,美國首先在 1899 年 5 月在某些城市舉行市官員選舉。1901 年美國將軍事統治政府改為文人政府,負責菲島事務的菲律賓委員會通過第 60 號法令（以後又通過第 82 號法令）作為市政府的基本法。該法賦予菲人投票權,且規定選民須具備下述條件:一、男性;二、年滿二十三歲以上;三、選舉前在投票區住滿六個月以上;四、屬於下述三個階級:能說、讀和寫英文或西班牙文,擁有財產至少五百披索,或在 1898 年美軍佔領前出任地方政府職務者。

一、文人政府與「菲化政策」

1900 年菲島出現了第一個政黨,由塔維拉 (Dr. T. P. de Tavera) 籌組的聯邦黨,主張與美國殖民政府合作,甚至主張菲島成為美國一州。1901 年出現第二大黨——國民黨,由帕伯雷特 (P. H. Poblete) 組織,1902 年改組,由葛梅茲 (D. Gomez) 出任黨主席。1902 年 10 月帕特諾

組織自由黨，主張自治。同年 12 月，將黨名改為獨立黨，公開主張菲島獨立。至 1906 年，美國取消了禁止主張獨立的政黨的命令，於是菲島出現了許多激進主張獨立的政黨，例如立即獨立黨，參加者有奧斯敏納 (Seagio Osmena)、奎松 (Manuel Quezon) 等人。

1901 年菲律賓委員會又通過第 83 號法令，允許菲人選舉省長。1907 年 1 月 9 日，通過第 1532 號法令，為菲島第一個普選法，該法規定：一、菲人可以選舉菲律賓議會議員、省級官員和縣市官員；二、設立「選舉監督委員會」，負責指導、監督、管理投票所的投票，以防止舞弊；三、採用澳洲投票制，即採取秘密投票制。在此新法案下，菲島於 1907 年舉行首次議會選舉，國民黨獲得八十席中的五十八席，由聯邦黨改名的國家進步黨獲得十六席，其他獨立人士六席。菲人參加此兩大政黨，並非因為政黨的政綱，實際上在此次選舉中兩黨皆主張菲島獨立，政綱差異不大，主要的區別在於是否與美國有合作關係，與美國有合作關係或在殖民政府內任職者，可能成為進步黨員；而愛國主義者、年輕人或未曾任職殖民政府者，就可能成為國民黨員。此後至 1942 年菲島淪陷為日軍控制為止，都是國民黨獨霸政壇的時代，其他小黨無足輕重。

文人政府成立後，美國積極推行「菲化政策」，於 1907 年 7 月 30 日舉行第一次「菲律賓議會」選舉，選出八十位議員，任期三年。奧斯敏納被選為議會主席，奎松被選為多數黨議場領袖。由於係菲人第一次自行議立法案，因此參加的議員都兢兢業業，他們議立的法案有些極具開創性，例如 1907 年的〈加巴爾東法案〉(Gabaldon Act)，撥款一百萬披索興建學校；其次是設立菲律賓大學 (1908)；第三是設立農業銀行，後來發展為菲律賓國家銀行。菲律賓議會形同菲島的下議院，而菲律賓委員會形同上議院。兩會擁有平等的預算權，管理菲島基督教徒的平等立法權，但菲律賓委員會擁有超過菲律賓議會更多管理非基督教徒的立法權。從 1909 年到 1911 年的菲律賓議會，與菲律賓委員會發生嚴重的摩擦，第一件是菲律賓議會通過廢止死刑案，但

遭菲律賓委員會否決；第二件是菲律賓議會通過一項廢止公開展示菲律賓旗幟的法令，同樣遭菲律賓委員會否決。1911 和 1912 年菲律賓議會沒有通過預算案。

　　1913 年美國總統威爾遜將「菲律賓委員會」九個席次中的五席給予菲律賓人。菲律賓人佔多數，能控制立法權。此外，中央政府高級職位亦皆延攬菲律賓人擔任。在地方政府方面，根據 1901 年〈大都會法案〉規定，由合格選民選舉市長、副市長和市議員；根據 1901 年〈省法案〉規定，由市議員選舉省長。自 1907 年後，省委員會的省長和監督官（控制省財政的財務官仍然由美國人擔任），改由合格選民直接選舉。1916 年後，所有省委員會成員皆由合格選民直接選舉產生，省級政府遂完全由菲律賓人擔任，民主化過程在地方進行頗為順利。至 1921 年，在菲島的公務員中，菲人有一萬三千二百四十人，而美國人僅有六百四十一人。

二、〈鍾斯法案〉── 催生菲律賓自治

　　早在 1912 年 3 月美國眾議員鍾斯 (W. A. Jones) 向國會提出菲律賓獨立法案，內容是經過八年後，即 1921 年讓菲律賓獨立，但該案未獲通過。1914 年 7 月，他再度提出菲島獨立案，但未提出獨立的確切日期。該案在眾議院獲得二百十一票的支持，五十九票反對。但該案卻在參議院遭到否決。1916 年參議院召開新會期，參議員克拉克提出修正案，允許菲島在該案通過後不少於兩年、不多於四年的期間內獨立。結果以四十一票贊成、四十一票反對，正反票數相同，參議院主席──美國副總統馬歇爾投下贊成票。眾議院對於參議院通過的〈克拉克修正案〉舉行投票，結果加以否決。後來兩院再經過協商，最後通過了〈鍾斯法案〉。美國總統在 1916 年 8 月 29 日簽署該法案。

　　〈鍾斯法案〉又稱〈菲律賓自治法〉，在其前言中說：「美、西戰爭之初，美國人民從未想到把該戰爭當作征服戰爭或擴張領土的意圖」，「美國人民的目的是撤回對菲律賓群島的主權，只要在菲島能迅

速建立一個穩定的政府，美國即承認其獨立」。

依據該法的規定，菲律賓政治體系將根據孟德斯鳩三權分立、相互制衡的原理，將政府劃分為行政、立法和司法三個機構。行政權由美籍總督掌理，他是由美國總統提名，並且經美國參議院同意後任命。政府內設有內政、公共工程、財政、司法、農業和自然資源、公共教育等六部，其中公共教育部部長規定為美籍，同時擔任副總督。各部部長組成內閣，負責參贊。總督控制政府各部，是武裝部隊和民兵的總司令；有赦免、減刑、減輕罰金和沒收之權；有權暫時中止人身保護令的頒發；在緊急時，可頒佈戒嚴法。

立法權在於民選的兩院，上議院稱為參議院，由二十四位參議員組成，其中二十二位是由民選產生，二位是由總督從非基督教菲律賓人中任命。參議院對總督的任命案有參贊與同意權。下議院稱為眾議院，由九十三位眾議員組成，其中八十四位是由民選產生，九位是由總督從非基督教菲律賓人中任命。眾議員任期三年。眾議院可以三分之二多數維持原案，推翻總督的否決權，但是總督可訴諸於美國總統做最後決定。

司法權仍由最高法院、初審法院以及和平法院法官掌理。主法官（係菲律賓人）和副法官（有菲律賓人和美國人）皆由總統提名，經美國參議院同意任命之。

〈鍾斯法案〉雖賦予菲律賓人權利，確定其菲律賓公民地位，自治政府有權管理菲律賓境內事務，並且派遣二位「駐美菲律賓人代表」出席美國國會，但自治權仍然受到許多限制。例如，美國總統和菲律賓總督對菲律賓國會通過的法案享有否決權；改變鑄幣和通貨的法律，須經美國總統同意；有關菲律賓與美國的貿易，由美國國會決定；菲律賓最高法院的審判案件，尚可再上訴美國聯邦最高法院。從上可知，自治政府仍受美國控制，菲律賓人僅能參與地方政治。

三、菲律賓民主政治的發展

在美國統治之下，菲律賓民主政治迅速推展。在新社會結構內，

向上層社會流動的機會增加，最高法院首席法官和下級法院法官皆為菲律賓人。在官僚機構之內，亦皆由菲律賓人擔任，據估計，1903 年在菲律賓政府的公務員之中，美國人佔 51%；1913 年佔 29%；1923 年僅佔 6%，至 1936 年，除了一百六十位教育行政人員和高級技術專家是美國人之外，餘皆為菲律賓人，美國人的比例尚不及全部菲律賓公務員的 1%。同樣地，菲律賓人亦有權參與立法工作，例如：可以競選 1907 年的菲律賓議會，和 1916 年的菲律賓立法機關的議員。

　　政治參與機會的增加，利益表達和利益綜合的機會亦隨之擴大，出現了許多利益團體和政黨。在利益團體方面，有蔗糖、椰子等農業團體；在菲律賓人、華人和美國人的商會、菲律賓醫藥協會和菲律賓律師公會，以及全國農民聯合會和菲律賓工會。在政黨方面，有 1900 年成立的聯邦黨、1902 年成立的國民黨，以及其他政黨。

　　實際上，利益團體和政黨皆由財閥和地主把持，平民甚少有機會參與政治。因為美國並未改變基本的當地權力結構或集權的政治與行政體系。在訓練菲律賓人自治的同時，仍繼續與菲律賓財閥和地主維持密切的關係，美國政府──主要是塔夫托總督和魯特 (E. Root) 總督當政時，鼓勵優秀份子活動。美國政府以私產為名，允許這些家族取得托缽僧的土地，目的在建立民主國家體制，將優秀份子納入政治權力體系，並鼓勵他們改變西班牙所建立的權力基礎。

第二節　菲人積極爭取獨立

　　第一次世界大戰後，菲人要求獨立的聲音日益增強，先後派出兩個代表團前往美國活動。第一個獨立代表團由參議院主席奎松領隊，於 1919 年 2 月 23 日率領包括部會首長、眾議員、參議員、教育家等四十名代表前往美國華府，適巧威爾遜總統前往法國參加戰後和平條約會談。該代表團向美國國會致送菲人已做好獨立準備的備忘錄。美國國會兩院聽取菲人代表團的意見，但未採取任何行動。3 月 17 日菲

律賓立法機關通過〈目的宣言〉,聲明菲人獨立的期望。

　　1920 年 12 月 2 日美國總統威爾遜向國會發表告別演說時表示,菲人已建立一個穩定的政府,他建議應給予菲人獨立。由於威爾遜是民主黨人,而當時控制國會的是共和黨,因此對於威爾遜的建議並未接受。

一、「吳德─佛彼斯特使團」

　　1921 年 3 月 4 日共和黨的哈丁 (W. G. Harding) 就職為美國總統。他任命一個特使團前往菲島調查,由前民答那峨和蘇祿軍事總督吳德 (L. Wood) 和前美國駐菲總督佛彼斯 (W. C. Forbes) 組成,一般稱為「吳德─佛彼斯特使團」。他們在菲島做了四個月的調查。10 月 8 日他們向哈丁總統提呈一份報告,指出菲島嚴重欠缺受過教育的公共輿論,只有極少數的基督教菲人主張立即獨立,而大多數人卻反對。報告結論中說,無論是從經濟或軍事觀點來看,菲人尚未做好承擔獨立的責任,因此不建議給予菲島獨立地位。

　　「吳德─佛彼斯特使團」的報告,引起菲人不滿,菲律賓議會乃於 1922 年派遣第二個獨立代表團,由眾議長奧斯敏納和參議長奎松領隊。6 月 16 日他們向哈丁總統致送備忘錄,駁斥「吳德─佛彼斯特使團」的報告,並認為一旦菲島已有一個穩定的政府,即應給予菲律賓獨立地位。哈丁以時機未到為由,拒絕獨立代表團的要求。

　　同年 11 月 29 日,菲律賓議會向美國國會請願授權其制訂菲律賓憲法,美國國會未予回應。1923 年 7 月 17 日,菲律賓內閣和國務會議成員向吳德總督提出總辭,抗議吳德的嚴格政策縮小了〈鍾斯法案〉賦予菲律賓的自治權。此一事件被稱為「1923 年內閣危機」。

　　1923 年底,菲律賓再派出一個由眾議長羅哈斯 (Manuel Roxas) 領隊的獨立代表團,他向美國國會提出備忘錄以及菲律賓議會的決議案,要求美國考慮菲律賓的獨立問題以及抗議吳德總督的高壓政策。美國總統柯立奇 (C. Coolidge) 於 1924 年 2 月 21 日答覆羅哈斯說,他支持

吳德總督，認為菲律賓尚未準備好獨立。

　　對菲律賓獨立運動的另一個打擊是 1924 年 4 月 30 日，美國總檢察長下令表示獨立委員會是非法的，因為該委員會行使的權力是專屬於美國國會的權力。菲島會計檢察官賴特 (B. Wright) 即拒絕撥款年度預算一百萬披索給獨立委員會使用。結果由菲人自願捐款給該委員會。

二、〈飛爾費爾德法案〉

　　當羅哈斯代表團還在華府時，美國眾議員飛爾費爾德 (L. W. Fairfield) 於 1924 年 4 月 23 日提出了一個反對讓菲律賓立即獨立的法案，他主張在菲國實施自治三十年後才讓菲島獨立。此時，參議長奎松、參議員奧斯敏納和眾議員雷克托 (C. M. Recto) 匆忙趕到華府，由於他們的反對，才阻止了美國國會通過〈飛爾費爾德法案〉。

　　1926 年夏天柯立奇總統派遣湯普森 (C. A. Thompson) 上校前往馬尼拉調查菲島的政治和經濟情況。他給柯立奇總統的報告說，菲人尚無獨立的準備，暫緩給予獨立地位。他甚至說，如給予菲人獨立，將損及美國在東方的貿易。為反制湯普森不利的報告，奎松參議長於 1927 年再度率領一個代表團前往美國。當時美國國會正在討論培根 (R. L. Bacon) 提出的法案，該法案主張將民答那峨和蘇祿從菲島中分離開來。奎松雖無法達成菲島獨立的目的，但卻成功的封殺了〈培根法案〉。

　　經過美國的幾次菲島調查報告，給人一種菲人不太願意脫離美國獨立的印象，為澄清此一印象，菲律賓議會在 1927 年通過〈公民投票法〉，以探查菲人對獨立的態度。但此法遭吳德總督的否決，菲律賓議會再以三分之二通過該案，該案轉呈美國總統做最後批准。1927 年 4 月 6 日，柯立奇總統維持吳德總督的決定，否決了該案。他提出了否決的三點理由：

　　　1.公民投票的結果不能令人相信，因為有許多菲人雖贊同獨立，

但他們也希望美國的保護。

2. 公民投票可能引發菲島的衝突和騷亂,以至於會阻礙進步。

3. 舉行公民投票會造成一個錯誤的印象,以為美國會保障菲律賓的安全、主權和獨立。

1929 年發生全球經濟大恐慌,美國經濟也受到嚴重影響,美國的酪農業、製糖業和工人此時轉而贊同給予菲島獨立,因為可藉此阻止菲島的產品和工人自由進入美國。

1930 年 2 月 22 至 26 日,在馬尼拉舉行第一次獨立大會,有來自各階層的二千人參加,會中決議菲人尋求自由獨立的希望。

1930 年,一向支持菲島獨立的民主黨贏得美國眾議院多數黨席次,引燃了菲人尋求民主黨支持的希望。許多美國參議員和眾議員也支持菲島獨立。美國參議員哈維斯 (H. B. Hawes) 和皮特曼 (K. Pittman) 在 1931 年夏天訪問馬尼拉,收集菲島的資料。一個月後,反對菲島獨立的國防部長哈利 (P. Hurley) 亦前往馬尼拉收集反對菲島獨立的資料。

三、〈海爾—哈維斯—卡丁法案〉

1931 年底,菲律賓議會再派遣參議員奧斯敏納、眾議長羅哈斯前往美國。當時美國國會正在討論〈海爾—哈維斯—卡丁法案〉(Hare-Hawes-Cutting Act)。由於受到農民和工人的壓力,美國國會在 1931 年 12 月通過該法案。美國總統胡佛 (H. Hoover) 在 1932 年 1 月 13 日否決該法案。但國會在 1 月 17 日再度通過該法案。該法案正式成為法律。

菲律賓眾議院對於〈海爾—哈維斯—卡丁法案〉出現正反意見,奧斯敏納一派贊同該案,奎松一派反對該案。結果在 1933 年 10 月 17 日,菲律賓眾議院否決了該案,並通過第 46 號併同決議案,指出反對該案的原因如下:

1. 該法關於美菲貿易關係的規定不利於菲律賓。

2. 限制菲人移民美國的條款是對菲人的限制和侵犯。

3. 美國駐菲高級專員的權力過於膨脹。

4. 美國保留在菲島的軍事和海軍基地，破壞了國家的尊嚴和主權權利。

四、〈泰丁斯─麥克杜飛法案〉

菲律賓參議長奎松再度率領代表團前往美國，他攜回了〈泰丁斯─麥克杜飛法案〉。〈泰丁斯─麥克杜飛法案〉又稱為〈菲律賓獨立法案〉，係由美國參議員泰丁斯 (Millard E. Tydings) 和眾議員麥克杜飛 (John McDuffie)，於 1934 年 3 月提出，經羅斯福總統於 3 月 24 日批准公佈。該法係〈海爾─哈維斯─卡丁法案〉的修正，提出菲律賓獨立的步驟：

1. 菲律賓的立法機關接受該法案。

2. 至遲於 1934 年 10 月 1 日之前，召開制憲會議，起草菲律賓憲法。

3. 於二年之內，即不能遲於 1936 年 3 月 24 日，將憲法呈送美國總統。

4. 經美國總統同意之後，四個月之內，將憲法呈送公民投票。

5. 公民投票通過之後，三至六個月之內，選舉自治國官員。

6. 宣佈選舉結果與菲律賓自治國的成立。

7. 在自治國成立後十年，宣佈 7 月 4 日為菲律賓獨立日。

〈泰丁斯─麥克杜飛法案〉內容與〈海爾─哈維斯─卡丁法案〉大同小異。不過，該法改變時間，讓菲律賓參眾議院可以在 1934 年 10 月 17 日以前對於是否接受獨立做出決定。結果，該法案於 1934 年 5

月 1 日獲得菲律賓立法機關無異議通過。

第三節　菲律賓自治時期（1935–1942 年）

一、菲律賓自治國

　　根據〈泰丁斯—麥克杜飛法案〉規定，菲律賓獲得獨立須符合以下的條件：接受〈泰丁斯—麥克杜飛法案〉、舉行制憲會議、透過公民投票批准憲法、普選自治國官員、設立自治國政府經過十年。菲律賓公民於 1934 年 7 月 10 日選舉制憲會議代表，共選出二百零二名代表，雷克托為主席，蒙遜諾拉 (R. Montinola) 為第一副主席，山迪科 (T. Sandiko) 為第二副主席。7 月 30 日制憲會議開議，花了六個月起草菲律賓憲法。1935 年 2 月 8 日制憲會議通過憲法草案。其中一名制憲會議代表波費克托 (G. Perfecto) 用他的鮮血在憲法草案上簽名。3 月 23 日美國總統羅斯福簽署該憲法草案。5 月 14 日菲島舉行公民投票批准該憲法，婦女首次行使投票權。9 月 17 日選舉正副總統，奎松代表聯合黨（由國民民主黨和國民獨立黨聯合組成），當選為菲律賓自治國總統，擊敗國家社會主義黨的候選人亞奎那多和共和黨的候選人亞格利佩 (G. Aglipay)。奧斯敏納則當選為副總統。

　　1935 年 11 月 15 日菲律賓自治國正式成立。總統奎松、副總統奧斯敏納以及國會議員等，在最高法院首席法官亞萬西納 (R. Avancena) 監督下宣誓就職。

　　自治時期的憲法採取行政、立法和司法三權分立制度。行政權在總統，係由菲律賓公民選舉產生，任期四年。總統為行政首長，經任命委員會同意，行使官員任命權；經國民議會三分之二同意，行使宣戰權；是武裝部隊總司令；有赦免和減刑權。首任總統奎松信持「更多政府，更少政治」的看法，設立政府調查委員會，研究政府各機關的分類標準，予以裁撤或合併。

圖 14：奎松總統

圖 15：美國總統羅斯福(前排中)於 1935 年 3 月 23 日簽署《菲律賓自治國憲法》，前排右第一人為奎松總統；前排左第一人為美國國防部長喬治鄧恩(George Dern)

　　立法機關原係採一院制，立法權在民選的國民議會，由直接選舉產生的九十八位議員組成，任期三年。於 1941 年，始再設立參議院，由民選產生的二十四位議員組成。兩院除議決法律之權力之外，尚可經眾議院三分之二議員提出總統彈劾動議，經四分之三參議員同意成立彈劾案。

　　司法權在最高法院，其下級法院依法律設定之。在 1936 年 3 月成立上訴法院，分擔最高法院工作；並通過法案，將法官改為菲律賓籍

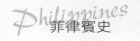

始可擔任，美籍法官五人辭職，另外增加菲籍一人，最高法院法官共
有七人。

1939 年 7 月國民黨召開一次會議，討論民意要求改選總統的建
議，結果於翌年 4 月 11 日，國民議會經過討論後提出三項修憲建議，
包括：

    1. 總統和副總統的四年任期，可否再連任一次。
    2. 設立兩院制國會，參議院由全國選區選出，眾議院由地方選
       區選出。
    3. 設立一個選舉委員會，由三名委員組成，負責監督選舉。

6 月 18 日經過公民投票，贊同了前述三項修憲案。美國羅斯福總
統於同年 12 月 2 日批准該修憲案。

1941 年 11 月 11 日，菲自治國舉行了該自治國最後一次的總統選
舉，奎松再度當選總統，擊敗人民陣線的蘇慕隆 (J. Sumulong)、社會
主義黨的聖托斯 (P. A. Santos) 和現代主義黨的蒙卡多 (H. C. Monca-
do)。奧斯敏納也當選副總統。除了眾議院三席為反對黨所獲外，參議
院二十四席及眾議員其他席次均為執政黨所囊括。

二、從自治到獨立

菲律賓自治國是一個在美國協助下的自治政體：立法機關議定的
有關通貨、鑄幣、公共土地、木材和礦物資源、關稅和移民等法律，
須經美國總統批准；有關外交事務仍由美國控制；美國總統有權中止
自治國之法律、契約或行政命令；自治國總統每年要向美國總統和國
會提出報告；經菲律賓最高法院審判的重要案件，仍可上訴美國聯邦
最高法院；菲律賓國債的大小和結構由美國國會控制；美國可干涉自
治國內部事務，以維持政府之存在，保障憲法賦予人民之生命、自由
和財產；美國有權駐軍菲律賓；自治國之憲法修正案，須經美國總統

同意。從上可知，菲律賓的重要政治和外交事項，仍受美國之監督。換言之，菲律賓自治國係在美國訓政之下，逐步從自治地位過渡到完全獨立，其合法地位雖得到菲律賓人之認同支持，但主權並不完整。

自治國在促進菲律賓人認同感方面，是確定菲律賓的國語。奎松總統在 1936 年設立國語研究所，研究以何種方言作為國語之問題。於 1937 年 11 月建議以達加洛語 (Tagalog) 為菲律賓國語。1940 年 4 月政府頒令出版國語字典和文法書，並在公私立學校教授國語。1946 年 7 月達加洛語正式生效成為菲國國語。國語的確定，有助於菲律賓民族主義的發展，加強菲律賓民族的認同感。

第四節　美治時期的社會和經濟發展

一、菲島的建設

在美國治理時期，除了政治民主化之外，在社會及經濟方面，菲島也有長足的進步。美國在 1902 年通過〈菲律賓法案〉，賦予菲律賓政府分類和處分公有地的專屬權。此一尊重菲島自然資源和土地權的精神後來也體現在〈鍾斯法案〉中，在 1934 年的〈泰丁斯—麥克杜飛法案〉中也加以強調。

美國在菲島引進〈自耕農場法〉，規定菲人家庭每戶只能取得公有地二十四公頃。限制每個公司購買或承租超過一千零二十四公頃的公有地。此一措施限制了大財團控制大規模的公有土地。

在農業方面，美國引進先進的農耕機械進入菲島，如 1904 年引進蒸汽打穀機；建設現代化灌溉系統，使有灌溉的稻田面積大為增加。其他像牛羊豬等牲畜、木材、糖、菸草、玉蜀黍等產量也增加。

在工業方面，香菸和菸草製造、椰子油、製糖業、紡織業、魚罐頭等大型工廠相繼設立，另外金、銅、鐵、錳、銀等礦產量也提高。

美國在菲島的公路、鐵路、航運、航空、電訊交通事業方面建樹

良多，使菲律賓很快地與世界建立聯繫關係，提昇了菲人的生活水準。

二、民主思想的推展

　　由於受到美國自由民主思想的影響，菲人在日常生活方面逐漸美國化，不僅使用美語，而且學習美國的文化、生活和態度。因此，傳統菲人的家庭結構和家庭關係也隨著受到影響，例如天主教徒習慣的每晚奉告祈禱和念《玫瑰經》等，都已取消；子女親吻父母或長者的手的禮節也消失了；家庭中的長幼關係也淡薄了。尤其重要的是，婦女地位的提升，婦女可進學校就學，進入社會就業，參與公共事務的活動。1933 年 12 月 7 日菲律賓通過〈婦女投票權法案〉，菲島總督墨斐 (F. Murphy) 在當天簽署該案。但 1935 年 2 月 8 日菲自治國憲法第五條規定，在憲法批准贊同後兩年內舉行的公民投票，讓三十萬名婦女自行投票決定是否要給予婦女投票權。1937 年 4 月 30 日舉行有關婦女投票權的公民投票，結果獲得壓倒性的贊成票通過婦女取得投票權。

　　與民主政治有關的是，美國在菲島採取政教分離政策，教會的角色只限於宗教事務，政治事務則交由政府處理，政府的權力也高於教會。

　　為了推展民主思想和觀念，美國在菲島廣設學校，如果教會是西班牙統治的象徵的話，那麼學校就是美國統治的象徵。美國在菲島設立的第一所學校是在 1898 年 5 月攻陷馬尼拉後在科瑞吉多島設立的，8 月，在馬尼拉也設立學校，以後在美軍控制區都設立學校。起初在菲島擔任教師者大都是美國軍人，直到 1901 年 8 月 23 日，美國才送六百名受過訓練的教師到菲島。

　　1901 年 1 月 21 日，菲律賓委員會通過〈學校組織法〉，該法規定設立中央集權的免費小學。塔夫托委員會通過共和國第 74 號令，設立公立學校，以後又授權在馬尼拉設立師範學校，培養師資。該法亦取消在公立學校強迫教授宗教課程，改為選修課程。基本上，菲島的公

立學校系統係模仿美國，有小學、中學、初級學院和大學。小學提供四年的初級課程和三年的中級課程。中學是採四年制。初級學院則包括菲律賓師範學校、菲律賓藝術和貿易學校、菲律濱海事學校。1908 年設立菲律賓大學，以後發展成為菲島最高最重要的高等學府。

此外，美國在職業教育、成年教育、非基督徒教育等方面亦有相當大的投入。美國殖民當局也鼓勵私人興學，私立的幼稚園、小學、中學蓬勃發展。至 1935 年，菲島私立大學有七所，包括聖湯馬士大學、西里曼大學、國民大學、中央艾斯可拉大學、菲律賓女子大學、馬尼拉大學以及遠東大學。

美國在菲律賓推廣教育的成果，據 1903 年統計，十歲以上的，有 20.2% 能讀和寫，1.6% 獲得一般學校教育的同等學力；據 1938 年統計，十歲以上的，有 48.8% 識字，能用一種語言或方言讀和寫，到了 1948 年，則提高到 59.8%。教育普及有助於菲律賓人的政治參與，普及選舉權，在 1937 年，菲律賓婦女始取得選舉權，男女參與政治的機會才獲得平等地位。

第十章
日本佔領與第二共和時期
（1942-1945 年）

第一節　日軍入侵菲島

　　1941 年 9 月美國國務卿胡爾 (C. Hull) 與日本駐華府大使野村吉三郎和日本特使栗栖三郎會晤，雙方會談如何改善美、日關係。11 月 26 日胡爾致送日本一項正式照會，希望太平洋國家能簽署一項互不侵犯條約，以及籲請日本從中國和印支半島撤軍，美、日一起放棄在中國的治外法權，美、日恢復商業關係。當時日本因為正在準備發動太平洋戰爭，對此建議並未給予回應。12 月 6 日羅斯福總統亦籲請日本裕仁天皇停止侵略行為，但日本隨即在翌日偷襲美國在夏威夷的珍珠港基地，美、英乃向日本宣戰。12 月 12 日德國和義大利向美國宣戰，美國國會也立即向德國和義大利宣戰。

　　12 月 8 日，日機轟炸菲島的納卯、土吉加洛、碧瑤、宣巴、丹轆和克拉克基地，接著又轟炸尼克爾斯空軍基地，日軍登陸阿帕里和維庚、黎牙實比市、大規模陸軍登陸林牙彥和邦加絲蘭。23 日，美國遠東軍總司令麥克阿瑟無法抵擋兵力超過美軍的日軍，撤退到巴丹和科瑞吉多。

　　翌日，奎松總統及其家屬、內閣成員亦避難到科瑞吉多。瓦加斯

(J. Vargas) 部長、荷西・勞瑞爾 (Jose P. Laurel) 及其他高階官員則留在馬尼拉，以保護菲人的生命財產安全。1942 年 1 月 2 日，日軍攻佔馬尼拉，被任命為馬尼拉市長的瓦加斯向日軍投降。

1941 年 12 月 30 日奎松宣誓出任菲律賓自治國第二任總統。翌年 2 月 20 日奎松總統搭潛艇離開科瑞吉多，前往民答那峨島，再搭機經澳洲轉往美國華府。3 月 11 日美國總統羅斯福命令麥克阿瑟前往澳洲，接掌西南太平洋戰區總司令職務。4 月 9 日，固守巴丹半島的美軍，在沒有後勤支援下遭到日軍陸海空的攻擊，終於投降。總共有三萬六千名菲軍和美軍投降。這些戰俘在健康狀況極差的情形下，被日軍強迫從馬里維力斯徒步行軍到巴丹，再到邦邦牙省的聖佛南多，在此次「死亡行軍」中有許多戰俘在途中死亡。殘餘的戰俘在抵達聖佛南多後，再以火車運至丹轆省的卡帕斯戰俘營。5 月 6 日，防守科瑞吉多的一萬二千名美軍最後亦向日軍投降。

菲島陷落後，各地出現了反日游擊隊，較為著名的有高山省的卡林加地方由庫新 (W. M. Cushing) 領導的游擊隊，成員大多為工人，他們從事對日軍運輸路線的破壞工作，主要在南伊洛科斯的那瓦坑活動。其他尚有那卡 (C. G. Nakar)、波布雷特 (B. Poblete)、阿里將德里諾 (C. Alejandrino)、塔魯克 (L. Taruc)、奧古斯丁 (M. Aqustin) 等人。塔魯克是左派的虎克黨 (HUKBALAHAP) 的創始人。另外在中部和民答那峨島亦有抗日游擊隊。

第二節　日軍佔領菲島

一、日本軍事政府

1942 年 1 月 3 日，日軍佔領馬尼拉，隨即頒發戒嚴法，實施軍管。3 月，設立行政委員會，由瓦加斯擔任主席，另有內政（由奔尼諾・艾奎諾，Benigno S. Aquino 出任）、財政（由阿拉斯，A. de las Alas 出

任）、司法（由荷西‧勞瑞爾出任）、農業暨商業（由阿魯南，R. Alunan
出任）、教育健康暨公共福利（由雷克托，C. M. Recto 出任）、公共工
程暨交通（由帕里迪斯，Q. Paredes 出任）等六名委員，以及最高法院
法官。行政委員會具行政和立法功能，其任何行動皆須經日本軍部的
同意，每位委員皆有一位日本顧問和數名日本助理顧問，其所發佈的
命令皆須以「日本帝國軍部總司令」之名為之。同時，軍事政府也維
持地方政府體制，儘量予以裁併，力求中央集權及行政簡易化，省長
和憲章市市長由行政委員會主席任命；自治市市長則由內政委員任命，
所有地方政府首長的任命，皆須經軍事政府同意。

　　在「日本帝國軍部總司令」第 1 號行政命令之下，設置菲律賓國
務會議，作為行政委員會的顧問機關，其功能在諮詢及保障菲律賓人
在日本軍佔領區內的利益。該會議主席由日軍總司令任命，迄 1945 年
為止，會議委員共有二十四人。

　　1942 年底，日本軍事政府命令菲律賓的國民黨、民主黨、菲律賓
青年黨、人民陣線、革命退伍軍人黨等政團解散，「卡里巴比」
（KALIBAPI，或稱「新菲律賓國家服務聯合會」）成為唯一合法的政
團組織，政府官員及雇用人員皆為該組織的成員。日本企圖利用該組
織作為宣傳機構，以獲取菲律賓人的合作與支持。但是菲律賓領袖卻
利用該組織為菲律賓人服務，如宣傳種植果樹，以增產食物；宣導推
行國語，加強菲律賓民族英雄事蹟教育；主辦民族藝術展覽，鼓勵體
育與體操運動等等。

二、第二共和

　　1943 年 6 月日本殖民政府透過「卡里巴比」召開制憲會議，選舉
二十位委員組成「菲律賓獨立預備委員會」，負責起草憲法。憲法草案
經一百十七位「卡里巴比」代表組成的大會批准。國民議會開議後，
奔尼諾‧艾奎諾出任議長，荷西‧勞瑞爾出任共和國總統。10 月，成
立菲律賓第二共和。

圖 16：日本扶植之菲第二共和國總統荷西‧勞瑞爾

　　1944 年 5 月荷西‧勞瑞爾總統重組「卡里巴比」，成立「人民黨」，是日本佔領菲律賓群島期間唯一的政黨。其附屬團體有「少年卡里巴比」、「婦女輔導會」、「卡里巴比領導者協會」、「卡里巴比勞工協會」。

　　第二共和的政府體制仍採行政、立法和司法三權分立制度。行政權在總統，由國民議會全體議員過半數選出，任期六年，不得連任。總統受各部組成的內閣襄助。中央政府設置內政、經濟、教育、外交、司法、農業和自然資源、公共工程和交通、勞工、健康和公共福利等九部；另外設立「國務會議」襄贊國家重大政策，此顧問機關由總統遴選二十位傑出公民組成。第二共和與菲律賓自治國體稍有不同，就是不設副總統。

　　關於立法機關，立法權在國民議會，採一院制。議員有一百零八位，一半由「卡里巴比」選出，另一半由在職的省長和市長，以及每三年從省和市選出的代表組成。議員資格必須是菲律賓公民，且年滿三十歲。

　　關於司法機關，司法權在最高法院，包括一位首席法官和六位法官，皆經內閣參贊，由總統任命。下級法院的法官則經最高法院參贊，由總統任命。

　　在日本軍部的控制之下，第二共和成為一個傀儡政權。日本效法西班牙和美國的作法，與當地領袖建立關係，賦予權位，維持其權位的存續；相對地，亦有不少菲律賓人甘為日本傀儡，採取合作態度，且同情日本「威權主義的意識型態」。據估計，菲自治時期的一百二十二位國會議員中，有五十三位投效第二共和政府。這種與日本佔領軍合作的關係，就歷史而言，菲律賓即曾有與西班牙和美國合作的經驗與傳統，因此少數投效日本的菲律賓人即據此作為辯護。然而戰後審判戰犯時，關於與日軍合作的問題，變成忠貞問題。

　　1948 年羅哈斯總統大赦「政治」和「文化」的投日合作分子，唯對經濟合作份子判決有罪。菲律賓人此種與外國統治者採取合作關係的態度轉變，正說明菲律賓民族主義已經逐漸形成，唯未臻完全成熟。

　　至於日軍控制下的政治參與，則減至最低程度。除了少數投日菲律賓人領袖得與聞政治之外，嚴禁菲律賓人參與政治活動，即使在 1942 年 12 月成立的非政黨、超政黨性質的「卡里巴比」，參加份子亦受日本軍部的控制。菲人也沒有選舉、言論出版的自由、新聞要檢查、旅行受限制。學校教育雖然恢復，但只限於教授日語和達加洛語。關於美國文化的書籍則被禁止。電臺和其他傳播媒體皆被沒收。在另一方面，由於反日情緒高昂，再加上通貨膨脹和嚴重失業，許多菲律賓青年轉而投身游擊隊，因此在日軍佔領菲律賓群島期間，游擊活動頻繁。

Philippines

第 IV 篇
獨立後的菲律賓

第十一章
美軍光復菲律賓

第一節　美軍重返菲島

　　1944 年 6 月 29 日美國國會通過第 93 號聯合決議案，授權美國總統宣佈菲律賓在 1946 年 7 月 4 日獨立。原本奎松總統的任期應在 1943 年 12 月 30 日屆滿，但副總統奧斯敏納鑑於奎松對菲國貢獻良多，乃向美國國會請求延長總統任期直至菲律賓恢復正常民主程序為止。美國國會在 1943 年 11 月 12 日通過第 95 號聯合決議案，延長奎松和奧斯敏納的總統和副總統任期。奎松總統於 1944 年 8 月 1 日在紐約沙拉那客湖逝世，由副總統奧斯敏納繼任總統。

　　8 月 9 日美國空軍空襲納卯，展開美軍重返菲島的首波攻擊。隨後麥克阿瑟將軍率軍登陸雷泰島，隨同者有菲國新任總統奧斯敏納。美、日在雷泰灣進行一場激烈的海戰，結果美軍擊潰日軍。1945 年 2 月 3 日晚，美軍進入馬尼拉，經過三個星期的殘酷戰鬥後，日軍在 23 日完全退出馬尼拉。6 月 28 日美軍控制整個呂宋島。7 月 4 日美軍控制菲島。有少數日軍在山下奉文將軍的指揮下拒絕投降，退至北呂宋山區頑抗。

　　1944 年 10 月 23 日，麥克阿瑟將軍在雷泰島的塔可洛奔重建自治

圖 17：菲自治國第二任總統奧斯
敏納

圖18： 菲律賓戰爭紀念碑

國政府，奧斯敏納在此設立臨時首都。在美軍佔領馬尼拉後，自治國
政府立即在 1945 年 2 月 27 日遷至馬尼拉。

第二節　菲律賓獨立

　　1945 年 6 月 9 日，奧斯敏納總統召開國會，通過一些法律來解決
所面臨的諸項問題。這是國會於 1941 年 11 月 11 日選舉以來首次召開
的會議。國會選舉羅哈斯為參議院主席，朱魯伊塔 (J. Zulueta) 為眾議

院議長。

　　國會通過的較為重要的法案為：恢復菲律賓國家銀行、設立人民法院、特別檢察官署、菲律賓救濟和重建署，撥款一千萬披索建設瑪莉亞克里斯遜納瀑布，撥款二千萬披索重建馬尼拉鐵路公司，為窮人進行健康醫療，對前總統遺孀給予每年養老金一萬二千披索。

　　1946 年 4 月 23 日菲自治國舉行最後一次總統選舉，從國民黨分裂出來的自由黨推出羅哈斯為總統候選人，季里諾為副總統候選人。國民黨則分別推出奧斯敏納、羅德里貴茲 (E. Rodriguez) 為總統和副總統候選人。現代主義黨也推出蒙卡多 (Moncado) 競爭獨立後首任總統寶座。結果由羅哈斯和季里諾當選總統和副總統。為籌備獨立，羅哈斯總統在 6 月 21 日召開國會兩院聯席會議，通過〈貝爾貿易法案〉和〈菲律賓重建法案〉。

　　根據 1934 年〈泰丁斯—麥克杜飛法案〉規定，菲律賓於實施自治十年取得獨立地位，但因期間發生戰爭，以致延至 1946 年 7 月 4 日美國宣佈菲律賓獨立。此可稱為菲律賓第三共和。

第十二章
戰後亞洲第一個共和國的誕生

第一節　模仿美國憲制

第三共和憲法仍沿襲 1935 年自治國憲法,歷經 1939 年、1940 年、1946 年的三度修正,其政體精神仍以美國三權分立的制衡觀念為原則。行政權在總統,係由菲律賓公民直接普選產生,任期四年,連選得連任一次。總統為國家行政最高首長,控制政府各部門,監督地方政府。

關於立法機關,立法權屬於參議院和眾議院組成的二院制國會,眾議員依各省人口比例選舉產生,任期四年。參議員共二十四位,由全國普選產生,任期六年,仿美制每二年改選三分之一。國會除議決法律的權力之外,對總統的否決法案,尚可以眾議院三分之二議員多數維持原決議;國會持有宣戰權,遇國家發生緊急事變或者戰爭時,國會可授權總統發佈行政命令。

關於司法機關,司法權屬於依憲法組成的最高法院和依法律組成的次級法院。法律體系包括:最高法院、上訴法院、初審法院、工業關係法院、公共服務委員會、馬尼拉市及其他憲章市法院和自治市和平法院。

　　菲律賓的政治發展至此階段，可說民族國家的建立已告完成。然而真正落實民主政治制度化時，卻存在著許多困難與障礙，從 1946 年至 1972 年，菲律賓政治體系的合法地位與能力屢遭考驗。

　　關於合法地位。在短暫的二十六年民主經驗裡，政權移轉可說相當順利，唯一的例外是 1972 年的〈戒嚴令〉，延長了馬可仕總統第二任任期的期限。其次，歷次選舉皆發生買票舞弊，流血衝突和浪費公帑等事件，影響到政權取得的合法性。第三、菲律賓南部激進穆斯林不認同天主教菲律賓人政府的統治。第四、中呂宋地區的虎克黨和新人民軍也不支持馬尼拉政府。

　　關於政治體系的能力。最嚴重的即為政治分贓和官僚貪污，影響到行政效率與人民的支持，每屆政府即因貪污問題而失去民心。其次，是利益分配不均：農民沒有土地，工人收入少，社會貧富差距非常大，引發農民叛變和 1970 年代學生、工人暴動示威。第三、政黨功能的減弱：政黨不僅缺乏明確的政綱和政策，反而成為寡頭競逐政治權力的工具。在政治運作的過程中，表面上是兩黨輪流執政，事實上，黨員的黨性並不堅強，轉黨情事時有發生。又加上執政黨黨員也往往不支持其領袖，有野心的二號領袖常常轉黨成為他黨的總統候選人，例如麥格賽賽和馬可仕原是自由黨，卻以國民黨的身份競選總統，政黨也不能整合黨內領袖及不同的利益。

第二節　民主化時期

　　菲國獨立後首任的總統是羅哈斯，他所面臨的問題是恢復受戰爭破壞的經濟和基礎建設。他的政府積極從事電力建設計畫、提供就業訓練計畫、設立金融機構。他也歡迎美國商人前來菲國投資，聘請貝司特公司的專家至菲國研究菲國的天然資源。為促進產業發展，設立國營公司，例如國營稻米和玉米公司、國營椰子公司、國營麻和其他纖維公司、國營香菸公司。另外成立重建金融公司，對私人和公司的

重建提供貸款。

　　羅哈斯於 1948 年 4 月 7 日去世，副總統季里諾 (Elpidio Quirino) 繼任總統，也同樣面臨社會治安和經濟提昇問題。為了與虎克黨和解，他在馬拉坎燕宮與虎克黨領袖塔魯克談判，同意特赦虎克黨員。塔魯克恢復國會議員的身份，但五十天後，他又返回山區進行反政府活動。另外，為解決受虎克黨迫害者的生計問題，他成立「關於社會改善總統行動委員會」，提供食物、醫藥、衣服和工作給受共黨禍害的無業者。

　　為免農民受到重利盤剝者的剝削，季里諾總統設立農業信貸合作金融署並設立農民合作行銷協會，負責管理農產品的買賣，以保護農民免受中間商剝削。此外，也設立農村銀行，提供貸款給農民。

　　由於季里諾無法解決經濟問題，因此在 1953 年的總統大選敗給國民黨的麥格賽賽 (Ramon Magsaysay)，副總統則由賈西亞當選。麥格賽賽致力於改善農民的生活，制訂〈土地所有權改革法〉，規定由政府出資購買大農場，再重分配給無地佃農。可惜，因為國會議員大都是地主，所以該法受到國會議員的反對，並未實施。

圖 19：麥格賽賽總統

圖 20: 菲律賓共和國第一位總統　圖 21: 菲律賓共和國第二位總統
羅哈斯　　　　　　　　　　　季里諾

圖 22: 賈西亞總統　　　　　　圖 23: 馬嘉柏皋總統

1957 年 3 月 17 日麥格賽賽搭乘的座機在宿霧山區撞山喪生，由副總統賈西亞 (C. P. Garcia) 接任總統。同年，菲國舉行總統大選，國民黨的賈西亞當選，但副總統則由自由黨的馬嘉柏皋 (Diosdado Macapagal) 當選，此為菲國首次出現總統和副總統分屬不同政黨的情況。

1961 年總統大選，馬嘉柏皋擊敗企圖連任的賈西亞。馬嘉柏皋的首要工作就是解決貧窮問題，為了協助佃農，國會在 1963 年 8 月 8 日通過〈農地改革法〉，將傳統的分股租佃制改為支付租金制，也就是佃農付給地主收成物等值的 25% 的租金。他以中呂宋作為實施該法的先行地點。另外，也成立緊急就業署，以解決失業問題。他並將菲國國慶日從 7 月 4 日改為 6 月 12 日，以紀念亞奎那多該日在甲米地的卡偉特宣佈菲律賓獨立。7 月 4 日則被改為菲、美友誼日。

1965 年舉行總統大選，馬嘉柏皋尋求連任，結果敗給國民黨的參議員馬可仕 (F. E. Marcos)。馬可仕在第一個任期中進行下述的改革，包括：採用「富裕繁榮 99 號」稻種以提高稻米生產、減少犯罪和暴力事件、重整軍隊和警察士氣、改善農村基礎建設、加強對外關係、執行土改計畫（選擇邦邦牙省為先行地點）。1969 年，馬可仕競選連任成功，擊敗奧斯敏納，創下菲國歷史上第一次連任總統成功的例子。

第三節　戒嚴前的社會

1960 年代末，菲國無論在政治、經濟、社會等方面都出現混亂。政府貪污問題趨於嚴重，賄賂公行，行政效率低落。在農村地區，農民所得不足以餬口，許多農民都為佃農，土地為少數地主所控制，在經濟情況惡化下，農民生活更為困苦。一般工人所得極低，無法滿足基本生活需要。許多受苦的人民，群起走上街頭，抗議政府無能，導致與軍警發生衝突，釀成流血事件。

在社會充滿不安中，出現了各種反政府運動團體，其中最激烈的為 1969 年建立的新人民軍，由施順 (J. M. Sison) 領導。後來該組織與

菲律賓共產黨合併，成為菲共的游擊組織。施順曾在 1968 年發表〈菲律賓人民民主革命政綱〉，揭櫫以武裝革命手段推翻政府，實施社會主義政策。

在菲國南部的穆斯林，也趁機發動獨立運動。摩洛民族解放陣線 (Moro National Liberation Front, MNLF) 在 1969 年建立，起初為一秘密組織，領袖為密蘇瓦里。他們在馬來西亞沙巴州的盤古島進行游擊訓練，目的在反對馬尼拉政府，意圖建立一個伊斯蘭教國家。1971 年該組織在北古達描展開攻擊行動，隨後即攻擊基督教徒住區，譴責基督教徒掠奪他們的土地。

菲國政府在各地建立農村自衛隊，以阻止恐怖活動，導致嚴重傷亡事件。為應付城市裡日趨嚴重的犯罪案件，富人和政客都聘請私人保鏢，荷槍實彈，駐守在住宅區或公司行號門口。許多農民也因失業，而跑到城裡討生活，成為都市中的遊民，益使社會秩序惡化。

菲國政府在農村的剿共政策相當成功，一些重要的新人民軍頭子不是被捕就是被殺，如 1970 年 9 月 16 日蘇慕隆司令在邦邦牙省的安其拉市被捕，新人民軍在中呂宋的領袖托里士 (P. Torres) 被殺，高層領袖丹特 (Dante) 司令在丹轆省被捕。由於這些共黨游擊隊頭目紛紛被捕或被殺，使得共黨氣焰稍戢。

另一方面，在城市裡的大學生因對於學費漲價、教學品質低落、

圖 24: 菲律賓總統府（馬拉坎燕宮）

教育設施不足等感到不滿，也紛紛走上街頭抗議示威，甚至杯葛上學、破壞學校財產，加入社會上的反政府暴力行動，終於在 1970 年 1 月 26 日國會開議期間，爆發流血示威。在馬尼拉市，軍警為了阻止學生進入國會，雙方發生了衝突，數名學生被槍殺。學生譴責軍警的暴行。1970 年 1 月 30 日學生企圖進入總統府——馬拉坎燕宮，但在門迪歐拉橋 (Mendiola Bridge) 與軍警發生流血衝突，結果有六名學生、一名工人被殺。

鑑於菲國內亂不休，人民生活陷於恐慌，教宗保祿六世決定前往天主教徒居多數的菲國訪問，為菲人傳播福音。他在菲國受到熱情的歡迎，但遭到一名刺客刺殺，所幸無恙。

1971 年 8 月 21 日，自由黨為準備 11 月即將舉行的參議員和地方官員選舉，在米蘭達廣場 (Plaza Miranda) 舉行候選人佈達大會，結果遭不明人士投擲兩顆手榴彈，多位自由黨候選人受傷。隨後馬可仕總統宣佈第 899 號令，終止人身保護令，以維持社會秩序和人身安全。1972 年 1 月 11 日，馬可仕宣佈解除上述禁令。隨後社會秩序又告動亂，一連串的政府機關和私人住宅遭到炸彈爆炸，一些政治人物的住家也遭到攻擊。

7 月 4 日，在伊沙貝拉省巴拉南市以西的迪戈曜角海邊，政府軍抓到一艘走私船，船上滿載武器，大多數是 M–14 步槍、藥品和電器品，這些軍需品據信是提供給毛派新人民軍。菲國政府宣稱叛軍已獲得外國的武器援助。政府軍隨後對位在希拉馬德里山區的共黨叛軍進行清剿，擄獲槍枝和其他槍械，並摧毀共黨的訓練營。9 月中，又抓到一艘貨船在伊沙貝拉省偏僻的漁港卸下步槍及其他軍需品提供給毛派新人民軍，菲律賓控訴有外國勢力協助菲律賓叛亂份子。

此外，暴徒並在大馬尼拉市的百貨商店、電力站、供水處、電信局及重要政府和商業大樓，放置爆炸物，擾亂秩序。

9 月 16 日馬可仕控訴艾奎諾與新人民軍暗中勾結，並且拘捕其他共產黨領導人。9 月 19 日，正在奎松市議廳開會的制憲會議遭到炸彈

破壞。

　　由於菲國遭到左、右兩派團體的夾攻，再加上伊斯蘭教叛軍在菲
南的活動，已使菲國社會瀕臨瓦解的地步，因此馬可仕總統在權衡政
治情勢後，於 9 月 21 日宣佈〈戒嚴令〉，以挽救國家危機，並且從事
改革。馬可仕認為菲國遭遇七方面的威脅：共產黨革命、右派份子、
伊斯蘭教分離主義者、私人軍隊、政治寡頭、犯罪份子和外國干涉等。
為解決這些危機，必須改變體制，限制人身保護令的頒發，將全國置
於〈戒嚴令〉之下，權力集中於總統一人身上。至此階段，菲律賓由
民主政治轉變為憲政獨裁制。

第四節　獨裁統治的先聲：戒嚴

　　在〈戒嚴令〉統治下，馬可仕總統獲得立法權，可依個人命令治
國，無須國會的同意立法。菲國的戒嚴統治仍由馬可仕執政，並非由
軍人掌控。為恢復社會秩序，馬可仕宣揚菲人要勤勞、紀律、慎思明
辨，以建立社會新秩序。

　　馬可仕總統提出一個追求「保證」(PLEDGES) 的理想目標，該一
名詞是下述英文字母開頭的縮寫：

P　代表和平和秩序 (Peace)
L　代表土地改革 (Land Reform)
E　代表經濟發展 (Economic Development)
D　代表道德價值觀的發展 (Development of Moral Values)
G　代表政府改革 (Government Reforms)
E　代表教育改革 (Educational Reforms)
S　代表社會服務 (Social Services)

1972 年 12 月 31 日馬可仕總統發佈第 86 號令，在都市和鄉村設

立公民議會，目的在使多數人民能參與民主程序以及對重要問題表達意見。

依照 1935 年憲法的規定，總統僅能連任一次，馬可仕於 1969 年第二度當選總統，至 1973 年 12 月即屆滿，不得再競選連任。如欲維持權位，必須改變政府體制，遂在 1971 年召開制憲會議討論政府體制問題，該制憲會議原由賈西亞擔任主席，他逝世後，改由馬嘉柏皋出任主席。

1971 年制憲會議的議題有七：

1. 政府的體制。
2. 立法機關的重組織。
3. 選舉的次數和時間。
4. 總統權力的範圍。
5. 中央與地方政府之關係。
6. 私有財產之所有權。
7. 社會公道之促進。

經過一年的討論，1972 年 11 月 30 日完成憲法草案。1973 年 1 月 10 至 15 日，全國召開地方議會，十八歲以上的菲律賓公民即有資格參加「公民議會」，並且有權投票，表決重要的憲政問題。菲律賓政府提交「公民議會」討論的六個問題：

1. 是否認同「公民議會」為共和政府決定影響人民問題的基礎？
2. 你是否支持新憲法？
3. 你是否贊同以公民投票來批准新憲法？
4. 你是否要求根據新憲法規定，需於 1973 年 11 月舉行選舉？
5. 如不舉行選舉，願意何時舉行選舉？
6. 是否繼續實施〈戒嚴令〉？詢問各「公民議會」是否支持政府

頒佈〈戒嚴令〉以致力改革？是否要求國會如期在 1 月 22 日召開？是否贊同馬可仕管理國家的方法？

全菲律賓有四萬五千個村，每村有一位村長。「公民議會」即由村長召集，以舉手的方式，表示贊成或反對。新憲法在 1973 年 1 月 17 日通過生效。

1973 年憲法對於政府體制做了改變，設立半議會制政府，也就是除了總統外，另設立內閣總理，襄贊總統。內閣總理由總統提名，經國會同意後任命。國會則改為單一院制，稱為「國民議會」。

這項改變在菲律賓不見得是反美，毋寧是承認經過二十六年試用美國式制度之後，對於一個在發展中的亞洲社會，未必是最好的制度。無論如何，制度上的改變，利害關係最大的還是行政權所屬，由於內閣制的行政權掌握在總理手中，只要能控制掌握國會的多數黨，總理的任期則無所限制。根據新憲法第十七章臨時條款第一款的規定：「在本憲法批准之後，隨即成立一個國民議會，直到臨時議會舉行選舉，選出正常之議會及其議員就職之後為止。」

另外，根據第三章第一項的規定：「現任之菲律賓總統，應先召開臨時議會並為其主席，直到臨時議會議長選出後為止。現任之菲律賓總統，應繼續行使其依據 1935 年憲法之權力及特權，及本憲法賦予總統及總理之權力，直到其建議臨時議會選舉臨時總統，依據本憲法行使彼等之職權為止。」

但是在 1973 年 7 月 27、28 日，十五歲以上的菲人參加的「公民議會」，採取強制投票，不投票者將受到罰款或監禁。7 月 27 日，菲律賓政府在公民複決的選票上列出九個問題：

1. 是否讓馬可仕在 1973 年 12 月 31 日以後繼續擔任總統？
2. 〈戒嚴令〉是否應予終止？
3. 馬可仕推行的各項革新績效。

4. 文人政府較軍人政府為佳。

5. 召開臨時國民議會。

6. 馬可仕總統夫人推行的「綠色革命」績效。

7. 政府各部門效率。

8. 地方政府權力與組織。

9. 菲律賓境內美軍基地去留問題。

　　結果，選民以 91% 壓倒性的票數，對馬可仕總統投以信任票，贊成他擔任總統，並授權其無限期延緩召開國民議會，因此在舊國會終止集會而新國會未召開的過渡階段，仍然由馬可仕掌握總統暨總理大權，直到召開臨時國民議會為止。在「民意」掩護之下，他集行政、立法和軍事大權於一身，憲政獨裁統治取得合法地位。

　　如前所述，憲政獨裁的起因乃欲解決舊社會的危機，〈戒嚴令〉頒佈前的舊社會是鬆散的，不平等的「民主」，政治過程不恰當地受富人影響，一般皆承認，富人之國家進步的思想，企圖在增加其經濟權力，以及間接增加其政治權力，而大部份人皆生於窮困，在不公道的境況

圖 25：馬可仕總統

之下，受盡警察、政客和富人的欺凌與壓榨。因為多數的菲律賓政客並不視其貧窮的、不識字的同胞為平等的。家庭和其他個人關係是最主要的，許多鄉下學校也缺乏鼓勵民主的價值與行為。除了某些具民主態度的政治領袖之外，多數的政客在 1946–1972 年之間，皆視其同胞為臣民而非他們權力的來源，有些省長和國會議員行為粗暴，甚至在其地方從事謀殺；他們的省和地區幾乎成為個人的政治財產，數以千計的種植者和農民，受到無窮的迫害。

1968–1976 年間，菲南民答那峨島動盪不安，穆斯林叛軍除了要求脫離馬尼拉統治外，另外就是要求參與政府活動。馬可仕乃宣佈第742 號行政令，改變民答那峨的政治組織，設立兩個自治區。這是菲國政府與摩洛民族解放陣線於 1976 年 12 月在利比亞首都的黎波里簽訂和談協議中的規定。這些自治區有權制訂適合當地習慣和傳統的法律，也有權針對自治事項徵稅、支付和決算。

1976 年以「公民議會」方式投票通過修憲案，設立臨時國會，以取代 1973 年憲法設立的國會，其成員由全國區域選出，以及若干由總統委任的議員，包括總統從少數內閣成員及從農業、工業工人和青年人委任的臨時國會議員。馬可仕呼籲國民黨和自由黨領袖解散其政黨，另組新社會運動黨。此議遭到反對，各政黨仍維持原來的政黨，但為了迎合馬可仕的意思而以個人身份參加新社會運動黨，許多國民黨和自由黨的重要領袖都加入新社會運動黨。該黨於 1978 年 2 月向選舉委員會登記，俾參加 4 月份舉行的臨時國會選舉。

1978 年 4 月 17 日舉行臨時國會選舉，又恢復蓬勃的政黨活動，有三十個政黨參加，但國民黨和自由黨並未參加，其黨員卻以新社會運動黨或其他小黨名義參加選舉。馬可仕領導的新社會運動黨，在此次選舉總席次一百九十二席中獲得一百五十一席，反對黨只獲得十四席，獨立人士一席，另外由總統委任十四席，其餘席次則因地區動亂而無法產生代表。

此一臨時國會僅是總統的橡皮圖章，大多數議員都是新社會運動

黨員，無法發揮監督政府的作用。1980 年 1 月的地方選舉及 1981 年 6 月的總統選舉，自由黨亦缺席沒有參選，新社會運動黨又獲勝。在此一階段，傳統政黨失去了活動的舞臺，其黨員在馬可仕的高壓統治下，只好以新社會運動黨的身份參加活動，菲國成為一黨獨大時期。

　　馬可仕的統治，以其家族成員和朋友為主幹，壟斷國家機關，從社會獲取財富，外國投資者以及菲國廠商必須給予馬可仕或其朋黨承辦案經費回扣，以獲取政府的許可，外國大量的援助和貸款均落入官員私人口袋，此稱為朋黨資本主義 (Crony capitalism)。馬可仕利用提供其跟隨者專賣特權，特別是椰子和蔗糖，以維持其支配地位，如在聯合椰子種植者銀行之下的金融運作，馬可仕給愛德華多‧許範哥 (Eduardo Cojuangco) 椰子的進出口專利權，許範哥因此致富。1970 年代中期，馬可仕亦將蔗糖業的國內銷售及出口貿易國有化，交由貝尼迪克托 (R. Benedicto) 管理糖業，並授權他有權將違反合約規定的糖廠收歸國有。馬可仕政權具有民主革命的意識型態，而以新社會運動黨作為動員社會資源的機制，其特性包括：

1. 進行社會和經濟變遷的詳細計畫，提出「新社會」、「新共和菲律賓意識型態」等口號，這些口號變成甄選、動員和政治社會化的工具。
2. 直接或間接控制群眾運動，如以村制度做為提供一個參與性民主或民生進步運動及住宅計畫的機制，目的在動員基層人民支持政權。
3. 塑造魅力型黨領袖，把馬可仕當成政黨及國家再造運動的象徵人物。
4. 獨佔控制政府資源和機構，如軍隊、官僚等。
5. 定期舉行公民投票、複決投票和民主選舉，以合法化其行動和政策。
6. 解散國會、停止政黨活動，目的在消除傳統的施恩網路，有

針對性的削減傳統寡頭的勢力，另培植自己的親信朋黨，因此，有些殘餘的「舊寡頭」及新朋黨變成新寡頭，而新寡頭與國家機器結合，成為馬可仕政權治下的利益階層。

第五節　結束戒嚴統治

在權衡國內外情勢後，馬可仕總統於 1981 年 1 月 17 日宣佈解除戒嚴統治。4 月 7 日透過公民投票再度修改憲法，決定是否要修改憲法第七、第八和第九章，政府體制由議會制改為類似法國第五共和的總統制，總統任期六年，連選得連任；總統有權解散國會，但國會無權罷黜總統；總理及內閣成員由總統任命。此一修憲案獲得選民 80% 的支持，反對黨的杯葛無效。

6 月 16 日舉行總統選舉投票，有十三位候選人，但競爭不激烈，呈一面倒情況，在 84% 選民出席的投票中，馬可仕獲得 88% 的得票率，反對黨派潰不成軍。馬可仕再度當選，一般以為是對於戒嚴統治的治績表示肯定。在戒嚴時期最重要的治績包括，新道路、橋樑、學校和住屋等基礎建設增加，社會、經濟和教育發展；農村發展；水患控制。6 月 30 日馬可仕宣佈新共和的誕生，一般稱為「第四共和」。

菲律賓社會雖歷經半世紀有餘的民主實踐，唯表面的民主程序並不能掩蓋實質上的歪曲與瑕疵。人民意志因選舉過程的腐化而受到曲解；人民主權的觀念，在實際的政治運作中仍未完全究明其意；在「平等參與」政治過程的情況之下，導致不平等的權力分配。權力集中於少數富人寡頭手裡；人民代表和官僚享有相當大的權力，濫權與腐化相繼發生。幾乎可以說：菲律賓人對民主政治，已經抱持懷疑與悲觀態度，覺得民主制並不適合菲律賓的政治環境和傳統，因此當 1973 年 1 月 31 日馬可仕下令關閉國會時，菲律賓人對此象徵民主殿堂的結束，都抱持冷漠的態度。

　　馬可仕政府曾經激烈批判舊社會的黑暗與缺點，希望藉由憲政獨裁的手段，另外建立「新社會」，其方法即首先將權力集中於馬可仕家族、同僚、軍人和官僚所構築的權力集團手中，然後停止政黨活動，將全國納入一個非政黨的、由馬可仕領導的政治社區。政府成為政治社區的中心，政府人員構成統治階層。政府亦是革命的先鋒，它刺激人民的革命情緒，人民群眾不能激起革命，他們僅能服從革命領袖的感召和領導。因為領導革命的不是右派、亦非左派團體，而是介於二者之間的政府，此即馬可仕所謂的「來自於中間的民主革命」。馬可仕反對來自於群眾的革命，因為他們毫無法紀與目標，有引起暴民運動之虞。民主革命由政府執行，可以和平轉變社會結構，實現平等而合理的分配所得和財富，縮小貧富差距，鼓勵窮人參政等新社會的理想。因此，民主革命的制度化，必須一切遵守〈戒嚴令〉的規定，消除特權和叛亂，建立法律和秩序。

　　若評估獨裁政治體系的能力成效，則實施〈戒嚴令〉的第一年，消除貪污和犯罪案頗見效果；但第二年起又恢復貪污之風，且變本加厲。關於重分配社會利益則效果不彰，馬可仕政府雖已整肅約四百個壟斷鄉曲的勢力家庭，然而由於菲律賓人的家族觀念根深柢固，舊寡頭打倒了，以馬可仕家族為中心，外面圍繞著忠於馬可仕的政客和官僚等新寡頭卻隨之而起，其結果是另由新寡頭把持政治和經濟上的地位，不過是換新寡頭的面目。在另一方面，新社會除了必須在都市地區重建法律和秩序之外，農村的土地分配亦問題重重，農民仍舊一如往昔，對於政治漠不關心。此外，政府仍須應付中、北呂宋的新人民軍和南部穆斯林的叛亂，以及天主教左派和敵對政客的杯葛。顯然地，獨裁政治體系仍須解決因不同利益衝突而產生的危機。憲政獨裁制的實施，為菲律賓人接受乃一事實，政治制度化增強當無任何疑問，唯政治痙攣的頻率亦不弱。

第十三章
恢復民主政治

第一節　第一次「人民力量革命」獲勝：馬可仕政權崩潰

一、反對勢力的結合與傾軋

　　從 1972 年 9 月發佈〈戒嚴令〉至 1978 年 4 月舉行臨時國民議會選舉期間，菲政府禁止人民集會與從事政黨活動，但少數反政府份子仍然不時舉行街頭示威運動，抗議馬可仕的獨裁統治。為了選舉臨時國民議會議員，政府才開放黨禁，允許政黨團體恢復活動。當時參與競選的反對黨有「米賽亞聯合組織」和「戰鬥黨」。參議員艾奎諾 (Ninoy Aquino) 當時雖身繫監獄——保尼法秀堡，但他領導戰鬥黨競選，馬可仕總統只允許他在電視做九十分鐘的演說。在選戰中，戰鬥黨攻擊政府的獨裁和貪污，而馬可仕領導的「新社會運動黨」則批評戰鬥黨受美國的支持並且是共黨同情者。選舉結果，新社會運動黨大獲全勝，反對黨的力量則是一蹶不振。

　　1979 年 12 月艾奎諾假釋出獄一個月，嘗試統合散漫的反對黨，但受到前參議員迪歐克諾 (J. W. Diokno) 和年長的塔那達 (L. Tanado) 反對，認為艾奎諾統合反對黨的建議，將削減反對黨的力量，而且他

們也恐懼一旦艾奎諾變成統一反對黨的發言人，則馬可仕只要與他協調而不必與其他反對派領袖磋商，即可控制反對黨。結果艾奎諾的統合計畫失敗，五個月後（1980 年 5 月）他獲釋到美國醫治心臟病。以後他曾數度申請返回菲律賓，但都遭到拒絕，在美國過著流亡的日子。

在艾奎諾離開菲律賓後，很意外地，菲境內有八個反對派竟然組成前所未有的聯合陣線，稱為「聯合民主反對黨」，這些團體包括自由黨、國民黨、戰鬥黨、民族解放聯盟、民答那峨同盟、熱心公民協會、米賽亞聯合組織和新獨立聯合會。有七十二位反對黨領袖簽署一項〈國民自由公約〉，批評政府的貪污、賄賂、恐嚇、壓迫、欺騙、愚蠢、誇張和濫權，並重申要追求下述目標：

> 1. 立即及絕對的終止馬可仕獨裁統治。
> 2. 無條件解除戒嚴統治，舉行自由、公開和誠實的選舉，建立真正民主的和代議的政府。
> 3. 為謀求菲人幸福，應促進國家獨立、人性尊嚴和保護人權、社會公道與自足的國家經濟。
> 4. 糾正對文化少數民族，特別是穆斯林在政治、社會和經濟等方面不公道的待遇。
> 5. 解放和保護國土及人民，以免外國控制民族生活的各個層面。

1982 年 4 月由十二個反對黨聯合組成「聯合民族主義民主組織」（又稱「大同盟」），勞瑞爾被選為該組織的主席，另選十八位反對黨領袖為副主席，其中包括艾奎諾，他負責國外活動。十二個反對黨簽訂一份聯合盟約，提出五點政綱：廢除獨裁、恢復人民主權、建立人權和社會公道、消除貪污和賄賂、促進經濟發展和社會重建，與世界各國維持友好的關係。

「聯合民族主義民主組織」的目的是想以可行的、非激進的政治手段來取代馬可仕及新社會運動黨，但內部各派領袖間還存在著歧見，

如自由黨黨魁羅哈斯於 1982 年 4 月在紐約去世時,前總統馬嘉柏臬即阻止艾奎諾繼任黨魁。勞瑞爾亦擊敗艾奎諾的支持者,而取得「聯合民族主義民主組織」的主席職位,這些內部的派系傾軋,都使得「大同盟」無法發揮力量,也使得艾奎諾在生前未能真正成為反對黨的領導人。

1983 年 8 月 21 日參議員艾奎諾持假護照返回菲國,結果在馬尼拉機場遭到不明人士槍殺。菲人譴責該項謀殺案,馬可仕總統也組織調查委員會,發現參謀總長維爾 (F. Ver) 及另外二十五人涉嫌該案,乃向法庭提出控告,結果法庭判決擔任艾奎諾護衛的軍人加爾曼 (R. Galman) 及其他軍人涉案,維爾等人則無罪開釋。

不過,反對黨並沒有團結起來,在艾奎諾被刺後,只有勞瑞爾主席辭去國會議員職務以示抗議,「聯合民族主義民主組織」未採取具體的政治行動。反政府的運動係由其他黨派、教會人士和學生在進行。菲律賓民主黨號召宿霧、保和、南雷特和西魁卓四島居民開始進行不納稅運動;菲律賓商會要求政府徹查刺殺艾奎諾的兇手及地方報紙和電視做客觀忠實的報導;「關心菲律賓婦女協會」寫信給美國總統雷根,要求他取消 11 月訪菲的計畫,除非馬可仕總統對艾奎諾事件調查清楚;「天主教教育聯合會」因馬可仕夫人保證將於明年退出政壇(指退出國會選舉)而向她致賀,學生則採取街頭示威運動。

二、教會的制衡

此外,反馬可仕的勢力還有天主教團體。在 1980 年代菲律賓總人口四千五百萬中,有 80% 的人自認為是信仰天主教。除了南部穆斯林住區外,天主教的命令可透過教會組織通達全國各地。在戒嚴統治時期,所有政黨均遭解散,禁止活動,教會成為政府控制下唯一的非政治性全國性組織,其對政治社會的影響力逐漸增強,甚至成為一股制衡馬可仕的力量。

大體上,教會的政治立場可分為三派:右派、中間派和左派。右

圖 26: 反馬可仕示
威群眾

　　派是支持馬可仕政府的，它並不過問國家是否照顧公民的政治和經濟
幸福，只強調教會的功能在保障精神的拯救，而馬可仕所推行的政治
社會目標是對抗共產主義和無神論的最佳武器。由於他們享有既得利
益，故不願開罪政府當局。這派人物以羅沙里斯樞機主教為代表。

　　中間派則強調對政府採取「批評與合作」的態度，在神學上，他
們強烈主張人民自由發展的理想，不含任何政治意識型態。這派人物
以馬尼拉樞機主教辛海美 (Cardinal Sin) 為代表，他對於 1981 年的總
統大選做了嚴厲的批評，甚至抵制投票，導致與馬可仕之間頗有嫌隙。

　　對於艾奎諾事件，辛海美樞機主教拒絕參加馬可仕所指定的艾奎
諾事件調查委員會，理由是他的工作主要在寬恕別人，而這種調查委
員會是在進行「沒有慈悲」的調查工作，他不願再被馬可仕「利用」
來增加該委員會的可信度。他進而要求全國神父在每天中午敲響教會
的鐘，請求所有菲人每天為菲國的「和平和公道」祈禱五分鐘。

　　左派教會人士在意識型態上很接近「新人民軍」的觀點，他們讚
美「新人民軍」所主張的「認同並支持最窮的農民階級」。在神學上，
左派份子主張教會必須重建，給予神學教義更多的社會意義，以馬克
斯的觀點來解釋福音。支持馬克斯主義的教會大都在政治較為敏感的

地區，譬如民答那峨、薩馬島、卡加揚河谷、伊沙貝拉北方及都市內貧民窟地區。

菲國政府與教會之間的不和，有兩個最重要的原因，一是有些教士和修女在「新人民軍」活動的區域佈教，而捲入顛覆活動；二是菲律賓軍隊在鄉間作威作福，欺壓老百姓，老百姓唯恐遭到報復，不敢向警察局報案，而向其教區的神父投訴。神父獲悉，即提出抗議，有時甚至組織農民去反抗，軍方遂指神父是顛覆份子，於是乎雙方便發生了衝突。

為了突破軍方與教會之間的對峙局面，由國防部長恩里烈 (J. P. Enrile) 率領的軍方首腦，與由大主教馬布塔斯率領的「天主教主教會議」成員，在馬尼拉郊區菲陶菲俱樂部舉行會議，以解決他們的分歧。為解決士兵的軍紀問題，參謀總長維爾成立一個特別委員會，計畫設立一個「康復營」，來改造軍隊裡的壞份子。

儘管軍方採取這些防範行動，但對於如何解決農村地區的叛亂問題及有關的反政府教士，軍方與教會之間仍存在著很大的鴻溝。強硬派軍方領袖認為這主要是一個「法律和秩序」的問題，必須以果斷的軍事行動加以鎮壓，才能維持社會秩序。但教會則認為，當局應深入研究目前社會動亂的根源，不能一味地採取鎮壓的政策，有些教會人士還特別表示，只要農村地區一天存在著貧窮和不平等，有些教士將繼續站在居於不利地位的農民一邊。

三、公投複決修憲與國會選舉

1984 年 1 月 27 日菲國又舉行公民投票，複決修憲案，主要是修改憲法第八條第二項，其內容為：「國會將由不超過二百名議員組成，除非另有法律規定。國會成員由各省及各市、依法或符合法律規定的高度都市化城市、大馬尼拉市的行政區選出的代表，依法律亦包含規定由選舉產生或遴選的不同部門的代表，以及總統從內閣閣員委任的代表等組成。」此一修憲案獲得選民贊成，而國會議員不僅包括選區代

表，亦包含不同部門及總統委任的代表。

1984 年 5 月 14 日菲國舉行國民議會選舉，使臨時國民議會變為正式的國民議會。

在這次選舉中，年滿十八歲者始有選舉資格。選民事先須登記，簽有選民誓約書，其中一份由選民收執。在國外工作的菲人，則不准投票。在選前，選民須重新辦理登記手續，沒有重新辦理登記手續的選民，將被罰款二十披索。不去投票的人，將被判一到六個月的徒刑。缺席投票一次以上者，可判一到六年的徒刑。

選民投票是採取複數記名方式，按各地區應選人數為準，選民可在選票上連續填寫一至七位（依各地情形而有不同）候選人的名字。

候選人不准賄選，不准接受三軍的協助，在投票日前夕，不准免費提供選民交通和飲食服務，宣傳費也不准超過一年的薪水。不識字或身體殘缺的選民，可由親人代為填寫選票；而且選票上印有與選民名冊上相同的號碼，選民又必須在選票上捺拇指印，這種方式似乎有違秘密投票的原則。

投票結束後，當晚七時開始計票。選委會在菲全國各省、各市及大馬尼拉區都設有計票總部。各總部都委任高級職員五人負責計票工作，包括選委會官員、當地檢察官、當地公立學校督學、執政黨代表、當地主要反對黨代表。開始計票時，由投票處主任、委員及二黨監票員打開票箱，一一計算票數，並登記在公開的計票板上。計票完成後，將計票報告及選票裝入特別信封內，由上述選監人員加封簽字，再轉送至設在大馬尼拉市的計票總部。

在鄉村地區，「新人民軍」騷擾及威嚇選民投票、盜走票箱、焚毀投票所，致使約有三百處投票所的票無法如期揭曉。

在競選中及以後曾發生與選舉有關的暴力事件，至少有一百多人喪生，數十人受傷。宿霧市因選舉舞弊而爆發五萬多人的示威暴動，示威者拋擲石塊和燃燒彈，並跟保安部隊衝突，導致該市選委會停止計票工作。

為了避免舞弊，教會支持一個由志願人員組成的「全國自由選舉運動」，以監督投票場所、保護票匭、監督政府的計票工作。由於社會輿論以及反對黨的壓力，使得此次選舉被譽為自 1971 年以來最公正的選舉。選舉結果，在二百席中，新社會運動黨獲一百十四席，「聯合民族主義民主組織」獲六十席，其他反對黨獲九席，另外十七席則由總統委任。

國會的反對黨對於馬可仕政權不滿，乃針對馬可仕健康問題提出彈劾動議。但由於支持馬可仕的新社會運動黨在國會中居於多數，使該彈劾案失敗。

四、總統大選

菲國經濟持續惡化，被迫向國際貨幣基金組織借款，國際貨幣基金組織提出條件，其中之一是要求菲國舉行總統選舉，以確定馬可仕是否繼續受到人民的信任。另一個原因是關於艾奎諾暗殺案，經過一年多的審訊，特別法庭在 1985 年 12 月初判維爾將軍及其他二十五名被告無罪，馬可仕隨即恢復維爾將軍的軍職。此一舉措頓時引起菲國民眾及美國政府的不滿，在美國壓力下，馬可仕乃不得不向國民議會提出「有條件辭職」（即新總統產生後，他才辭職），提前舉行總統大選，企圖透過選舉使其重新取得人民付託的合法性，藉以化除這場政治暗殺事件所引起的政治危機。

1986 年 2 月 7 日，菲國提前舉行總統大選，反對黨──戰鬥黨推出總統候選人艾奎諾夫人 ❶──科拉蓉 (Corazon Cojuangco Aquino)、副總統候選人勞瑞爾 (S. Laurel)。而執政的新社會運動黨推出總統候選人馬可仕、副總統候選人陶倫迪諾 (A. Tolentino)。

❶艾奎諾夫人，為菲律賓共和國第七任總統，全名為科拉蓉・許範哥・艾奎諾。1933 年 1 月 25 日出生於丹轆省一個富裕的家庭。曾祖父原名許尚志，於 1861 年從福建同安縣鴻漸村移民菲島，與菲女結婚；因受洗為天主教徒而取名為扶西・許範哥一世。許範哥後來乃成為家族的姓氏。許尚志從事米業和糖業有成，積聚資財。在 1928 年已擁有面積廣大的甘蔗園，並建了糖廠，成為中呂宋著名的糖業大王。艾奎諾夫人排行第六，有八位兄弟姊妹。十三歲時隨家人前往美國並進入費城拉敏希書院就讀。1949 年在紐約諾德蘭修女會所辦中學畢業，同年進入紐約

文森特山學校攻讀法文及數學，獲得文學士學位。1953年返菲，入遠東大學法學系，僅讀一學期。1954年10月11日，嫁給當時名記者敏尼諾‧艾奎諾，成為家庭主婦，育有四女一男。1972年，敏尼諾‧艾奎諾參議員被捕入獄。1980年5月，她陪其夫前往美國醫治心臟病。1983年8月21日，艾奎諾返回菲國時遭暗殺身亡。她開始投入反馬可仕運動，1986年2月25日，獲得人民支持出任菲國總統。

在這次選舉中，有二個全國計票單位，一個是官方的中央選舉委員會，一個是經中央選舉委員會授權，由約五十萬名社會人士自願參加組成的「全國自由選舉運動」。依規定，當這二個單位計票有爭議時，應以國民議會的計票為準。國會內設立一個由九人組成的計票委員會，負責計票工作，包括四名執政黨議員、四名反對黨議員，主席是國會議長。各省市選舉委員會必須在七十二小時內將選舉報告書送至議長辦事處，議長享有強制各省市選舉委員會提交選舉報告書的權力。此外，菲政府允許（或邀請）美國官方派遣一個二十人觀察團到菲國各投票所觀察投票的過程。另有一個由哥倫比亞前總統巴士旦那與英國議員何美率領的十九國四十五人國際無黨無派觀察團抵菲，分別派人至各地投票所觀察投票情形。

2月9日的投票結果，中央選舉委員會和民間計票單位對於總統當選人的計票結果不同，中央選舉委員會計票結果是馬可仕和陶倫迪諾當選。而民間計票單位宣佈艾奎諾夫人和勞瑞爾當選。支持艾奎諾夫人的群眾聚集在魯妮塔廣場(Luneta grandstand)，艾奎諾夫人鼓舞群眾進行不服從運動，不繳稅、杯葛政府計畫。由於官方和非官方的計票結果不一，乃將計票工作移交國民議會重新計票。國民議會陸續開票，顯示是馬可仕獲勝。

當菲國因總統選舉糾紛而陷入對峙時，2月14日美國總統雷根派遣特使哈比前往馬尼拉進行協調。馬可仕為迎合美國，在哈比抵達馬尼拉時，趁勢宣佈接受參謀總長維爾將軍的辭職，另任命美國支持的副參謀總長羅慕斯(Fidel.V. Ramos)將軍為代參謀總長。菲國軍方的反馬可仕不滿份子試圖發動政變，但未發動前即被揭

圖 27：反馬可仕的領導人，
左起第二人為艾奎諾夫
人，第三人為勞瑞爾

發而告失敗，這些軍人匿居在亞奎那多營區 (Camp Aquinaldo)。美國
國會議員也向雷根總統施加壓力，認為菲國總統選舉如有嚴重瑕疵，
則美國政府應停止援助菲國。國際貨幣基金組織視察團原訂前往菲國
視察，亦宣佈無限期展延訪菲。

五、馬可仕當選，政局動盪

　　2 月 15 日國民議會公佈選舉正式計票結果，馬可仕當選總統，陶
倫迪諾當選副總統。馬可仕在當天致函菲律賓天主教主教會議，要求
提供有關該主教會議指責總統選舉有嚴重舞弊情事的證據資料。

　　2 月 17 日美國特使哈比在馬尼拉兩度會見馬可仕和艾奎諾夫人，
瞭解菲國情勢的發展。22 日午後哈比特使離菲，國防部長恩里烈和副
參謀總長羅慕斯則在下午宣佈接管國防部大廈和國家警察總部，支持
艾奎諾夫人擔任「臨時政府」總統、勞瑞爾擔任副總統。恩里烈揭發
總統選舉舞弊，宣稱選舉獲勝者應是艾奎諾夫人。他們兩位呼籲軍隊
不要聽從馬可仕的命令。情勢發展至此，不得不使人聯想到哈比特使
帶給艾奎諾夫人、恩里烈和羅慕斯的訊息內容，可能與籌組「臨時政
府」有關。

　　菲國樞機主教辛海美透過國營的真理電臺，鼓動人民聚集在邑沙
(EDSA)。群眾開始前往邑沙集合。2 月 22 日午夜邑沙擠滿了人群。翌

日馬可仕與恩里烈透過電話談判，恩里烈和羅慕斯拒絕馬可仕給予特赦的和解條件，堅持馬可仕應讓位給艾奎諾夫人。馬可仕調集軍隊準備進攻恩里烈駐守的亞奎那多營區。恩里烈則移至較容易防守的克南美軍營。羅慕斯宣稱他們已組成「新人民武裝部隊」。艾奎諾夫人領導的「公民不服從運動」聚集大規模的人群在街頭進行反馬可仕集會。

當日，美國白宮發言人表示，美國總統雷根贊成菲國兩位呼促馬可仕總統下臺的高級軍事領袖的指控選舉舞弊，並說美國支持迅速解決菲國的政局動盪。

馬可仕下令軍隊開往邑沙驅離群眾，神父、修女以及數萬名平民組成人牆，阻擋開往亞奎那多營區、克南美軍營的坦克車、吉普車和十三輛卡車的政府軍，以保護投向革命的變節軍人。群眾甚至拿花、食物和飲料獻給軍人。人民力量阻止軍隊進行，政府軍撤退回到營區。變節的軍隊切斷了馬尼拉和其他各省的傳輸線，控制電視臺第二和第四頻道。同時軍人、退休將領、菲國駐洛杉磯領事、駐夏威夷領事、駐蘇大使等駐外使節陸續倒戈投向反對黨。

2月24日晚上8時，馬可仕透過電視臺宣佈全國進入緊急狀態，並執行從下午6時到隔天早上6時的宵禁。24日下午，美國白宮發言人史畢克士表示，「美國人民正以重大關懷與熱心觀察長期盟友菲律賓局勢的演變。雷根總統於今日較早呼籲馬可仕總統避免攻擊菲國軍之其他份子。惋惜的是，目前正獲得有攻擊的報告，企圖以武力來解決此形勢，必將造成流血與傷亡，使菲律賓社會更分裂，此對我們兩國政府間的關係，造成無法言明的損失。……我們不能繼續現所提供的軍援，如果菲國政府用該項援助來對付得到大量民眾支持的菲律賓軍方的其他成員」。該發言人又說：「我們頃接到令人擔憂的報告說，效忠於維爾將軍的軍隊，可能攻擊投奔支持羅慕斯將軍和恩里烈部長的菲國軍隊。我們呼籲那些考慮這些行動者，應予停止。馬可仕總統曾保證不會主動引起暴力，我們籲請他與那些效忠於所有其他菲律賓人民者，繼續這樣做。以暴力要延長現政權之生命是無用的。一項解決

此危機的辦法,只可透過和平過渡到一個新政府來達致。」美國政府的意思非常清楚,就是要求馬可仕下臺。美國政府並獻議一架飛機供受困的馬可仕使用,以便他撤退。當時傳言在克拉克空軍基地有兩架美國軍事飛機正待命準備接送馬可仕到美國尋求庇護。

2月25日上午10時50分,艾奎諾夫人比馬可仕早一小時,由大法官鄭建祥監督,在菲律賓人俱樂部宣誓為革命政府的總統,勞瑞爾為副總統。儘管人民抗議要求馬可仕下臺,但他仍決定當天中午12時在馬拉坎燕宮舉行就職典禮,由首席大法官拉蒙・艾奎諾 (Romon Aquino) 監督,但陶倫迪諾在曼谷並未出席宣誓為副總統。菲國史上同時出現兩位總統,一位是依據1973年憲法當選的總統馬可仕,另一位是依據「人民力量革命」當選的艾奎諾夫人總統。當天晚上,由於群眾聚集包圍總統府周圍,隨時有侵入總統府的危險,美國為避免馬可仕家族遭暴民攻擊,美國駐菲國大使傅斯華與馬可仕取得聯繫,由美國駐菲大使館安排直昇機在9時5分載馬可仕家人、近親好友、維爾將軍及其眷屬等離開馬拉坎燕宮,前往克拉克空軍基地。再搭機前往關島,從關島轉往夏威夷。至此,菲國完成了邑沙革命或「人民力量革命」,瓦解了馬可仕的獨裁統治政權,艾奎諾參議員的遺孀科拉蓉・艾奎諾成為菲國新總統。美國雷根政府立即給予正式承認。1989年,馬可仕病死於夏威夷。

第二節 第一位女總統:艾奎諾夫人

艾奎諾夫人在政變後取得政權,但依1973年憲法的規定,總統由民選產生後,尚須經國民議會的公佈,才完成法定程序。而艾奎諾夫人既未獲多數票當選,也未經國民議會公佈的程序,在當權後又急於下令撤換舊政府依法選舉產生的官員及地方首長,乃發生「合法性」問題。為使新政府順利穩定運作,艾奎諾夫人不得不宣佈新政府為「革命政府」,然後透過修憲手段,以取得「合法性」。

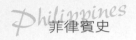
一、菲律賓新憲法

艾奎諾夫人上臺後，先建立過渡的革命政府，3 月 25 日公佈第 3 號令，即以自由憲法替代 1973 年憲法。該自由憲法賦予總統廢止國會的權力，以及享有立法權。新政府想恢復民主、保護人權，因此釋放許多被拘禁的政治犯。她成立總統人權委員會，由前參議員荷西‧迪歐克諾擔任主席。該委員會的主要功能是調查馬可仕政府時期違反人權的案件，以及保障和促進人權。她也關閉國會，要求以前由馬可仕任命的官員和最高法院法官辭職。為避免影響政府的運作，她任命新的政府官員，任期直至 1987 年 5 月 11 日地方選舉過後。

她設立了政府改組總統委員會，由維拉福爾特 (L. Villafuerte) 擔任主席。該委員會的主要功能是使官僚機構更有效率。為維持國家社會的和平和秩序，艾奎諾夫人採取國家和諧政策，呼籲菲人團結合作，她與叛軍領袖，如「全國民主陣線」和「高迪里拉人民解放陣線」

圖 28：艾奎諾夫人總統

（Cordillera People's Liberation Front）的領袖和談。她也派代表與摩洛民族解放陣線領袖談判，並呼籲這些叛軍停火，以避免人命傷亡。

她在 1987 年 1 月 6 日簽署第 103 號行政令，設立全國和好暨發展理事會，由經濟企畫部長文束和地方政府部長斐勒分別出任主席和副主席。該理事會將制訂一項全盤計畫，彙整其他現行的方案與計畫，如地方社區方案、社區就業發展方案、國家援助地方政府方案、地區發展投資方案以及其他方案，以援助向政府歸順的叛亂份子。

艾奎諾夫人政府相信菲國的國家財富被馬可仕及其朋黨以不法手段掠奪，因此成立「好政府總統委員會」，由前參議員沙隆加出任主席，以追回這些財富。

新政府為積極推動修憲工作，公佈第 9 號令，設立制憲委員會，公開甄選四十七名委員出任。其目的在起草新憲法，以取代 1973 年憲法。制憲代表乃由公開甄選，接受各界推薦，然後由總統委任，並非經民選產生，此與 1971 年馬可仕執政時期利用選舉產生制憲代表的方式不同。艾奎諾夫人任命的制憲代表包括各界人士，如教授、法官、律師、教會人士、大使、勞工代表、學生代表、報人，其中反對黨國民黨有四名代表。由前最高法院法官帕爾瑪 (C. M. Palma) 出任主席。該委員會在 6 月 2 日開始起草新憲法，至 10 月 15 日完成草案。社會各界皆可對該憲法草案提出批評意見。1987 年 2 月 2 日舉行新憲法公民複決投票，有 90% 的選民出席投票，獲 75.45% 選民的贊成通過，當天艾奎諾夫人宣佈革命政府結束，開始重新邁向民主政府。

菲律賓新憲法的主要理念，是必須廢除馬可仕時代具有專制傾向的憲法條文，另立一徹底的民主憲法，因此對總統的權力及任期有特別的規定，總統任期改為六年，不得連任；副總統任期六年，可以連任；國會恢復 1973 年以前的舊制度，設立眾議院和參議院二院制。參議員任期六年，連選得連任一次，眾議員任期三年，連選得連任二次。關於美軍在菲國的基地，新憲法規定應依基地租約在 1991 年收回基地，新的菲、美基地條約須經參議院三分之二同意。在土改方面，擴

大土改對象，把蔗糖和椰子地也納入，過去馬可仕時代的土改只限於米黍地（種稻及玉蜀黍）。關於農地重分配問題，將交由依新憲法選出的新國會來決定。新憲法還加進了以前舊憲法所無的人權和社會正義的保障以及保護家庭的條款，可說是一部極為現代化的憲法。

二、政變與軍變

在 2 月當選副總統的陶倫迪諾，為了爭取其「合法」地位，遂在 1986 年 7 月 6 日夥同四十餘名軍官發動一場為時四十小時的「政變」，自稱他是經合法程序被選出來的副總統，現在馬可仕「總統」流亡在外，他有權「代理」總統職位。艾奎諾夫人對此一事件表示的態度相當溫和，她說，只要陶氏等人宣誓效忠「自由憲法」，即不予指控。至 9 月 1 日，包括陶氏在內所有參與「政變」的人，均宣誓效忠新政府，而獲艾奎諾夫人寬赦。此一事件顯示艾奎諾夫人新政府存在著「合法性」的弱點。

同年 11 月 22 日，有一百八十人（包括以菲律賓軍官學校 1972 年班為主力改革軍部運動的成員）與馬可仕的支持者在國防部長恩里烈的盟友——前國會議員卡拉格的住宅集會，準備發動軍事政變，他們預備接管國民議會大廈，恢復國民議會，接著由國民議會宣佈 2 月 7 日的總統選舉無效，然後舉行新的總統選舉。艾奎諾夫人在次日早上召開內閣會議，討論恩里烈的去留問題。下午在與恩里烈晤談十六分鐘半後，恩里烈辭去國防部長職務，艾奎諾夫人成功的防止一次軍變的發生。

三、與共黨談判

艾奎諾夫人亦尋求與共黨和解，先後與共黨舉行數次談判，1986 年 8 月 15 日菲國政府與全國民主陣線的代表在馬尼拉舉行談判。菲國政府建議停火三十天。共黨代表拒絕菲國政府這項建議，認為這是總統準備訪美的「籌碼」。新人民軍總司令沙拉斯在馬尼拉被捕。10 月

19 日，談判在中斷六週後恢復，共黨代表在會中就沙拉斯被捕一事提出抗議。11 月 13 日警方發現左派工運領袖歐拉利亞被謀害的屍體，次日共黨以此為理由終止談判。艾奎諾夫人限共黨份子在月底前簽訂停火協議。27 日雙方簽署停火六十天協議，內容要點是雙方合組停火委員會，停止所有敵對行動。另外亦簽署第二份文件，即安全與豁免保證備忘錄，規定政府給予絕對、有約束力、永久與不能更改的豁免，對和談期間以顧問律師、辦事人員身份，協助全國民主陣線的人，豁免他們對和談有關的所有行動，或行使職務，進行搜查、逮捕與控告，不管他們的服務是義務或有報酬者。屋主、辦公室、大廈、車輛與其他產業的主人，亦享同等豁免權。該停火協議在 12 月 10 日生效。

1986 年底，菲國政府繼續與全國民主陣線談判，菲共提出列入談判議程的幾項問題，如組織聯合政府、撤廢所有壓制性法令、改善菲律賓人的生活、廢除美菲基地協議、召開議會與選舉。但政府只願對土改以及工業化兩項議題進行討論。1987 年 1 月 22 日菲共外圍組織農民協會舉行大示威，企圖衝入總統府，遭到軍警開槍，有十五人喪生、七十人受傷。菲左派趁機發動全國總罷工及示威。全國民主陣線亦藉機宣告與政府的談判無限期暫停。2 月 8 日與菲共停火六十天的期限已屆，艾奎諾夫人總統在 12 日下令恢復軍事剿共行動。

1987 年 1 月 27 日數百名軍人發動政變，結果失敗，菲政府逮捕涉案的菲軍校前任校長、十三名軍官、三百五十九名士兵、一百三十七名平民。後來首謀六名軍官被判十二年徒刑，其餘一百多人被判六年以下不等刑期。4 月 18 日清晨，又有十二名軍人發動軍變，攻入保尼法秀軍營，釋放 1 月 27 日軍變被拘禁的一百零二名軍人，但其中只有四十二人參加他們的行動。該股叛軍繼續前往陸軍總部，要求艾奎諾夫人下臺，將政權移交給軍方。經菲國軍方包圍，雙方開火，最後叛軍投降。

5 月 11 日菲國舉行新憲法公佈後的首次國會選舉，左傾政黨組成新政治聯盟，這是自 1946 年以來左派政黨首次參選。但因其缺乏選舉

經驗、資金不足、組織不完善，未獲菲律賓共黨全力支持，因此得票數很低。選舉結果，支持艾奎諾夫人的政黨共獲得一百四十九席，反對黨共獲得四十九席。沒有一個政黨獲過半數席次，法案須靠五個政黨及獨立人士的聯合，才能獲得通過。此後菲國政黨政治開始走入多黨林立局面，政黨分合相當快速，而且政黨有愈分愈小的趨勢。

1988 年 1 月 18 日舉行首次地方官員選舉，彰顯了菲國民主制度的重新恢復。

第三節　軍事政變頻繁

1987 年 8 月 14 日，由於國際油價上揚，菲國政府乃宣佈汽油漲價 20%，結果引起計程車司機普遍的抗議。他們先是要求增加收費，但遭政府反對，後又要求政府降低漲價幅度，亦為政府所拒，於是發動一連數天的示威抗議行動；至 26 日達到最高潮，工人、學生、巴士司機、教士、修女及中產階級等一百多萬人發動全菲總罷工，使各大城市的交通陷於癱瘓。

一、洪納山上校兵變

就在總罷工第三天（28 日）凌晨，由洪納山上校 (G. "Grinfo" Honasan) 率領八百多名軍人發動兵變，進攻總統府及其他據點。這是新政府執政十八個月以來的第五次政變，前四次分別在 1986 年 7 月和 11 月、1987 年 1 月和 4 月。

在大馬尼拉市，叛軍兵力約八百多人，佔領據點包括亞奎那多營區的參謀總部大樓，第二、四、九、十三頻道電視臺以及維惹莫空軍總司令部。其他省份的叛軍，包括邦邦牙省奧里描示營區有四百多名軍人叛變；季里諾省由前省長率領數百名軍人佔據政府辦公室；黎牙實比市有一百多名保安軍叛變，佔領機場。負責國會安全的二百名安全部隊，因同情兵變，擅離崗位，其他省份亦發生類似事件。公開表

示同情兵變的將領有空軍副司令巴遜准將，第七地區統合指揮部（位於菲國中部米賽亞地區）司令亞敏尼那准將。估計叛軍人數約有一千多人，是歷來叛變人數最多者。

政府軍在參謀總長羅慕斯將軍指揮下，出動飛機、坦克車和大砲，歷經三十小時的激戰後，弭平叛亂。主謀的洪納山上校及少數領袖乘私人直升機逃離亞奎那多營區，匿藏在中呂宋鄉下或仍在馬尼拉市，圖謀東山再起。政府軍這次之所以出動重型武器對付叛軍，主因是叛軍攻擊總統府時傷了艾奎諾夫人的獨子及三名保鑣，而且還攻擊平民。此外，也是鑑於叛軍人數眾多，若不予立即鎮壓，恐引起其他動搖軍人的支持，而相繼倒戈。

不久洪納山上校被捕，關在馬尼拉灣一艘船上的監獄，1988 年 4 月他夥同監管他的數名軍人越獄逃亡。1989 年 3 月洪納山上校還向艾奎諾夫人總統提出和談條件，包括：逮捕政府中的左派官員、整肅貪污、設立「臨時國難政府」、釋放因政治理由而被捕的軍人、暫停談判菲國積欠的二百八十億美元外債。

洪納山上校是菲律賓軍官學校 1972 年畢業生，也是「軍中改革運動」的少壯派領袖。1986 年 2 月當前國防部長恩里烈發動兵變時，洪納山上校為其忠實的追隨者，擔任安全分遣隊隊長，而成為赫赫有名的英雄人物，前途被看好。但恩里烈於 1986 年 11 月因剿共問題與總統艾奎諾夫人意見不合而遭罷黜後，洪納山上校被調至馬尼拉以北鄉下的一處軍事訓練營擔任營長，而遠離權力中心。此對於擁立新政府有功的青年軍官而言，無異是一重大打擊，心中自是怨憤不平。此外，軍變也有結構性因素，指的是政府對共黨的政策及軍人與文人政府間的關係而言。新政府原訂 1987 年 8 月 28 日為特赦共黨叛軍的截止日期，孰料艾奎諾夫人在 8 月 20 日宣佈再延長六個月寬赦期限，洪納山上校選在 28 日發動兵變，顯示他對政府的這項政策有所不滿。根據這次被俘的叛軍表示，新政府對共黨叛軍給予特赦優遇，但對於冒生命危險剿共的軍人，卻一再以違反人權事由進行調查和控訴，顯然有歧

視軍人的差別待遇。

自新政府成立以來，有意削減軍人的特權和利益，而引起雙方的摩擦，最顯著的事例有下述諸端：

1. 對於犯顛覆罪者，艾奎諾夫人在執政之初，以行政命令規定只判六個月至六年徒刑。事實上，她對於過去四次發動政變者，只要求其宣誓效忠憲法或施予體罰，即予無罪開釋。軍方對於這項政策表示不滿，要求加重處罰，以維護社會秩序。在軍方壓力下，她於 1987 年 7 月 26 日新國會開幕前夕簽署新法令，規定犯顛覆罪者最高可判處無期徒刑（依新憲法規定已廢除死刑）。

2. 新政府規定人犯扣押必須在十八小時內移送法院，軍人反對這項規定，認為調查犯罪的時間不夠充裕。結果艾奎諾夫人亦在 7 月 26 日簽署新法令，將偵察扣押時間延長至三十六小時。

3. 依新憲法規定，必須解散人數眾多、紀律不整的家鄉自衛隊，另改組成立民兵部隊，直屬軍區正規軍管轄，此一改革影響軍人在鄉村地區的傳統利益——支配百姓與聚斂搜刮錢財。

4. 政府削減國防預算。1987 年的國防預算只佔全國總預算 7.2%，1986 年為 9.2%。下年度菲全國總預算為一千六百九十七億披索，其中國防預算將削減為 5.67%。此將影響軍隊的裝備和士氣。

5. 一般士兵薪俸微薄，每月只領一千八百披索（約合九十美元），不足以養家活口。

這次政變雖然規模最大，但終歸失敗，主要原因為自參謀總長以下重要將領及重要軍區司令皆表示支持艾奎諾夫人，而且透過電臺和電視表明其立場，使猶豫的軍人不敢輕舉妄動；政府軍出動重型武器

鎮壓叛軍，在火力上超過叛軍，儘管學生、工人和左派團體連續數天發動反政府罷工示威運動，但對於政變軍人，卻未表示支持；叛軍攻擊目標過多，兵力分散，政府軍迅速控制通往市區的交通要道，切斷外省叛軍進入市區的通路，使市內叛軍陷入孤立無援；美國總統雷根在菲國政變後四小時，宣佈支持艾奎諾夫人新政府，而且譴責叛軍。此一宣佈可阻止菲國動搖的軍人投效叛軍。

二、「軍人改革運動」成員與馬可仕餘黨聯手叛亂

1989 年 11 月 30 日深夜，菲國又發生兵變，叛軍在坦克車掩護下向馬尼拉進攻，次日凌晨，叛軍已奪下市內陸軍和海軍陸戰隊軍營、空軍基地、國家電視臺、國際機場等。參加兵變的主要份子是恩里烈手下洪納山上校指揮的「軍中改革運動」成員，即洪納山在軍校 1972年級同學的校級軍官，另一部份為馬可仕餘黨。這兩股力量隨著艾奎諾夫人勢力的鞏固而逐漸失去重要性，只好聯手推翻艾奎諾夫人政府，前後發動數次兵變，均功敗垂成。另外亦有「菲律賓人民軍」參加該次流血政變，成員中有些曾是 1986 年 2 月 25 日「人民力量革命」的領導人，人民力量革命推翻了馬可仕，另支持艾奎諾夫人，但後來又轉而與艾奎諾夫人為敵。

叛軍不僅使用地面武力，還利用二架輕型戰鬥機轟炸總統府和政府軍營區。由於叛軍人數和火力強大，為壓制叛軍力量，在國防部長羅慕斯和武裝部隊總參謀長德維利亞建議下，艾奎諾夫人緊急求助美國派飛機支援反擊叛軍，美國總統布希同意派遣在克拉克空軍基地的美軍三架 F–4 戰機前往支援，轟炸被叛軍控制的桑格雷基地。美國海軍陸戰隊也在保護美國大使館區的名義下，在馬尼拉登陸。從 12 月 1日下午起，政府軍和叛軍在市內進行巷戰，雙方傷亡慘重。直至 3 日晚，政府軍才平定叛亂。

該次發生的軍變，涉及的軍人為數達三千多人，導致大規模流血，有一百十三人死亡，超過五百人受傷，為菲國史上最血腥的軍變。

1990 年 2 月 22 日由洪納山領導的「菲律賓人民軍」發表政綱，主張建立聯邦政治體制，聲言將不會建立軍人獨裁政權，譴責外國帝國主義者，呼籲美國不要介入菲國內政糾紛，強調「只要美國政府不再把菲律賓看作是它的殖民地，我們就沒有理由不能同它繼續建立關係。」

在 2 月初，菲政府對涉及兵變的卡加揚省長阿奎納洛予以停職處分，並控以貪污濫權罪。參議員恩里烈及另外六人亦因涉及去年 12 月兵變而被以謀殺及叛亂罪逮捕起訴。在這一段大逮捕期間，菲國充斥著軍變的傳聞。菲國一家報紙在 2 月 23 日刊載獲自美國的情報，預測在二星期內將會發生另一次軍變。艾奎諾夫人批評此項報導沒有根據，並舉證美國正增加對菲投資的數目。菲國參謀總長黎美慈將軍也駁斥美國官員所指稱的另一次兵變的可能性，認為叛軍已無再發動兵變的力量。國防部長羅慕斯則呼籲叛軍迷途知返，返回軍營報到，以恢復其職位。就在這種謠傳與闢謠之際，3 月 4 日菲律賓北部卡加揚省前省長阿奎納洛率二百多名軍人叛變，反抗及攻擊奉命拘捕他的政府官員下榻的飯店，經政府軍增援鎮壓後，阿奎納洛失敗逃逸。

同年 10 月 4 日，前上校魯白禮率一百八十名士兵佔領民答那峨北部的霧端市和加牙彥的黎奧洛市內的陸軍營區，意圖在民答那峨建立一個獨立的民答那峨聯邦共和國。魯白禮為艾奎諾夫人總統前保安部隊副參謀長，也是洪納山上校的密友，兩人曾在去年 12 月參加流產政變，在失敗後魯白禮逃亡菲南，躲在阿古桑省山區。10 月 6 日凌晨，叛軍向政府軍投降，而結束了叛亂。

為此，艾奎諾夫人一再宣佈將以嚴厲手段制裁叛亂份子，輿論界及軍方也主張恢復 1987 年廢止的死刑，並要求將現行對叛亂罪最高刑期十二年的規定改為無期徒刑。8 月 29 日，菲國眾議院通過參加政變者最高可處無期徒刑的〈反軍變法案〉。艾奎諾夫人在同年 10 月 24 日簽署該項法律。12 月 19 日菲國軍事法庭對參與 1987 年 8 月兵變的七十九名軍人判處十二年到三十二年不等的刑期。但涉及 1989 年 12 月

流產政變的二十九名海軍陸戰隊員獲釋,其中有六名士官被撤銷軍籍,另一名士官和二十二名一等兵被降級,被送往南部海軍陸戰隊軍營,參加兩週的「聽課」。對於潛逃未歸案的叛軍份子,菲政府及民間富商共提出一千多萬披索的懸賞,其中兵變首腦洪納山上校的懸賞最高,為五百萬披索。

1992 年 5 月菲國舉行總統選舉,羅慕斯當選,為求全國和解,羅慕斯政府與洪納山進行談判。該年底,洪納山與海軍准將嘉拉夏蒂和林蘭尼洛上尉代表「革命愛國聯盟」、「菲律賓人民軍」,而國防部長德維利亞代表政府簽署初步協議,雙方將立即停止敵對活動,並決定正式談判的日期,以建立公正、尊榮及持久的和平。敵對的活動包括偵察、特別軍事行動、逮捕及徵召。政府將停止軍事法庭的審訊,並採取步驟以使牽涉叛軍的司法過程暫時停止。雙方將組織各自的談判小組,並於翌年 1 月 11 日擬妥談判的項目,使雙方能於 1 月的第二週開始談判。1993 年 1 月中旬,政府的「國家和解委員會」與前馬可仕支持者朱姆爾將軍領導的叛軍進行和談。朱姆爾將軍在 1986 年曾領導一次反艾奎諾夫人的流產政變,並曾爭取把馬可仕的遺體運回菲律賓。

三、社會結構與政權維繫的關係

艾奎諾夫人領導的政府在任內歷經八次政變,雖然危機重重,但尚能維持政權,可從菲國社會結構來瞭解此一問題之癥結所在。主宰控制菲國社會的有地主、官僚、政客和教士四個階層,共同構成統治階層,一般平民和軍人很難躋入。軍人地位上升,只有在 1972–1981 年戒嚴時期特別明顯。然而僅憑軍人單一階層的力量,並無法掌握政權,除非獲得其他階層的支持。馬可仕時期曾利用軍人壓制傳統的地主、政客和官僚勢力,但艾奎諾夫人上臺後,又重新恢復地主、政客和官僚的政治空間,軍人欲獲取其他階層的支持,已愈來愈困難。這可以從過去八次政變中看出,即每次軍變最後都是政府軍與叛軍之間的火併,一般人民及政府官吏都在旁觀戰,政客(除了馬可仕派)甚至發

起反軍變運動，如參議院議長沙隆加領導自由黨在 1990 年 3 月 25 日發動一項全國性的「為民主而反抗軍變」運動。商人也捐款緝拿軍變份子。

艾奎諾夫人新政府是靠軍人倒戈而成立的。當時反馬可仕的主力是「軍中改革運動」的少壯派軍官，他們富於理想，對於貪污腐化的文人政府深為不滿，他們期望艾奎諾夫人能鏟除污政，建立廉能有效的政府。但在新政府執政後，政治依然混沌不開，裙帶之風依舊不減，更嚴重的是新政府對於共黨過份寬容，政策搖擺不定，導致軍人無所適從，最後只有以政變之途來表達他們的看法與立場。

菲國民主政治深受美國影響，軍人嚴守中立，不干政，過去曾有良好的傳統，但自 1972 年實施戒嚴統治後，軍人勢力逐漸膨脹，而破壞了上述的傳統。新政府意圖削減軍方勢力，自然會引起反抗。特別是那些堅決反共的「軍中改革運動」少壯軍官，對於艾奎諾夫人政府與共黨和談政策表示不滿，已影響新政府的執政能力。

第四節　菲國結束美軍基地

菲律賓與美國訂定的軍事條約共有三種：包括 1947 年的〈軍事基地協定〉、1947 年的〈軍事援助條約〉以及 1951 年的〈美、菲共同防禦條約〉。根據 1947 年的〈軍事基地協定〉，菲國允許美國使用其境內二十三處基地，期限九十九年。菲人對於〈軍事基地協定〉所引起的管轄權問題頗為不滿，因為根據該協定，美國軍事人員猶如享有治外法權，唯有當美國軍人在基地外，且非執勤期間內侵犯菲人時，菲政府始有管轄權。1964 年 11 月和 12 月，在美軍基地發生槍殺菲人的事件，美國有意歪曲事件始末，引起菲人抗議示威，要求修改美、菲軍事條約。以後，美軍使用菲基地的問題，乃成為反美情緒的焦點。

一、1979 年美、菲新協定

1966 年美、菲修訂上項協定，將基地租期縮短為二十五年，至 1991 年屆滿。菲、美經多年的談判，終於在 1979 年 1 月 6 日簽訂新基地協定，菲國允許美國繼續使用克拉克空軍基地和蘇比克灣海軍基地。據此新協定，美國租用基地的法律期限到 1991 年為止，不過，每五年要重新修訂租約；美國政府答應盡最大努力在五年內重新修訂租約一次，在五年內提供軍事援助五億美元（等於租金），另外貸款三億美元、經濟援助二億美元、特別發展援助五億美元。早在 1967 年談判時，美國只答應提供十億美元的軍經援助，但馬可仕嫌數目太少，致談判未獲結果。

1979 年的新協定，其內容要點如下：

1. 再確認菲國對此二處基地及相關設施的主權原則。
2. 該二處基地的司令應由菲人擔任。
3. 基地周圍的巡邏應由菲人擔任。
4. 削減基地用地面積（克拉克基地從十三萬二千公頃減至八千公頃；蘇比克灣海軍基地則減少 60% 的面積）。
5. 本協定每隔五年應自動予以檢討。
6. 菲律賓保證美國在菲境的武力得採取無阻礙的軍事行動。4 月菲、美又簽訂補充協定，規定在基地上工作的菲人，應每月獲得薪給及生活津貼。

克拉克空軍基地是美國在海外的最大基地，在越戰期間曾是美軍的後勤中心，但不是出勤空炸的基地，因為利用菲基地進行空炸越南的行動，必須先經菲政府的同意。蘇比克灣海軍基地則是美國在太平洋地區的最大修護和加油補給基地，美國的第七艦隊即駐泊在此。

這二處基地，對於菲人的工作機會也有幫助。二處基地共雇用了

四萬三千人，每年提供約二億美元的歲入，對菲經濟不無助益。唯反對派人士認為基地外借，不僅帶來戰爭的危險性，而且侵犯菲國主權，剝削菲國勞工。

1983 年 6 月美、菲重簽基地協定，規定從 1984 年到 1989 年美國應援助菲國九億美元。

二、1988 年美、菲軍事基地協定談判

1988 年 4 月 5 日兩國在馬尼拉舉行美、菲軍事基地協定檢討談判，俾對從 1989 年到 1991 年 6 月 16 日止剩餘效期的基地協定，做最後一次的檢討。菲方首席談判代表是外長曼格拉普斯 (R. Manglapus)，美方首席談判代表是美駐菲大使普拉特。這次檢討談判，集中於二項重大問題，一是基地使用費問題，二是基地管理權問題。

由於艾奎諾夫人面臨戰略因素及國內經濟發展因素二項考慮，對於美軍基地問題，態度與在競選時期略有改變，不像二年前那樣堅持美軍應撤出菲國，最顯著的是 1987 年底菲國外長曼格拉普斯曾歷訪東協成員國，探訪各國對菲境美軍基地的態度，俾做為菲國決策的參考。但各國不願把菲國美軍基地看成與東南亞安全有關，也是不願干涉菲國內政。事實上，泰、馬、星、汶等國也存在外國基地的問題，故有些國家（新加坡除外）不便對菲國內政事務表示意見。結果在 1987 年 12 月第三屆東協高峰會上，不能如菲國所願，就菲境美軍基地問題做出共同的決議。

在美、菲未正式進入談判前，菲外長曼格拉普斯於 1988 年 3 月 15 日發表措詞嚴厲的談話，他說：「美國設在菲律賓的軍事基地，對菲國的防衛是不必要的。」又說：「我們的立場必須基於現實。現實的情況是，美軍基地設在這裡，並不是為了我們，而是為了保護美國的利益。」

在進入談判時，曼格拉普斯發表更強硬的談話抨擊美國，他說：「第二次世界大戰開始後，在菲律賓的美國軍事基地迅速崩潰，由此可見，此等設施不是用來保護菲人。軍事基地缺乏戰爭的準備，其在

本地存在只是在促進全球性的戰略,防止戰爭蔓延至美洲大陸。」又說:
「美軍基地不能幫助菲律賓解決現今因為共產黨叛亂產生的軍事問
題。」

曼格拉普斯如此坦率的批評美國,是否表示他反對美軍駐留在菲
境基地? 其實不然, 這不過是談判的一種姿態和策略而已, 他的主要
目的是希望美國能在 1991 年軍事基地協定屆滿前提供十億美元的軍
經援助。

面對菲國反基地條約的浪潮,美國政府官員也採取三種因應對策,
一是宣稱東協各國領袖都贊同美國繼續使用菲境基地;二是發出恫言,
稱蘇聯已增強在越南的駐兵, 嚴重威脅到東南亞的安全, 若美國撤出
菲境基地, 蘇聯將趁虛而入; 三是宣稱美國已覓妥替代基地, 若菲國
政府開口要求美軍撤出, 美國將立即撤出, 同時削減對菲國的軍經援
助。

在檢討談判第二天, 美、菲對於基地使用條件發生嚴重歧見, 菲
方要求美軍在基地發動作戰行動之前, 必須先經馬尼拉的「同意」, 而
非目前基地協定所規定的「事先磋商」。但美方首席談判代表普拉特則
認為此一要求將箝制美國的作戰調遣能力及在全世界維持安全系統的
能力。他在會上還提及保留美軍基地是為了保護本區域免受蘇聯威脅,
結果這番談話外洩, 見諸報導, 美方代表遂拒絕出席次日上午的談判。

當普拉特的談話在新聞媒體披露後, 蘇聯駐菲大使館馬上發表感
到「遺憾和失望」的談話。但從蘇聯對菲境美軍基地關切的情形來看,
不是能以「失望」這幾個字來形容。1988 年 1 月底蘇聯駐菲大使索科
洛夫就表示, 若美國撤出在菲境的基地, 則蘇聯準備削減在東南亞的
駐軍。3 月 22 日, 蘇聯副外長羅加契夫訪問馬尼拉, 據稱曾與菲國官
員討論美軍基地問題。從而可知蘇聯是主張美軍撤出菲國的。那麼,
美、俄在菲境基地問題上的較勁, 自是可預料得到。

此外, 位在南太平洋的澳洲則支持美軍續留菲境基地。1988 年 4
月 12 日澳洲外長海登訪菲, 表示設在菲律賓的美國軍事基地, 對整個

東南亞的安全與穩定都有貢獻。澳洲的國防安全側重在北方,將印尼假想為外來威脅的最大來源。菲國與印尼一衣帶水,同屬群島國家,就澳洲的看法,現在的美、澳、紐防衛體系已告解體,美國若再退出菲島,菲國有可能成為蘇聯之勢力範圍,菲國不保,印尼也可能不保,屆時澳洲將受到更大的威脅,基此考慮,澳洲乃支持美國保留在菲境的基地。

由於菲國提出美國應援助菲國十億美元的建議,結果因要價太高,雙方意見不合,而在 7 月 26 日中止談判。8 月 2 日重開談判,菲方提議 1990 年至 1991 年間美國每年應付給菲國十二億美元,包括現金四億美元,物資一億美元,軍援及外債緩衝款等七億美元,但美方應允五億四千萬美元的現款及物資,其中包括基地內菲國工人的薪水和二大基地所購買約值五億美元的菲貨在內。9 月中旬,談判由馬尼拉改至華府舉行,菲外長曼格拉普斯直接與美國國務卿舒茲及國防部長卡路西晤談。在美國華府談判中,卡路西向曼格拉普斯表示,美國在被逼迫的情況下,準備從菲島撤出軍事基地,此舉當然是談判桌上的一種策略與姿態,以逼使菲方就癥結問題做讓步。事實上,美國並不願撤出在菲境的基地。過去數年,美國國防部曾經就撤出菲境軍事基地後的退路做過研究,致有將基地遷至關島、馬里亞納群島、帛琉和新加坡的傳言。

10 月 17 日菲、美雙方達成新軍事基地協定,使長達半年的談判終告一段落。茲簡述其要點如下:

1. 美國在 1990–1991 年期間每年援菲四億八千一百萬美元。
2. 美國可維持其現行政策,無需宣佈停留或航經菲國基地的船艦或飛機是否攜有核子武器。但菲國政府有權禁止美軍在菲境儲存核子武器、化學武器或其他非傳統武器。
3. 菲境美軍基地內永久性設施和建築改良物的所有權,均讓予菲國。將來美國若決定放棄菲境基地時,應確實使其順利交

　　由菲國控制。

　　惟協定未提及菲律實提出的關於基地內刑事裁判權和事先知會菲方有關美軍軍事行動的要求。

　　美、菲續簽新基地協定，產生一些極不協調的反應，菲國極端民族主義者批評這項協定，而政府當局則說新協定加強了美、菲兩國間的關係。泰國、日本和新加坡對美、菲達成基地協議表示歡迎，並聲稱美國在菲島維持軍事設施，有助於該地區的穩定。但越南卻批評新協定威脅東南亞的安全。

三、1990 年美、菲基地條約續約談判

　　美、菲雙方代表在 1990 年 5 月 14 日又展開基地條約續約談判，此次談判關係著美國是否在 1991 年 9 月 16 日撤離菲境基地，以及影響到東南亞區域的權力平衡。1991 年 8 月 27 日，美、菲達成協議，簽訂〈美、菲友好合作與安全條約〉草案，菲國允許美國繼續使用蘇比克灣海軍基地十年。菲律賓參議院外交委員會於 9 月 9 日以十二票對十一票否決〈美、菲友好合作與安全條約〉草案，經艾奎諾夫人總統企圖發動群眾運動壓迫參議院，最後參議院還是以同樣票數否決了〈美、菲友好合作與安全條約〉草案。

　　美國在 1991 年 11 月 26 日正式把克拉克空軍基地交還給菲國。克拉克空軍基地從 1901 年起就為美軍使用，起初是作為美軍騎兵的哨站，從 1919 年成為美軍的機場，有一度是美國第十三航空隊的總部。1991 年 6 月品納土波火山爆發，火山灰掩埋了基地的跑道，數十座建築物被毀，結果二萬名美軍人員及其眷屬被迫疏散。美軍將該基地的空軍活動遷移到關島。火山爆發使美軍提前從克拉克空軍基地撤出。

　　在菲國參議院否決〈美、菲友好合作與安全條約〉草案後，艾奎諾夫人總統對於參議院的決議，深不以為然，她下令組成一個五人特別委員會，研究使美軍繼續駐菲三年。參議院半數以上參議員反對，

艾奎諾夫人總統乃以行政命令允許美軍延長駐留一年，即在 1992 年
12 月底以前撤出菲國。

在此情勢下，美國在 1991 年 7 月 1 日後正式依次將約翰海軍營、
華萊士空軍站、奧托奈軍營和克羅谷 (Crow Valley) 轟炸靶場的通訊設
施、克拉克空軍基地交還給菲國。

四、1992 年美、菲防務委員會會議

1992 年 5 月兩國舉行美、菲防務委員會會議，美方提出繼續使用
菲國軍事基地之要求，但未獲菲方肯定答覆。美國國務卿貝克於 7 月
26 日到馬尼拉出席東協擴大外長會議時，曾與菲國總統羅慕斯進行會
談，貝克在會後表示，「如果菲國有興趣要讓美軍有限度使用它們的海
軍與軍事設施，菲國必須主動提出」。他又表示，羅慕斯總統同意將此
一問題交由 11 月初在馬尼拉舉行的美菲防務委員會議處理。

10 月 3 日羅慕斯總統批准由其任命六人組成的菲、美關係檢討委
員會所提呈之建議。該委員會認為，重新塑造菲、美關係應依循下述
七項原則：

1. 對美關係應以貿易而非援助為主。
2. 應更積極推動雙方的貿易及投資。
3. 由駐美的菲國外交機構開拓新的商機。
4. 運用旅美菲僑的龐大潛力。
5. 締結新的友誼與合作條約，並促進非安全方面的合作。
6. 促進基地條約結束後及後冷戰時期的合作。
7. 恢復談判引渡條約並締訂法律協助公約，以加強本國的反犯
   罪運動。

美、菲在 11 月 5 日至 6 日在馬尼拉舉行美、菲防務委員會會議。
菲國外長羅慕洛在 5 日表示，如果美軍的任務是維護本區域與南海的

和平，則美軍可以留駐菲律賓。由於菲國政府態度轉變，因此在次日的防務委員會會議上，太平洋美軍總司令拉森 (C. Larson) 和菲國武裝部隊總參謀長阿巴迪亞 (L. Abadia) 立即就美軍未來使用菲國的港口、基地和機場問題，達成非正式協議。協議內容同於美國與其他東南亞國家間的協議，允許美國的機艦進行加油、維修和補給。阿巴迪亞說，在新的安排下，美國軍艦不只可以在蘇比克灣海軍基地停靠，也可以視情形在馬尼拉港和其他港口停靠。雙方也同意每年定期舉行聯合軍事演習及情報交換。惟雙方對於 1951 年美、菲共同防禦條約的內容是否包含菲國所佔領的南沙島礁，仍存有歧見。美國堅持不包括在內，也不可能修改該項條約。

　　1992 年 9 月 30 日美國把蘇比克灣海軍基地的使用權交還菲國，再將最後的一千七百名美軍撤往蘇比克灣基地附近的庫比岬海軍航空站，而於 11 月 24 日完全撤走，結束外國在菲國境內駐軍長達四百七十年的歷史。後來菲國政府將蘇比克灣海軍基地改為工業園區，順利轉型為工業生產基地。

第十四章
軍人背景總統：羅慕斯

第一節 修憲風波

　　羅慕斯原屬於民主菲律賓戰鬥黨黨員，但在黨內總統候選人提名選舉時輸給眾議院議長密特拉 (R. Mitra) 後就退出該黨，獲得眾議員維尼西亞 (J. de Venecia) 及一些國會議員支持，另組「人民力量黨—全國基督民主聯盟」。他以該黨名義參加總統選舉。

　　1992 年 5 月菲國舉行總統選舉，結果由羅慕斯當選第八任總統，他是少數總統，只獲得 23.58% 的選票。而艾斯特拉達當選為副總統。羅慕斯總統執政期間，致力於發展經濟，以及建立一個穩定的社會，預期在 2000 年達到新興工業化國家的境界。為達成此一目標，菲國政府訂定五項優先發展計畫，包括政治穩定和國家統一、經濟成長、環境保護開發能源和基礎建設、提高行政效率。

　　然而，以羅慕斯總統為首的執政聯盟，維持沒有多久就告分裂，其他各黨為了準備 1998 年總統大選及國會改選也重新整合。執政的「人民力量黨—全國基督民主聯盟」在 1997 年 11 月 16 日舉行黨大會，推選總統候選人，大會動議不採秘密投票制，改為授權總統羅慕斯欽點黨的總統候選人。羅慕斯推舉眾議院議長維尼西亞為候選人，導致

另一競爭者國防部長戴維拉 (R. de Villa) 不滿而脫離「人民力量黨—全國基督民主聯盟」。戴維拉在 1997 年 6 月 27 日加入執政聯盟，爭取成為該聯盟的總統候選人，在失敗後退出該聯盟另組民主改革黨，投入總統選戰，其情形一如羅慕斯在 1991 年的翻版。

圖29: 羅慕斯總統　羅慕斯，1928 年 3 月 18 日生於邦加絲蘭省林牙彥社。父為那詩素‧羅慕斯，為一獨立出版人，母為教員。羅慕斯從小愛好運動，舉凡跑步、游泳、高爾夫球、以及危險的跳傘，他都喜愛。羅慕斯在林牙彥社完成小學教育後，進入菲大中學就讀。二次大戰期間，他曾幫助叔父販賣香蕉，後來進青年會從事文職工作。馬可仕在戰時參加抗日游擊隊，為躲避日軍追捕，曾躲入羅慕斯家中，兩人因而認識。二次大戰結束後，他投考美國西點軍校，名列前茅，開始了他的軍人生涯。此時他的父親進入外交界工作，派駐華盛頓。老羅慕斯曾出使臺北擔任大使十年，後出任菲國外長。1950 年他在完成西點軍校學業後，又進入伊利諾州大學建築工程系。1952 年畢業後返回菲律賓，奉派前往朝鮮半島參加對中共的戰爭，曾率兵攻擊據守崖爾利山 (Hill Eerle) 的中共軍隊，成功驅退中共軍隊。1953 年與瑪蒂尼孜結婚，育有五名女兒。1968 年，他參加越戰。1972 年出任保安軍司令。1980 年修完馬尼拉市亞典耀大學商業管理博士學位。1986 年 2 月，加入反馬可仕的邑沙革命，後出任艾奎諾夫人總統的參謀總長。1988 年出任國防部長，兼任國家賑災協調委員會主任、國家反騎劫委員會主席、菲國退伍軍人援助署主席、國家和平委員會主席、內閣第六區 (西民答那峨) 發展主任。以其卓越的軍事領導才幹，平定八次軍事政變，深獲艾奎諾夫人倚重，而於 1992 年支持其參選總統，卒獲菲國人民肯定而當選總統。

在艾奎諾夫人任期快結束前，當時民意及若干政客要求艾奎諾夫人修改憲法使其能繼續連任，但她反獨裁的態度堅決，不願破壞她一手制訂的防止獨裁者再現的憲法，在任滿後即下臺。她堅持護憲的理念，為後人創下了一個典範，也為菲國的重建民主工作奠定基礎。之後繼任的羅慕斯總統，任內對菲國經濟貢獻卓著，1992 年時菲國經濟成長接近零，1996 年國內生產總值增長為 6.9%，1997 年為 5.7%，使菲國在平穩中發展，於是有些政客鼓動修改憲法，使其能繼續連任。在 1994 年時，即有主張將現行總統制改為議會內閣制，俾使羅慕斯能改任總理而繼續執政，但回響不大。隨後，主張將憲法中有關總統任期不連任的規定加以修改者，則成為政壇上一股勢力。

1996 年 5 月菲國眾議院一百三十名議員動議修憲，意圖將國會兩院改為制憲會議以修改憲法，但遭到十七名參議員（共有二十四名參議員）的否決。依據 1987 年憲法規定，若獲得參眾兩院的同意，國會可變成制憲會議，即可提出修憲動議。1996 年 10 月 10 日菲國參議院改選議長，結果由反對羅慕斯的馬西達 (E. Maceda) 當選為新議長，以取代岡薩雷斯 (N. Gonzales)。本來參議院內反對黨的參議員只有八名，但馬西達爭取到另外八人的支持，他向這些倒戈的參議員承諾，一旦反對黨控制參議院，他們將受委為有勢力的委員會主席，或繼續保留他們原有的委員會主席職。馬西達在接受參議院議長職務發表演說時宣稱，在他領導下的參議院，將繼續無條件反對修改憲法，不會讓羅慕斯因修憲而連任。

菲律賓總統府執行秘書托雷斯 (R. Torres) 則宣佈，羅慕斯總統的人民力量黨主張修憲以延長總統的任期，也就是總統應可連選連任一次。在此一消息公佈後，立即引起反對黨、教會代表、左派組織及工商界的反對。先是已表明將參加明年總統大選的副總統艾斯特拉達宣稱，他將發動一場全國抗議運動來阻止人民力量黨企圖修改憲法。前總統艾奎諾夫人亦恫言要領導群眾示威抗議修憲延長總統任期。反對黨政界人士、教會代表、左派組織和工商界人士，紛紛批評此一做法。

各界不滿的情緒影響馬尼拉的股市，在收盤時下挫了 0.22%。有些參議員則指控羅慕斯陰謀藉修憲以使他在 1998 年後能繼續執政。1997年 2 月 18 日參議院在一名參議員缺席的情況下，以二十三票通過決議反對修憲延長總統任期。反對黨簽署協議，宣佈將展開全國性的抗議行動，他們提出警告，如果羅慕斯試圖延長任期，將引發災難。

在各方責難批評聲下，羅慕斯總統為澄清此一問題，在紀念推翻獨裁者馬可仕十週年的一個午餐會上表示，托雷斯只是發表個人的意見，人民力量黨還沒有對此一問題決定正式的立場。他特別強調六年任期已足夠，威權獨裁的政權多是短命的。他將在明年 6 月任滿時下臺。

樞機主教辛海美也在慶祝推翻已故獨裁者馬可仕的菲律賓「人民力量」革命週年紀念的集會上講話，讚揚羅慕斯尊重人民的意見和聽從他的警告，決心在六年任滿後下臺。

儘管如此，支持羅慕斯連任的團體卻動作不斷，採取兩個途徑為羅慕斯尋找連任機會。第一種途徑是透過群眾運動，號召群眾走上街頭，同時進行簽名連署，以製造人民支持總統連任的形勢。有兩個團體負責進行群眾運動，一個團體是「人民爭取改革、現代化和行動的創制權聯盟」，在 1996 年 12 月初展開一項簽名運動，預期獲得六百萬人連署，以滿足行使創制權所需的人數規定。該一團體向選舉委員會辦事處，提出一份六百萬人簽名的請願書，要求選委會同意舉行公民投票，以修改憲法，將總統任期改為連選得連任一次。並在馬尼拉發動三、四千人示威，要求取消憲法中有關總統連任限制之規定。另一個團體是「促進國家經濟和民族主義民主聯盟」，惟其活動不如前者積極和具有影響力。

菲國此一修憲建議，之所以引起軒然大波，乃鑑於在 1972 年時前總統馬可仕利用戒嚴手段修改憲法延長任期而使菲國陷入獨裁之境，慘痛的歷史教訓，使菲人餘悸猶存。因此對於一再提出的延長總統任期的修憲建議，菲人及反對黨深具戒心。不過，歷經羅慕斯五年的執

政，使菲國經濟日益好轉，政治漸上軌道，因此乃有一些人認為像羅慕斯這樣的人才不應只做六年，而主張讓羅慕斯繼續連任。

　　羅慕斯受此一運動及輿論的影響，信心不免動搖，輿論指其暗中支持修憲運動，不僅其領導的政黨（人民力量黨－全國基督民主聯盟）在眾議院醞釀動議將總統制改為議會制，而且想透過創制方式修改憲法。結果引起民眾及艾奎諾夫人、辛海美樞機主教不滿，在 1997 年 9 月 12 日和 19 日有數千名民眾舉行反修憲示威，艾奎諾夫人和辛海美在 21 日（馬可仕宣佈戒嚴二十五週年日）舉行六十多萬人的反修改憲法群眾大遊行，公開反對羅慕斯透過修憲尋求連任。最後羅慕斯在民意壓力下，公開宣佈不會尋求連任選舉。

　　第二個途徑是尋求法庭的支持。由支持羅慕斯連任的人士組織「人民爭取改革、現代化和行動的創制權聯盟」，尋求六百萬人民的簽名連署請願，向菲國最高法院請願要求法院強制選舉委員會見證該組織收集的至少六百萬人簽名連署有效，同時舉行公民投票以修改憲法。該組織認為依據現行法律規定，如果請願者簽名連署達四百萬人，或合格選民總數的 12%，即可迫使選委會同意舉行公民投票，對憲法進行修改。

　　但最高法院於 1997 年 3 月 19 日以九票對五票做出裁決，表示憲法規定的創制對象只允許針對一般法律，而不能針對國家憲法進行修改。同時表示選舉委員會不應承認由這個組織收集到五百九十萬個簽名，並下令官方的選舉委員會阻止民間組織搞這類修憲運動。該組織不服，提出上訴，6 月 10 日最高法院再度以六票贊成，六票反對，另二票棄權，維持原判決。羅慕斯在高等法院判決後宣稱，應通過立法程序讓人民可提出修憲建議，他說：「身為菲律賓總統和菲律賓人民的領袖，我將繼續堅持這種看法，因為我國民主的精髓就是要授權予民。」儘管以立法程序通過法律讓人民可以提出修憲案是正常的民主程序，但因為該案涉及總統連任權益問題，羅慕斯身為總統當事人，他的談話在正當性上不免遭人質疑。9 月 23 日最高法院再以十三票對零票否

決此一請願案，該請願案要求法庭迫使選舉委員會證明由「人民爭取改革、現代化和行動的創制權聯盟」收集的五百九十萬人支持修憲之簽名有效，最高法院重申其前次的判決，即現行法律不適合支持有爭議性的修憲創制案。情勢發展至此，尋求透過修憲程序讓羅慕斯連任的運動才告一段落，菲國回歸正常的憲法程序的運作。換言之，菲國是透過民粹運動及司法程序才維持其脆弱的民主憲政主義的精神。

第二節　教會介入政治

菲國是亞洲地區最大的天主教國家，據估計全菲七千三百一十萬人口中，85% 為天主教徒，穆斯林約佔 10%，餘為其他宗教教徒。在天主教徒中包含 15% 至 18% 的基督教徒。從美國統治時期起引進了基督教，教徒人數雖非多數，但對菲國政治有所影響。羅慕斯總統是基督教徒，此一背景使他在總統選舉中受到嚴重影響，僅獲得 23.6% 選民的支持，其中大部份的支持者即來自基督教徒。

美國統治時期致力推行政教分離政策，不讓宗教勢力介入政治。菲國在獨立後的三十年中，亦大體能維持此一原則。但在馬可仕執政的 1980 年代，因為菲共在農村地帶肆虐，農民為尋求保護，而與地方教會及教士保持密切的關係。相反地，若干持解放神學觀點的教士，同情農村貧民受到當地軍警官僚的欺壓，在 1970 年代組織「基督徒促進民族解放」，甚至參與菲共活動，掩護菲共的游擊活動。在馬尼拉地區的天主教主教們，也基於人道立場，反對馬可仕的高壓統治。

在戒嚴時期，教會也變得政治化，逐漸批評政治及介入政治，其中兩個較為著名的團體是「菲律賓天主教主教會議」和「菲律賓主要宗教領導人聯合會」。前者透過定期的教士信函，批評政府政策，後者則組織「受監禁者工作小組」，監督有關政治受拘禁者的活動和條件。主要是從人道主義的觀點要求菲國政府善待囚犯，譴責政府拷打及虐待犯人，要求實施正當法律程序。

在 1983 年艾奎諾參議員遭暗殺之後，天主教內的神職人員，主要為教士和修女開始介入政治活動，他們走上街頭譴責馬可仕的獨裁統治。教會介入政治引起一些人的懷疑，辛海美樞機主教為祛除此一疑慮，於 1983 年 3 月 12 日在「主教與商界有關人道發展大會」上發表題為〈教會和國家致力於人道發展〉的演說，他說：「假如人民的人權受到國家的侵害，則事實上身處人民之間的教會就會捲入此一問題。假如人民組織、表達異議、以及真正地被代表的自由被剝奪，則教會站在他們一邊是至為需要的。假如國家不遵守人民的委任在我們公正的土地上建立一個公道、和平、自由和平等的政權，如我們的憲法前言中所說的，則人民的需求就變為教會的需求。」在馬可仕時期，辛海美樞機主教公開介入政治，已成為教會的新文化，社會輿論基於對馬可仕政權的批評和監督，亦容忍教會採取這樣的態度。至 1986 年，當社會氣氛對獨裁者馬可仕不滿日益升高時，天主教樞機主教辛海美開始採取行動，公開站出來整合反對派，協調並推舉艾奎諾夫人為總統候選人、勞瑞爾為副總統候選人，並呼籲天主教徒支持他所推薦的總統和副總統候選人。至此，菲國天主教會為重新介入政治開啟了新頁。菲國天主教會與民粹運動結成密切的紐帶關係，變成當時菲國人民政治生活的一部份。

嗣後，當國家發生重大危機時，菲國的教會領袖都會發表意見，作為政府施政的參考或人民意見的反映，例如在 1997 年發動反修憲群眾運動，1998 年 1 月 31 日菲國天主教會主教會議發表一封公開信，呼籲菲國人民共同努力，舉行誠實廉潔選舉，以選出一位能幹和正直的國家領導人。3 月 30 日樞機主教辛海美公開表示，總統候選人艾斯特拉達人品有問題，根本不適合擔任總統的職務。

艾斯特拉達則說：「人們說我做了許多這類違法的事，可是他們的種種指責並沒有確鑿的證據……我堅信，辛海美大主教以他高度的智慧和準確的判斷力，一定會再給我一次機會，讓我表現為國家服務的領導才能。」

　　菲律賓的「天主教會」在選前與政府組織和執法機構舉行聯席會議，並簽署一項協議，教會將協助防範在大選中可能發生的大規模詐欺事件。「天主教會」並發表聲明，將不支持任何候選人，選民可根據他們的良心做出決定。教會將不阻止個別神職人員支持自己選擇的候選人。樞機主教辛海美再度呼籲某些總統候選人退選，以阻止艾斯特拉達當選。他在 5 月 3 日致函馬尼拉教會的一封信中警告說，不要支持艾斯特拉達，指出他如當選可能對國家帶來災難；信中也警告軍隊在 5 月 11 日投票時應保持中立，任何干預都會招致「人民力量」的反對。一旦大多數選民做出裁決，即使跟個人的不同，也一定要接受選民的判斷。

　　菲國擁有眾多教徒的天主教基本教義派──「基督教會」於 5 月 6 日表示，該派系百萬合格選民將支持艾斯特拉達出任總統，理由是艾斯特拉達的競選政見和這個大多數成員是窮人的團體所關切的最為接近。他是打擊阻礙菲律賓經濟發展兩大惡害──貪瀆和犯罪──最可靠的人選。該教派在過去大選時是支持右翼候選人，例如馬可仕。該派信徒人數較「天主教會」少。另由菲國新教徒組成的「耶穌即主」，在 5 月初宣佈支持羅慕斯總統所提名的總統候選人維尼西亞。

　　由上述可知，自 1980 年代中期以來，教會介入政治及公開支持其理想的候選人已成為普遍被接受的現象，人們已忘了菲國憲法中明文規定政教分離的原則。在近來的總統大選中，教會再度表現此一立場，已內化入菲人的政治文化中。

第十五章
第二次「人民力量革命」

第一節　1998 年總統大選——平民出頭天

羅慕斯在 1991 年戰鬥黨黨內總統候選人提名選舉時輸給眾議院議長密特拉後就退出該黨，獲得維尼西亞及一些國會議員支持，另組「人民力量黨－全國基督民主聯盟」。

羅慕斯在 1992 年總統大選獲勝後，維尼西亞結集許多同派系的國會議員合組成「彩虹聯盟」，協助羅慕斯通過六十多項經濟法案，使菲國擺脫經濟困境。維尼西亞與羅慕斯關係密切，是政治上的同盟者，因此獲得羅慕斯的提名，成為執政黨的總統候選人。

維尼西亞提出的競選政見，基本政綱是持續羅慕斯的經濟政策，此一主張獲得商界的支持。不過，他被視為「傳統政客」，年輕選民認為他缺乏魅力，不善演說。他過去與馬可仕過從甚密，因與商界往來被指稱有貪污之嫌，也被指責缺乏理想，商界也懷疑他平衡預算的能力，這些批評都對他不利。1997 年 7 月由福音傳道會者納卡 (G. Nakar) 成立的國家重建運動，表態支持前參議員皮門特爾 (Pimentel) 競選總統。皮門特爾在艾奎諾夫人總統時期曾擔任內政及地方政府部長。在上一屆總統大選時，他是前參議院主席沙隆加 (J. Salonga) 的競選夥

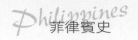

伴。1995 年競選參議員時失敗。

一、「窮人的朋友」艾斯特拉達

在總統候選人中，以現任副總統艾斯特拉達最受注意，他在民調中領先群雄但品格最受爭議。他在 1937 年 4 月 19 日出生於馬尼拉以華人為主的唐多區低收入家庭，兄弟姊妹共十人，他排行第八，也是唯一沒有完成大學學位者。其父為一小工程師，母為家庭主婦。他的兄弟姊妹分別從事醫生、律師、藥劑師、教師等。

艾斯特拉達原為電影明星，曾獲五次最佳演員獎。他因酗酒、好色，而遭到天主教辛海美樞機主教的批評。他的英語說得不好，學院肄業，這些都對他不利。但由於他的親和力，甚獲人民喜愛，他有一個暱稱 "Erap"，在「達加樂語」意即 "pare"，朋友之意。1969 年艾斯特拉達當選故鄉馬尼拉郊區的聖胡安市市長，做了十七年的市長，在 1986 年以第二高票當選參議員。1992 年，他以菲律賓群眾黨領導人身份，在全國人民聯盟的支持下，當選副總統。同年羅慕斯委派艾斯特

圖 30： 艾斯特拉達總統

拉達出任反犯罪委員會主席，此為內閣級職位。該委員會起初受到歡迎，稍後遭到抨擊，因為其官員濫用權力，包括涉嫌侵犯人權以及在審訊期間即處決嫌犯。艾斯特拉達後來辭去該委員會主席職務，積極從事總統競選活動。

為爭取勝選，副總統艾斯特拉達的群眾黨、參議員安加拉的民主菲律賓奮鬥黨、參議員馬西達的民族主義人民聯盟黨等三個反對黨合併為「菲律賓愛國群眾奮鬥黨」。該黨的政綱是糧食安全、環境保護、就業、反貪污。艾斯特拉達以該黨總統候選人身份投入選戰。

艾斯特拉達獲得商界鉅富並曾任菲國駐美大使愛德華多·許範哥的支持，愛德華多·許範哥的表兄弟荷西·許範哥則支持另一位總統候選人林雯洛 (Alfredo "Dirty Harry" Lim)。荷西·許範哥為前總統艾奎諾夫人的兄弟。艾奎諾夫人的家鄉丹轆省所謂「柯麗奇蹟」(Cory Magic) 已失光芒，從 1997 年 8 月起，許範哥家族裁減在路易西塔大莊園糖廠的六百名工人，使得約二千名家庭成員受影響。為爭取愛德華多·許範哥的支持，據稱有一些候選人脫離執政的「人民力量黨－全國基督民主聯盟」，轉而投向艾斯特拉達的「菲律賓愛國群眾奮鬥黨」。

艾斯特拉達的智囊團成份複雜，有左派、右派，也有前共黨份子、教士、商人及華人，華人主要提供競選資金。支持他的商人主要來自聖胡安市，包括礦業鉅子贊莫拉、銀行家艾斯皮里度、製造業和不動產商嘎查連、菸草和啤酒商陳魯西歐以及愛德華多·許範哥（他曾是馬可仕的支持者）。有人擔心這些智囊人物可能成為艾斯特拉達當選後新政府的包袱，猶如馬可仕畹友的翻版，他們將可能利用政治關係謀求私利。艾斯特拉達的表兄弟古茲曼是前菲大公共行政學院院長，為他延攬四十位菲律賓大學的教授作為智囊，其中最重要的是菲律賓大學經濟學院院長米達拉、經濟學教授朱拉多，以及在艾奎諾夫人執政時期曾任預算部長的迪歐克諾。艾斯特拉達在農村動員的機制是 "Jeep"（「公民追求公道、平等、環境與和平運動」的簡稱），由前共黨份子摩拉里士 (H. Morales) 領導，他是新人民軍的外圍組織──「全

國民主陣線」前任主席，另一位領導人是主張解放神學的教士托里 (Ed
de la Torre)。該組織為艾斯特拉達提出有關經濟議題的政見，強調透過
自由市場機制幫助窮人，也就是要創造就業機會。艾斯特拉達在聖胡
安市的政績不錯，他在該市首先實施公辦民營計畫，即在 1970 年代由
政府興建公共市場，再移轉民營。他也在該市首先實施財產稅資料電
腦化，為該市增加許多稅收。

二、各黨總統候選人背景

總統候選人林雯洛為中菲混血兒的華裔，屬自由黨，出身馬尼拉
唐人區的窮人，父為攤販，從小以擦鞋維生賺取學費，讀到大學，後
擔任交通警察，再升到將軍。他在擔任馬尼拉市長時，嚴厲打擊犯罪，
因而被比擬為電影《虎膽妙算》中由伊斯渥德所演的警探角色「辣手
哈利」。然而對於他強力打擊犯罪的方法也有所爭議，批評者認為他雖
然採取強力手段掃除犯罪，但仍未能削減馬尼拉的犯罪率。他獲得艾
奎諾夫人及羅馬天主教會的支持。他未在經濟問題上提出政見。他的
副總統候選人是宿霧的參議員奧斯敏納。

林雯洛遭人向選舉委員會指控他不是「天生菲人」，不能成為總統
候選人。一家地方報紙公佈他的出生證明，載明他的父母是「中菲混
血兒」。菲國憲法規定，總統候選人必須是「天生菲人」。選舉委員會
以對此無管轄權為由駁回此項指控。事實上，艾奎諾夫人也屬中菲混
血兒，但並不受到憲法的限制，仍擔任總統。

總統候選人羅科 (R. Roco)，屬民主行動黨，為現任參議員兼某大
商業集團的律師，主要政見為改善婦女及兒童的教育及生活。主要獲
自家鄉米骨省的支持。

總統候選人小奧斯敏納（Emilio "Lito" Qsmena）出身菲國中部米
賽亞地區富有的家族，屬省際發展建設黨。曾任宿霧省省長 (1987–
1992)，也曾擔任羅慕斯總統的經濟顧問，得票區主要在菲國中部。屬
省際發展建設黨。

　　總統候選人聖地亞哥 (D. Santiago) 是人民改革黨員，為現任參議員，1992 年總統大選時得票率為 19.72%，差一點擊敗羅慕斯，她獲得都市中下階層的支持。

　　其他總統候選人包括：恩里烈 (Juan Ponce Enrile)，屬於獨立人士，曾在馬可仕時期擔任國防部長，艾奎諾夫人時期出任參議員。摩拉托 (Manuel Morato) 屬於道德國家黨，為西班牙後裔，在艾奎諾夫人執政時擔任審查局局長。在羅慕斯執政時擔任菲律賓彩券機構主管，並且推廣網上彩票。丹勞 (S. Dumlao) 屬於國家復興運動黨，為商人。

　　此外，馬可仕夫人伊美黛原本亦參選總統，但在 1998 年 4 月 29 日宣佈退出總統選舉。她宣稱退出競選的原因是抗議政府加諸於她的不公平，以及選舉的欺騙和暴力事件層出不窮，因此參選變得毫無意義。1998 年初她已被法庭宣判維持貪污有罪的判決，她是以保釋外出，等候上訴的身份參選的。伊美黛退選後，她領導的新社會運動黨改支持艾斯特拉達。

　　參議員艾洛雅 (Gloria Macapagal Arroyo) ❶ 在 1997 年自創「相同路線黨」，作為參選總統的政治工具。1998 年 2 月加入執政的「人民力量黨─全國基督民主聯盟」，成為該黨副總統候選人。

　　5 月 11 日舉行總統、副總統、參議員、眾議員、省長、省市首長和議員的選舉。總統和副總統是分別投票選出。5 月 29 日菲國國會宣佈艾斯特拉達當選總統，得票率為 39.9%，艾洛雅獲得 47% 選票當選副總統。

　　艾斯特拉達之所以當選，最重要的因素是他具有個人的魅力，他親民作風猶如隔壁的叔叔，以及為窮人說話的口號打動市井小民的心。平心而論，艾斯特拉達並

❶艾洛雅，生於 1948 年，父為馬嘉柏皋，曾任菲國 1961-1965 年的總統。她在馬尼拉聖母升天中學畢業後，進入美國喬治城大學深造，與前美國總統柯林頓是同學。中途退學回國，與律師兼商人米柏爾‧艾洛雅結婚。在中學母校短期任教，接著進入菲律賓大學攻讀經濟學碩士、博士學位。1986 年出任艾奎諾夫人政府的貿易次長，1992 年當選參議員。1998 年當選副總統。艾洛雅在艾斯特拉達總統任內，曾擔任社會福利部長，當賭博業者行賄艾斯特拉達案爆發時，她辭去部長職務。

不是一個合格的政治家，欠缺真正政治家縝密的思惟、宏大的抱負、精湛的理論和深沈的愛心。相反地，他卻有著好色、酗酒、嗜賭等惡名。

依據 1987 年菲國憲法，總統當選為相對多數制。1992 年羅慕斯獲得 23.6% 的選票，可說是「少數總統」。這次艾斯特拉達的得票率也未達半數，仍是「少數總統」，不過其民意基礎顯然較羅慕斯強。菲國之所以出現「少數總統」，主要原因是小黨林立、政黨力量分散，無法出現 1946–1972 年期間國民黨與自由黨兩大黨輪替執政的模式，多頭民主政黨體制成為 1986 年以來的特點。這也許是當年社會主流的民粹思想的遺風，為了推翻馬可仕的獨裁統治，各反對勢力暫時結合，等到強人垮臺後，諸小政黨旋即各立山頭，無法統合。從這兩次總統大選來觀察，菲國仍處於政黨分化林立時期，尚未整合成全國性二至三個大黨體系。

第二節 「人民力量」迫使艾斯特拉達下臺

艾斯特拉達雖被歸類為非傳統政客，而受市井小民的歡迎，但他背後的支持力量卻是與馬可仕有密切關係的：馬可仕夫人伊美黛所領導的新社會運動黨以及馬可仕的暱友商界鉅富愛德華多·許範哥。愛德華多·許範哥在 1986 年曾隨馬可仕流亡夏威夷，後來回到菲國，並未受到任何處罰。1998 年總統大選時，愛德華多·許範哥為艾斯特拉達助選，提供競選資金，後來受艾斯特拉達總統拔擢，擔任菲國第三大公司聖米吉爾公司的董事長。該公司有政府資金，在十五位董事中，由總統任命八位，因此一般認為沒有總統的支持，他是難以當選為董事長。愛德華多·許範哥也掌控約有一千億菲幣的椰子徵收基金，艾斯特拉達在 1999 年與他談判挪用該基金的部份款項成立一個公共信託基金，以謀求椰子工業的利益，特別是椰子農民和椰子農場工人，但愛德華多·許範哥另有安排，未做成最後定案，使椰農懷疑艾斯特

拉達總統與他有暗盤交易。

　　從意識型態來看，馬可仕屬於右派，力主反共，而艾奎諾夫人政治立場左傾，主張與菲共和解，釋放共黨份子，她任內發生八起的軍事政變，多與反對她左傾立場有關。如今時空雖轉換，但艾斯特拉達因與馬可仕昔友親近，而與艾奎諾夫人為敵，明顯又有左、右派對立的態勢。艾斯特拉達上臺後，訂定一個「全國和平與發展計畫」，預定要摧毀十三處共黨游擊隊據點，到 2004 年之前再摧毀另外六十處共黨游擊隊據點。在反艾斯特拉達的多次群眾運動中竟然出現左派團體，菲共領袖施順甚至揚言要動員百萬人包圍總統府，迫使總統下臺。左派介入民粹群眾運動，使得運動趨於複雜。

　　1999 年有十家企業集團要求修改憲法，俾讓外國公司可以購買土地、擁有土地所有權，以及讓外資在菲國企業中的股權超過 40%，他們希望增加引進外資以加強菲國工業在國際上的競爭力。艾斯特拉達總統同意該項建議，因此考慮修改憲法的相關規定，允許外商公司購買菲國土地。他委任一個籌備工作小組，以研究在不影響菲國政治原則的情況下，修改 1987 年憲法中有關經濟的條款，使之更符合菲國經濟發展的需求。但艾奎諾夫人反對修憲，她提出四項理由：修憲不是迫切的；大多數人民都反對這麼做；沒有人能夠確定憲法一旦修改後，不會受到破壞；不信任獲委任進行修憲工作的人士。她和辛海美主教在 8 月 20 日舉行五萬人示威集會，反對修憲，堅決表示絕不讓馬可仕時代復僻，「這個國家將永遠是自由的，將永遠是民權革命的國家」。

一、彈劾艾斯特拉達

　　2000 年 11 月 4 日反對黨號召六萬名群眾在馬尼拉舉行反艾斯特拉達總統集會，包括前總統艾奎諾夫人、羅慕斯、現任副總統艾洛雅、參議長德利倫、眾議長維拉爾、天主教領袖辛海美，以及宗教組織和左派團體成員，示威群眾高呼要求總統下臺。艾斯特拉達則在黎薩省哈戈雷鎮召集約一萬名支持者，他從災難基金中撥出一千萬披索來救

濟受颱風災害影響的災民。反對黨眾議員於 10 月 18 日向眾議院秘書
處提出對總統的彈劾動議，指控總統貪瀆違法。司法委員會於 11 月 6
日通過針對總統涉嫌收賄及貪腐的彈劾動議正式送交眾院全院。11 月
9 日艾斯特拉達總統承認他的老友幸森曾經把一筆二億披索的款項存
進他的戶頭，該款仍原封不動，因為那是幸森堅持通過伊斯蘭教青年
獎學金基金會將錢送給他。11 月 13 日，由於眾議院共二百一十八席
中已有一百一十五人連署彈劾案，因此議長未經投票，逕自宣佈通過
彈劾建議案。按菲國憲法規定，眾議院彈劾總統動議要有三分之一議
員通過才可以提交參議院審判。由於眾院支持通過彈劾動議的議員很
多，所以並未採用投票方法，而以鼓掌歡呼的方式。

　　2000 年 12 月 7 日參議院展開對艾斯特拉達總統的彈劾審訊，由
最高法院首席大法官達維德擔任主席。在參議院外，有近三萬名支持
艾斯特拉達總統的群眾舉行大集會。菲國天主教領袖辛海美和前總統
艾奎諾夫人在上午舉行的彌撒中，再次要求艾斯特拉達總統下臺。艾
奎諾夫人和副總統艾洛雅率五百多名群眾在參議院外示威，另有七萬
多人在附近的場地示威反對艾斯特拉達總統。

　　在參議院舉行的總統彈劾案審判庭中，南怡羅戈斯省長幸森在 12
月 19 日作證時表示，艾斯特拉達總統及其家人私吞一億三千萬披索的
菸草稅，並表示總統的情婦戈梅茲及其兒子曾目睹幸森將賭博保護費
五百萬披索交給總統。

　　2001 年 1 月 17 日，參與審判庭的二十二位參議員，以十一票對
十票（一位棄權）決議停止調查總統隱匿鉅額賄款的秘密銀行帳戶，
無異是要讓艾斯特拉達脫罪。為表達不滿，來自眾院的十一名檢控官
立即宣佈辭職。

二、「人民力量」再度展現

　　當晚有數萬群眾走上街頭要求總統下臺。羅慕斯、艾奎諾夫人、
辛海美等都走上街頭抗議示威，羅慕斯則從軍營遊行到群眾集合地點，

呼籲軍警起來對付艾斯特拉達總統。1月19日數十萬人走上街頭抗議示威，要求艾斯特拉達總統下臺，菲國參謀總長雷耶斯 (Angelo Reyes) 率兩將領倒戈，國防部長麥卡度也倒戈支持副總統艾洛雅。翌日是美國新任總統小布希的就職日，菲國也在同一天透過人民革命手段迫使艾斯特拉達總統下臺，副總統艾洛雅在反對黨領袖前總統艾奎諾夫人、羅慕斯，以及國防部長和參謀總長、警察首長、樞機主教辛海美和群眾的簇擁下，在最高法院首席大法官的監督下，於午時正宣誓就任菲國第十四任總統。艾斯特拉達則在下午2時20分由夫人露易莎和四名子女陪同離開總統府，黯然下臺。離開之前，他發表作為總統的最後一份聲明：「在今天中午12時，副總統艾洛雅宣誓就任為菲律賓共和國總統，儘管和我國的許多其他法律界人士一樣，我對她宣佈成為總統的合法性表示極度的懷疑，不過，我不想成為阻止我們的民主社會恢復團結和秩序的因素。」

此一革命歷程與 1986 年艾奎諾夫人推翻馬可仕總統的方式如出一轍。菲國的「人民力量」再度展現實力，但這次不是用來對付大獨裁者，而是用來對付操守不好但親民的「窮人的朋友」——艾斯特拉達。

圖 31：艾洛雅總統

菲國自建國以來，可能除了艾奎諾夫人是清廉的之外，其餘諸位總統都涉及貪腐，即使這次上街頭反艾斯特拉達的前總統羅慕斯也有貪腐案正在法庭審理中。艾斯特拉達垮臺的關鍵因素是他讓馬可仕勢力復活，再度形成政商關係的朋黨集團，讓當年反馬可仕者難以忍受，亟思逼其下臺而後快。因此，這次人民革命可說是剷除馬可仕殘餘勢力的政變。

艾斯特拉達為奪回總統寶座，於 2 月 9 日向菲國最高法院提出申請，要求中止對他的起訴，他宣稱自己仍是合法的總統，艾洛雅只是「代理總統」，因為他並未辭職。3 月 3 日，最高法院十三名法官一致投票支持艾洛雅就任菲國總統的合法性，九名法官也投票認為艾斯特拉達失去免受刑事起訴的權利。

5 月 1 日，擁護前總統艾斯特拉達的民眾八千多人在黎明前攻擊總統府，要求恢復艾斯特拉達總統職位，遭軍警驅離，引發群眾暴動，暴民還劫掠市內的商店，在警民衝突中有四人喪生，一百三十八人受傷，百餘人被捕。菲國政府宣佈馬尼拉進入「戡亂狀態」(state of rebellion)，警方在三天中得不經法院拘票逮捕人犯。「戡亂狀態」比戒嚴低兩級。警方並逮捕了反對派領袖參議員恩里烈、前駐美大使馬西達、前警察總長拉克森、參議員洪納山等十一人，指稱他們陰謀策劃此次動亂。但因查無證據，隨後警方將這些人釋放。

第三節　頻遭訾議的第二位女總統：艾洛雅

在「人民力量」簇擁下，艾洛雅登上總統寶座，成為菲國史上第二位女總統。惟此時經濟惡化，政府預算赤字達二十八億八千萬美元，披索兌美元大幅滑落，一美元兌五十‧一八披索。社會亦頻發動亂，5 月 1 日約有八千多名反政府群眾攻擊總統府，艾洛雅總統宣佈馬尼拉進入「戡亂狀態」派出軍隊才鎮壓暴亂。艾洛雅所領導的政府是一個在合憲性上有爭議的政府，支持艾斯特拉達的民眾對此不滿，畢竟

艾斯特拉達是獲選民 39.9% 票數選出的。艾洛雅領導的弱勢政府和以前艾奎諾夫人領導的政府一樣，遭逢內部的嚴重反對。

一、2003 年軍事政變

2003 年 7 月 27 日凌晨 1 點半左右，海軍上尉特里蘭斯（Antonio Trillanes，2002 年菲律賓大學碩士論文題目為〈菲律賓海軍征召制度的貪污現象〉）率領三百二十一名年輕軍官和士兵發動兵變，他們手臂上繫著紅色臂章，上面有一個黃色太陽標記，進入馬尼拉市南方的馬卡蒂市 (Makati City) 的奧克伍德 (Oakwood) 酒店，將保安人員繳械，然後開始在酒店前面的樹上和地面安置炸彈。叛軍並挾持澳洲駐菲國大使等數人作為人質。

特里蘭斯隨後將一卷錄影帶交給 ABS-CBN 電視臺播出。內容為菲律賓軍校 1995 年度的第一名畢業生甘巴拉在大約二十名穿著軍服的同學簇擁下，宣讀一份三頁的聲明。聲明內容為：

> 1. 指責軍方高層將軍中的軍火出售給「摩洛伊斯蘭解放陣線」(Moro Islamic Liberation Front, MILF) 和共產黨游擊隊「新人民軍」及阿布沙耶夫，這使得為保護國家政府而出生入死的士兵，卻死在自己的槍彈之下。
> 2. 指控武裝部隊軍情局長科布斯 (Brig. Gen. Victor Corpus) 策劃南部納卯市一個碼頭於該年 4 月 2 日發生爆炸案，導致至少十六人喪生。政府企圖將最大伊斯蘭教叛亂組織「摩洛伊斯蘭解放陣線」列為恐怖組織，並向美國索取反恐援助。
> 3. 指控政府計畫在 8 月間在大馬尼拉區發動炸彈攻擊，隨後宣佈實行軍管，使艾洛雅能在 2004 年 6 月底任期屆滿時繼續執政。

此外，特里蘭斯對軍方委派行將退休的軍官擔任武裝部隊總參謀長，只為了讓他們感受做高官的滋味感到「荒謬」。特里蘭斯也對國防

部長雷耶斯 (Angelo Reyes) 涉及武裝部隊內部的決策強烈不滿。士兵只領取微薄的薪金過活及受爭議的房子分配政策，使特里蘭斯和其他的士兵感到不滿。軍變者也批評警察單位縱放印尼伊斯蘭教祈禱團高茲 (Fathur Rohman al-Ghozi) 從馬尼拉警局總部克藍姆營區 (Camp Crame) 越獄脫逃，顯示警察內部有問題。叛軍要求總統、國防部長和警察首長伊伯丹 (Hermogenes Ebdane) 要對貪污負責下臺。

起初軍變者挾持澳洲大使，意圖以此喚起國際注意，未多久，釋放了人質。艾洛雅總統宣佈第 427 號命令，在 27 日中午 12 時 30 分置全國於「叛亂狀態」。經過二十小時的對峙，軍變者與政府談判後，返回營區，結束軍變。

國防部長雷耶斯在聽證會上否認政府將於 8 月宣佈軍管。艾洛雅接受科布斯辭職，是她答應軍變者的條件之一。科布斯是 1970 年代赫赫有名的軍官，他叛變投向共產主義的「新人民軍」，還成為該組織的領袖之一。約十年後，科布斯重回政府的懷抱，並在艾斯特拉達於 2001 年 1 月被推翻後不久被擢升為軍情局長。

艾洛雅同時下令國家檢察官對參與兵變的三百二十一名官兵提出叛亂控告。她還宣佈成立一個獨立委員會，調查叛軍所指控的納卯市爆炸案。

二、2004 年總統及國會大選

2004 年 5 月 10 日，舉行總統大選，艾洛雅贏得六年任期，擊敗對手波爾 (Fernando Poe)。同時也舉行國會眾議員選舉、參議員期中選舉以及地方政府公職人員選舉，總共要選出眾議員二百六十二席（其中二百零九席為選區代表，五十三席為政黨比例代表）、參議員十三席、地方省縣市首長和議員一萬七千人（包含一千五百鎮、九十九市和七十九省）。約有 46% 的選民登記，人數有三千六百萬人。投票從上午 7 時至下午 3 時為止。前往投票者有二千九百萬人，約是登記投票數的 85%。

跟以前的選舉暴力一樣，這次選舉有五十二名平民、十七名候選人、二名軍人和五名警察死於與選舉有關的暴力。另有一百四十八人受傷。這次選舉較 1998 年嚴重，有七十六人死亡，上次選舉死了三十一人。民答那峨、北呂宋、米賽亞中部島嶼等地的城鎮是傳統伊斯蘭教游擊隊和共黨控制地區，因有動亂，而未能完成計票工作。

三、改革成效有限

艾洛雅總統在 2004 年 7 月 26 日對國會發表國情咨文，主旨為〈新方向：在變革的時代以民為本以及國家復興〉。她推出她的五項改革方案，以便在今後六年的任期內促進經濟增長和社會公平。這些改革方案包括增加就業機會、促進經濟增長、反腐倡廉、實現社會公正、保證基本需求、改善教育、增加青年人機會以及能源獨立和節約等。她強調，她將採取更大膽的腳步和堅定的決心將國家經濟帶入正常發展軌道，特別將逐漸增大的預算赤字降至可控制的水平，並且還要應對其他重要的社會和政治問題。

艾洛雅總統向國會表明將增加對富人、菸酒和石油產品及電信公司的稅收，同時開源節流，以減少政府預算赤字。但遭到國會議員反對。艾洛雅總統將親自主持打擊貪污腐敗的行動。她本人還將兼任由她親自成立由十一人組成的「總統價值觀形成委員會」，以整頓政府官僚主義，建立良好的道德觀。惟她被批評是菲國史上最貪污的總統之一。

四、屈服於伊拉克反抗軍之壓力

2001 年「九一一事件」後，菲律賓配合美國，派遣人道主義救援隊至伊拉克。2004 年，菲國卡車司機克魯斯遭伊拉克反抗軍綁架，該伊拉克反抗軍要求菲國從伊拉克撤軍。艾洛雅總統於該年 7 月提前從伊拉克撤軍以營救克魯斯，並且還向伊拉克綁架份子支付了六百萬美元，以換取伊拉克武裝份子釋放克魯斯。由於菲國南部穆斯林叛軍有

外國背景，所以艾洛雅必須對伊拉克恐怖份子讓步，撤退駐伊拉克人道主義救援隊。

美國和澳洲譴責菲國政府之作法，認為會助長恐怖份子的氣焰。美國國務卿鮑威爾在接受阿拉伯語衛星電視臺採訪時暗示說，美國不再將菲律賓作為「自願聯盟」的一員。但菲國政府說，應以更寬大的心來看待此事，因為菲國有一百萬工人分散在中東國家，其中四千名工人在伊拉克工作，而原先派駐在伊拉克的人道救援隊有一百人，菲國重視的是工人的生命安全。在發生綁架菲國工人事件後，人道救援隊的人數已減少到五十一人。

五、運作修憲

艾洛雅總統在 7 月 26 日要求國會於明年開始修憲過程，將該國政體從總統制改為議會制，以有助於緩和國家貧困問題。反對政體改革的人士認為，經濟重組和嚴重貪污才是應該優先處理的問題，他們認為議會制度需要強大的政黨恰當運作，這是菲律賓以個人為主的政治明顯欠缺的。

但是，艾洛雅和她的支持者說，議會政體將能使在現有兩院政制下沒完沒了的爭辯所造成的政治停滯，得以終結，並讓厭倦受控於馬尼拉的地方政府享有更大權力。

2005 年 6 月初反對黨公佈一捲錄音帶，指稱艾洛雅總統在去年 5 月總統大選前曾致電選舉委員會主任，要求讓她以一百萬票的差距勝過競選對手波爾，起初艾洛雅反駁該捲錄音帶的可靠性，指稱其為偽造。菲國參議院亦據此舉行公聽會，由前總統艾斯特拉達的兒子參議員荷西·艾斯特拉達 (Jose Estrada) 所推動。出席聽證會的反對黨份子指控，艾洛雅的先生和兒子收受非法賭博的分紅。反對黨數度發動群眾要求艾洛雅下臺，但支持艾洛雅者亦舉行類似的示威遊行。6 月底，在輿論的壓力下，艾洛雅公開承認她曾致電選委會官員，但並無要求其票數要贏超過一百萬張。結果引起軒然大波，反對黨認為總統此舉

證實了他們的指控，遂更要求艾洛雅下臺。

　　7 月初，艾洛雅的先生為了暫避風頭，離開菲國，企圖緩和人民對艾洛雅家庭的批評。7 月 7 日，艾洛雅表示菲國政治體系需要基本改變，將朝議會制修改。7 月 8 日，在財政部長布里斯馬策動下，十名內閣閣員集體請辭，並在記者會上表示，艾洛雅總統在去年大選中涉嫌舞弊的指控，已使她喪失領導能力，以此逼迫艾洛雅下臺。前總統艾奎諾夫人亦發表聲明，呼籲艾洛雅儘快做出「終極犧牲」，以免國家陷入混亂。參議院主席德里龍 (Franklin Drilon) 是自由黨黨魁，在 7 月 8 日脫離艾洛雅的執政聯盟，他的自由黨在眾議院中擁有三十四席。三軍參謀總長亞布上將表示，軍方保持中立。天主教會則反對讓艾洛雅下臺。馬卡蒂商社的商界鉅子呼籲艾洛雅下臺，以順應民意與維護國家安全。艾洛雅在 8 日傍晚發表錄影談話，表示願意接受彈劾調查，並稱在未受調查的情況下下臺，對國家有害無益。

　　7 月 12 日，有四萬多人聚集在大馬尼拉市馬卡蒂示威，要求艾洛雅下臺。

　　前總統羅慕斯主張修憲，改採議會制，在明年修憲前，艾洛雅仍擔任看守總統。國會有十七個政黨提出建議，要求將總統制改為議會制，眾議院主席維尼西亞 (Jose de Venecia) 在 7 月 12 日表示，此為替代艾洛雅下臺的方案，他說艾洛雅將在 7 月 25 日到國會兩院致國情報告，隨後就會啟動在眾議院提出修憲動議。

　　2006 年 8 月底，「菲律賓地方政府聯盟」及「人民吶喊」兩個組織收集到八百五十萬個選民簽名交予選舉委員會檢視，希望啟動人民創制權，透過公民投票達成修憲目的。但選舉委員會以菲律賓尚無相關權能與法規為由，拒絕受理請願，於是該二組織一狀告上最高法院。10 月 26 日，菲律賓最高法院以八比七的票數，駁回由「菲律賓地方政府聯盟」及「人民吶喊」等組織發動人民創制權尋求修憲的請願，最高法院在一份長達五十二頁的判決書中說，人民創制權修憲運動的終極目標之一是改變政府體制，但這必須經過修正憲法的程序來完成，

人民創制權修憲只能增補憲法，因此若容許人民創制權修憲即形同褻瀆憲法。判決書又說，人民創制權修憲運動的發起者在徵求民眾簽名時，並沒有附上一份增補憲法的草案提供參考，因此已涉及欺騙。此外，人民創制權需由人民主動發起，而不是由帶有官方色彩的地方政府組織主導。

六、反政府示威不斷

7 月 15 日，有三百多名農民團體的成員聚集在農業部大廈前示威，與警方發生衝突，有七人受傷（其中一名為警察）。他們要求給予農民和漁民更多的福利，並要求艾洛雅下臺。

7 月 16 日，有十二萬五千人在黎薩公園集會示威，支持艾洛雅總統。參加集會者大多是公務員、公立學校學生和宗教團體。前往參加的學生，是由學校安排的。無論從鄉下或城市前往馬尼拉參加示威者，每名參加者可領取一百至二千元披索不等的交通津貼。

菲國除了面對內部的改革要求外，亦受到國際的壓力。亞洲開發銀行 (ADB) 在 2004 年給予菲國二千萬美元貸款。2005 年 7 月 12 日，亞銀表示可能刪除對菲國下個三年的貸款，除非菲國加速改革，強化其金融地位。亞銀下個三年 (2005–2007) 給予菲國的貸款有十五億美元。亞銀要求菲國加速將國營電力公司 (National Power Corp.) 民營化。其次要求菲國分權化，進行司法和法律改革，對公家和私人提供有效的訴求管道。

7 月 19 日，艾洛雅總統宣佈成立真相委員會，調查反對派指她在去年總統選舉中作弊的指控，但重申不會辭職。艾洛雅在給具影響力的菲律賓天主教會的公開信中表示，她將深入調查這些指控。天主教會 7 月 10 日在一份聲明中，儘管沒有要求艾洛雅辭職，但希望她能就民間關切的問題作出正確的決定。而成立真相委員會，是天主教會提出的其中一個折衷方案，以化解目前的政治危機。眾議院少數黨領袖艾斯古德諾指出，成立真相委員會來調查對艾洛雅的指控並沒有憲法

根據。艾斯古德諾認為，沒有法令條文支持成立該委員會，它可能與國會內的彈劾控案互相衝突。菲天主教主教團前任主席卡巴拉表示，神職人員們尊重及歡迎艾洛雅的行動。

2007 年 5 月舉行眾議員選舉，區域代表選出二百一十八席，政黨名單代表制選出二十二席，共二百四十席。結果全國基督民主聯盟 (Lakas Ng Edsa, National Union of Christian Democrats) (Lakas) 獲九十席，獨立菲人黨 (Kabalikat Ng Malayang Pilipino, Kampi) 五十二席，全國人民聯盟 (National People's Coalition, NPC) 二十七席，自由黨十九席，政黨名單代表制二十二席，獨立人士三席，其他二十七席。參議員總共二十三席，全國基督民主聯盟獲四席、自由黨四席、國民黨三席，全國人民聯盟二席，獨立菲人黨一席，獨立人士一席，其他八席。有一席當選馬尼拉市長，所以少一席。

11 月 29 日，早上 10 時 30 分左右，領導 2003 年 7 月馬卡蒂市酒店流產兵變的特里蘭斯，以及於 2006 年 2 月企圖率偵騎兵撤回對政府支持的華人準將丹尼洛・林，於馬卡蒂法庭受審時，在負責看守他們、但稍後變成支持他們的士兵的護送下衝出法庭。他們在馬卡蒂市的街道上行走時，沿途呼籲民眾加入他們的行列，同時要求艾洛雅辭職。他們後來進入半島酒店，由丹尼洛・林宣讀一份聲明，要求艾洛雅辭職，並呼籲民眾支持他們及要求軍人倒戈。

在與軍警對峙將近六個小時後，以參議員特里蘭斯和華人將軍丹尼洛・林為首的約三十名軍人和他們的一些支持者，在傍晚時分步出酒店，被政府軍逮捕押送上警車，使這次事件和平落幕。

特里蘭斯為海軍上尉，2007 年 5 月期中選舉中當選為第十一名參議員。因被控叛亂罪而遭監禁，在被禁止出獄競選拉票和沒錢資助競選活動的情況下，仍憑藉他反政府、反貪污的立場當選參議員，足見選民對艾洛雅政府的不滿。

2008 年 2 月 15 日，菲律賓各界發動萬人大示威，要求被疑收取回扣的艾洛雅總統辭職。長達四個多小時的示威活動在晚上 8 點多和

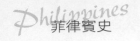

平落幕。艾洛雅的丈夫胡塞被指在菲律賓政府與中國中興通訊公司簽署的價值三億二千九百萬美元的全國寬頻網路合約交易中，涉嫌收賄和定價過高，並獲對方答應給予七千萬美元的回扣。這個指控引發反對派要求艾洛雅辭職。最早揭露全國寬頻網路交易醜聞的前眾議長維尼西亞的兒子小維尼西亞，在示威活動中發表講話，指控艾洛雅從全國寬頻網路交易中獲益。他說，中國提供用於全國寬頻網路合約的一百六十億披索貸款中，一百億披索將進入艾洛雅及其丈夫胡塞、前選舉委員會主席阿巴羅斯和總統府陰謀小集團的荷包。

2 月 19 日，領導菲律賓天主教主教團 (Catholic Bishops Conference) 的主教拉達梅奧 (Angel Lagdameo) 會見了五十名民間組織、學生團體和商界組織的代表後對記者說，把艾斯特拉達拉下臺的那一股「人民力量」是失敗的，因為接任的艾洛雅總統在調查中被人民選為貪污問題最嚴重的總統。拉達梅奧呼籲民眾可以先從政府貪污的問題著手，發動「全新的人民力量」。菲律賓天主教主教團是菲律賓主教的聯合會，成員分兩派，拉達梅奧是反艾洛雅派系的領導。馬尼拉大主教羅沙雷斯 (Gaudencio Rosales) 和南部民答那峨的主教則偏向支持艾洛雅。

2 月 25 日，在推翻前獨裁者馬可仕的人民力量革命二十二週年紀念日，反政府團體在大馬尼拉區多個地方舉行反政府示威活動，反政府團體約二萬名成員兵分三路，分別在總統府附近的孟迪奧拉橋、具歷史性意義的埃剎聖壇和一個教堂舉行示威和祈禱集會，要求艾洛雅辭職。示威活動在傍晚和平落幕。但支持艾洛雅的近一百名執政黨眾議員帶領約一萬人在馬尼拉舉行集會，出席集會的包括艾洛雅兩名當眾議員的兒子。

接著近萬名學生和激進份子於 3 月 14 日在馬尼拉舉行示威活動，要求被指涉及貪污的總統艾洛雅下臺。示威者在長達四個多小時的活動後，在晚上 8 時和平散去。5 月 1 日，近萬名勞工到菲律賓總統府附近舉行示威，要求總統艾洛雅辭職和提高工資。除了在總統府附近外，示威者也在大馬尼拉區的多個地方和全國的其他主要城市集會。

7 月 3 日，菲律賓警方宣佈挫敗新兵變陰謀，逮捕一名前眾議員和四名前軍官警官。菲國家警察總長拉森說，前眾議員阿撻沙和他的同伴，試圖從一名日本商人處勒索一千萬美元，以資助旨在推翻總統艾洛雅的顛覆行動。阿撻沙曾擔任以前兵變軍官的辯護律師。這個新兵變陰謀是前總統艾斯特拉達的律師弗頓向警方舉報揭發的。

七、批准與日本的自由貿易協議

菲國為了發展經濟，需要日本的資金和技術，在 2003 年艾洛雅與當時的日本首相小泉純一郎簽署「日菲經濟夥伴協定」。日本國會在 2007 年批准這份經過四年艱辛談判的協定。而菲國參議院在 2008 年 10 月 9 日以十六票對四票核准該項協議，這是菲律賓與外國簽署的第一份雙邊自由貿易協定，日本將豁免菲律賓大約 80% 產品的關稅，有助於菲國商品出口至日本。

八、逃過國會彈劾

艾洛雅自就任總統後，就遭指控貪污，眾議院每年都提出彈劾案，均未能通過。2008 年 12 月 3 日，眾議院經過將近八個小時的辯論和投票後，於凌晨未能通過對總統艾洛雅提出的彈劾案，使艾洛雅在今後一年內免再遭彈劾。這是艾洛雅連續第四年逃過遭彈劾的命運。一百八十三名眾議員投票支持司法委員會報告，二十一名眾議員投反對票，三人棄權。司法委員會以內容不充份為由，駁回對艾洛雅的彈劾案。該年對艾洛雅提出的彈劾控狀長達九十七頁，艾洛雅的罪狀包括：菲律賓政府與中國中興通訊公司簽署的全國寬頻網路合約、菲律賓政府與中國簽署的北部鐵路工程案涉嫌貪污，非法挪用農業部化肥資金醜聞，行賄眾議員扼殺 2007 年彈劾案等。彈劾控狀指控艾洛雅行賄、貪污、違背公眾信任及違反憲法。

九、 菲南選舉釀流血事件

　　為了 2010 年 5 月選舉的勝選，菲南爆發一宗駭人聽聞的政治謀殺案。2009 年 11 月 23 日，在菲南馬金達諾省塔古龍 (Tacurong) 鎮發生大屠殺案。主嫌犯小安帕圖安 (Andal Ampatuan, Jr.) 被指率領一百多名槍手屠殺包括記者和政治對手家人在內的五十七人。其父親馬金達諾省省長老安帕圖安 (Andal Ampatuan, Sr.) 及四名親戚也被控謀殺罪。死者包括安帕圖安家族之政敵，布盧安 (Buluan) 市副市長曼古達達圖 (Esmael Mangudadatu) 的妻子、曼古達達圖的兩個姐妹和三十一名新聞工作者、律師、助手和司機。國家警察總長維素沙下令撤換馬金達諾省的所有一千零九十二名警員，包括二十二名警局局長，以防止勢力強大的安帕圖安家族阻擾警方的調查工作。

　　安帕圖安家族是馬金達諾省最有勢力的家族，其財富高達七千七百萬美元，當中大部份是從中央政府的發展計畫撥款中積斂。多年來靠殘忍的手段和忠心的軍警，統治馬金達諾省約一百萬的人口。艾洛雅為了換取他們的支持以對付菲南的伊斯蘭教分離主義叛軍，對他們的暴力行徑予以包庇。儘管慘案爆發後軍方派出四千名軍人到當地，卻仍然無法粉碎該家族的武裝組織。

　　曼古達達圖在 2010 年 5 月 10 日競選省長獲勝，擊敗了一名安帕圖安的支持者。

第十六章
重回民主道路

第一節　積極懲貪及振興經濟的艾奎諾三世總統

一、2010 年總統及國會大選

　　2010 年 5 月 10 日，舉行中央和地方選舉，大約五千萬選民在全國一萬六千個投票站投票，選出正副總統、十二名參議員、二百二十二名地區眾議員、大約五十名政黨比例眾議員、省長和副省長各八十名、七百六十二名省議會成員、市長和副市長各一百二十名、鎮長和副鎮長各一千五百一十四名、一千三百四十六名市議員和一萬二千一百一十六名鎮議員。自由黨候選人艾奎諾三世 (Benigno Simeon "Noynoy" Cojuangco Aquino III) 擊敗另兩名主要對手——群眾力量黨候選人前總統艾斯特拉達及國民黨候選人維拉 (Manny Villar)。艾奎諾三世是已故前總統艾奎諾夫

圖 32：艾奎諾三世總統

人的獨子。1987 年，艾奎諾夫人執政期間，軍人企圖策動政變，艾奎諾三世遭襲擊，他的三個保鏢中槍身亡，他身中五槍，但大難不死，一顆子彈至今仍留在頸部未取出。

馬可仕八十歲的妻子伊美黛當選眾議員、五十二歲的獨子小斐迪南・馬可仕當選參議員、五十六歲的長女伊米當選家鄉北伊洛康諾斯省省長。馬可仕家族的勢力依然鞏固如昔。

菲律賓本屆選舉採用自動計票系統，選民在選票上候選人欄位用筆畫記，然後交由機器讀出候選人得票數，該項新選舉機器使得選民很快便獲知選舉結果，也刷新過去選舉舞弊的污名。

二、政治家族延續不墜

自菲律賓在 1946 年獨立以來，有一百九十八至二百一十個家族在控制著國家。菲律賓前總統艾斯特拉達在 2013 年 5 月當選馬尼拉市長，2016 年 5 月連任市長，他的一個兒子是參議員，另一個是眾議員，他還有一個前情婦就任市長。聖胡安市長一職一直由艾斯特拉達家人擔任，艾斯特拉達曾擔任聖胡安市長達十多年，之後由兩個兒子接任，現在的市長是艾斯特拉達的情婦，即約瑟夫・維克托的母親恩禮奎斯。約瑟夫・維克托在 2010 年 5 月 10 日的選舉中當選聖胡安市之國會眾議員。

馬可仕的妻子伊美黛在 1995 年的中期選舉中高票當選眾議員，2010 年和 2013 年 5 月再度以高票當選為眾議員，其兒子小斐迪南 (1958–) 也於 1992 年成為國會議員，六年後當選北伊洛康諾斯省省長，並任省長達九年之久，2007 年第二次競選眾議員成功，2010 年當選參議員。五十六歲的長女伊米曾任三屆眾議員，2010 年出任家鄉北伊洛康諾斯省省長。前總統艾洛雅當選眾議員，她的父親曾經擔任總統，她的同父異母姐姐曾擔任她的家鄉邦邦牙省的副省長。她的大兒子胡安也曾擔任邦邦牙省的副省長，並兩次當選眾議員。2010 年，艾洛雅與其兒子、女婿均當選眾議員。艾洛雅丈夫的弟弟伊格納西奧也連任

眾議員。副總統敏乃 (Jejomar Binay) 家族也長期在菲國金融中心城市馬卡地 (Makati) 掌權，雖然敏乃在 2016 年總統大選中敗北，但他的小女兒當選馬卡地市長，女婿當選眾議員，另外還有一個女兒是現任參議員。納卯市長杜特地 (Rodrigo Duterte) 當選 2016 年總統，他的女兒與兒子分別以壓倒性優勢當選納卯市正、副市長。政治家族是菲國政治體系之重心。

在家族競爭中最駭人聽聞的是 2009 年 11 月 23 日，在菲南馬金達諾省塔古龍鎮發生大屠殺案。主嫌犯小安帕圖安指使一百多名槍手屠殺政敵曼古達達圖的家人和記者在內的五十七人。在 2010 年 5 月的省長選舉中，安帕圖安家族落敗，當選省長的是在屠殺事件中失去妻子和兩個姐妹的曼古達達圖。安帕圖安家族已在馬金達諾省統治了十年，被視為地方軍閥，因為他們擁有一支由數千人組成的家族部隊，對反對派和選民恐嚇。

他們是艾洛雅總統密切的政治盟友。艾洛雅曾利用他們控制在南部地區的穆斯林分裂份子，並在選舉中投她的票。她利用他們遏制在南方的伊斯蘭教叛亂者。基於此一關係，艾洛雅容許安帕圖安家族保留一支二千人的軍隊及大量彈藥，其軍備比菲律賓軍警的配備更精良。但是當國際社會譴責這場屠殺時，艾洛雅被迫與他們切斷聯繫。艾洛雅下令對馬金達諾省實施了九天的戒嚴。

2010 年 3 月 29 日，菲律賓大馬尼拉奎松市區地方法院宣判，安帕圖安家族的叛亂罪不成立，其中包括族長和他的四個兒子，並裁決被拘留者無罪釋放。2011 年 6 月 9 日，菲律賓法庭下令凍結涉及政治大屠殺的安帕圖安家族的銀行帳戶和其他資產。這項為期二十天的庭令，凍結安帕圖安家族資產金額至少十億披索。

三、懲貪追贓

艾奎諾三世在上任總統的第二天，即開始檢查國庫，全面調查前總統艾洛雅的貪污濫權行為，因為艾洛雅總統任內留下破歷史紀錄的

預算赤字,菲律賓在 2010 年年初五個月的預算赤字達到一千六百二十一億披索。此外,左派團體也對艾洛雅提出貪污指控,指她涉及菲律賓政府與中國中興通訊公司簽署的全國寬頻網路協定醜聞。艾洛雅的丈夫胡塞被指在這次交易中收取巨額賄賂,艾洛雅在賄賂醜聞曝光後,宣佈取消這份協議。在 2010 年 5 月選舉中,艾洛雅當選眾議員,她在 7 月 1 日在眾議院提案修憲,準備將目前的總統制改為議會制。

2010 年 12 月 7 日,最高法院十五名法官投票,以十票支持和五票反對,宣佈艾奎諾三世總統為成立真相委員會而發出的第 1 號行政令違反憲法。最高法院指出,因為行政令把焦點集中在艾洛雅的政府,違反憲法中平等保護的條款。1987 年憲法第三章第一節規定:「每個人都應該得到法律的平等保護。」那些質疑第 1 號行政令合法性的人指出,成立真相委員會違反了平等保護條款,因為它設定要起訴的特定目標,即前總統艾洛雅的政府,仿佛貪污就是他們特有的,真相委員會要起訴的對象不應包括可能應該被起訴的其他過去和現在的政府。

2011 年 8 月 9 日,菲律賓前總統艾洛雅被指控執政九年期間掠奪國家財產和選舉舞弊,菲律賓政府把她列入「旅遊觀察名單」(即限制旅遊),為期六十天,以確保她配合該刑事調查。艾洛雅是國會眾議院議員,菲律賓政府拒絕讓她出國治病,總統艾奎諾三世說,政府願意將國外的醫生請到菲律賓來給艾洛雅看病。

菲律賓選舉委員會於 2011 年 11 月 18 日上午召開特別會議,就艾洛雅被指涉及 2007 年中期選舉的舞弊事件的調查報告進行投票,結果以五比二票批准對艾洛雅提出破壞選舉控告。她當天在聖盧克醫療中心被捕。由於當時她身體狀況不好,法官允許她暫時關押在該醫院的總統套房。艾洛雅被指在 2007 年參議員選舉期間,指使選委會及馬金達諾省地方官員竄改選舉結果,以加減票方式,讓執政黨參議員候選人獲得高票,而多名反對黨候選人則得到零票。選舉舞弊事件使得一名執政黨候選人以數千票的優勢當選,落選的反對黨候選人則提出選舉抗議,並最終抗議成功。那名當選的參議員在 2011 年 8 月主動辭職。

12 月 1 日，艾洛雅被轉移到一家政府醫院退伍軍人紀念醫療中心，繼續關押。2012 年 7 月 25 日，菲律賓法院以艾洛雅面對的破壞選舉控狀證據不夠充足為由，准許艾洛雅在提交一百萬披索保釋金後，從政府醫院回家，結束長達八個月的醫院軟禁。

此外，2011 年 12 月 29 日，菲律賓政府檢察官對艾洛雅夫婦、前交通部長門多薩和前選舉委員會主席阿巴羅斯提出貪污控告，控告艾洛雅向一家中國公司收取大筆回扣。與她一起被控的包括她丈夫胡塞、選舉委員會前主席阿巴羅斯以及前交通部長門多薩。控狀指控他們涉及菲國政府與中國電信設備製造商中興通訊公司 (ZTE Corp) 簽訂的全國寬頻光纜網路合同，獲取大筆回扣。菲律賓政府在 2007 年 4 月 21 日在海南省與中興通訊公司簽署全國寬頻網路合約，當時前往博鼇出席博鼇亞洲論壇的艾洛雅，在海口美蘭國際機場貴賓室親自見證合約簽署儀式。艾洛雅於 2007 年 10 月在輿論壓力下，取消了有關合同。中興通訊公司顧問馬德里阿加於 2008 年的參議院聽證會上供證說，合同的原本數額是一億三千萬美元，但因支付回扣，公司最後把合同總額抬高到三億二千九百萬美元。經濟策劃部長內里也供證說，阿巴羅斯為爭取合同獲得批准而向他行賄。另一名證人則揭露，胡塞得到將獲得七千萬美元回扣的承諾。

2012 年 7 月 16 日，菲律賓監察署 (Ombudsman) 對前總統艾洛雅提出掠奪控告，指她和另外九名前政府官員在任內濫用三億六千五百萬披索菲律賓慈善馬票署的資金。監察署指他們從 2008 年 1 月至 2010 年 6 月串謀非法領取和聚斂該筆彩票基金 (lottery funds)，其中超過一半是在 2010 年上半年提取的。2010 年是選舉年，艾洛雅政府被指把這筆錢用於選舉，艾洛雅的任期在 2010 年 6 月 30 日屆滿。控狀指艾洛雅等人把慈善馬票署的經營預算資金挪到其機密和情報資金中，那可以在受到最小限制的情況下隨時提取。艾洛雅的共同被告、前慈善馬票署總經理烏利亞特被指八次寫信給艾洛雅，尋求她批准慈善馬票署使用那筆情報資金，幫助他們進行情報活動。

2011 年 12 月 12 日，菲律賓眾議院通過議案，彈劾艾洛雅的盟友、最高法院首席大法官科羅納。艾洛雅是在 2010 年 6 月卸任前，委任科羅納為首席大法官。艾洛雅下臺後，最高法院三番四次阻撓政府起訴涉嫌貪污的艾洛雅。12 月 13 日，被指在 2007 年協助菲律賓前總統艾洛雅在參加議院選舉中舞弊的菲律賓前任選舉委員會主席阿巴羅斯被逮捕。

12 月 12 日，二名眾議員把五十七頁的彈劾書送交參議院，參議院在 14 日召集成立彈劾法庭，身穿猩紅司法長袍的參議院議長恩里烈和另外二十二名參議員分別宣誓成為彈劾法庭法官。參議院多數黨領袖索托提議彈劾書提交給彈劾法庭，所有參議員都沒有異議。恩里烈隨後宣佈將於明年 1 月 16 日下午二時開始審理彈劾案。目前，有十二名大法官是由艾洛雅委任的，其餘三人則是由艾奎諾三世委任。

科羅納與有三百萬信徒的基督堂教會 (Iglesia ni Cristo) 關係良好，科羅納遭彈劾後，該教會就開始放話譴責艾奎諾三世。2012 年 1 月，艾奎諾三世又開除了基督堂教會的信徒、全國調查局局長加特杜拉。加特杜拉被指在下屬綁架一名日本女子的案子中包庇下屬。因此，2 月 28 日，至少有六十萬人從各地湧入馬尼拉，舉行反政府示威。另外在艾奎諾三世家鄉打拉省的活動有四十萬人參加，在中部港口城市宿霧的活動也有七千人參加。

2012 年 5 月 29 日，菲律賓參議院投票，以壓倒性比數決定將最高法院首席大法官科羅納褫職，使他成為菲律賓歷史上首位遭彈劾下臺的首席大法官。這也是艾奎諾三世政府反貪運動的一大勝利。二十三位參議員經過將近四小時投票和解釋，在傍晚六時左右以二十比三票，遠超規定所需的三分之二票數將科羅納定罪。其罪名是指科羅納未如實申報他的資產。根據判決，科羅納將立即下臺，並且不能再受委或當選任何公職。科羅納在 5 月 25 日親自作證期間承認擁有二百四十萬美元和八千萬披索的存款，這些大部份都沒有在他的資產負債和淨資產報表中申報。科羅納的報表中只顯示他擁有二百三十萬披索現金。

　　科羅納對外宣稱他之所以被彈劾，是因為大理院（最高法院）一致決把路易西達莊園——屬於艾奎諾三世總統之家族的六千四百五十六公頃甘蔗園——分給根據土改方案而聲索幾十年的農民租戶，以此得罪艾奎諾三世總統。

　　2013 年 9 月 27 日，參議員銀敖那承認在前首席大法官科羅納被罷免一年之後，參議員晶貴・伊斯逻拉揭發國會議員在科羅納被定罪之前，收到了優先發展援助金或政治分肥金五千萬披索，但總統府否認此事。

　　菲國政府追贓的另一對象是馬可仕家族。菲律賓當局在 1987 年起訴菲律賓前總統馬可仕的遺孀伊美黛，菲特別反貪污法庭於 2011 年 4 月裁決伊美黛須歸還私吞政府糧食機構的一千二百萬披索公款，並限她在三十天內還錢，否則就得列出抵消這筆錢的物業和資產。不過馬可仕家族並沒有遵從判決。10 月 29 日菲律賓政府宣佈，將沒收前第一夫人伊美黛・馬可仕名下的三個房地產，作為她在約三十年前挪用公款的補償。這三個房地產市價合計為四千三百八十萬披索，相當於一百一十萬美元。馬可仕在 1965 至 1986 年任總統期間，他和家族涉嫌與同黨聚斂了約一百億美元。他在 1986 年被推翻後，全家逃到美國。當局成立總統委員會，要追回被這個家族侵吞的國家財產。到目前為止，當局已經確認了約六十五億美元，並取回了約二十億美元的現金和資產。

四、取消政治分肥

　　菲律賓國會議員可依法獲得政府撥款的優先發展援助金，或俗稱政治分肥，每名眾議員可獲得七千萬披索，每名參議員可獲得二億披索。這筆錢的一半是分配給硬體基礎建設項目，另一半則必須分配給「軟性」項目，例如獎學金方案、貧困病患的醫療援助方案以及生計支援方案。國會議員可使用這一筆錢在地方建設上，須憑單據報銷。但 2013 年遭人舉發，有許多議員將這些優先發展援助金透過非政府組

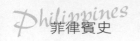

織運作，用在「幽靈」的建設項目上，實際上是沒有建設支出。而每位國會議員透過這類非政府組織，即可獲得 40% 至 60% 回扣。2013 年 9 月 5 日之前幾年的總撥款法和甚至 2013 年的總撥款法有條文規定允許資金轉移給民間社會組織、非政府組織，以及公共組織，視具體情況而定。允許非政府組織參與政府項目執行的慣例是在 2007 年首次被引進，當時教育部的預算中插入一條特別規定「鼓勵非政府組織參與建設教學樓」。同時也規定這類非政府組織必須是合法，及向政府報稅。

據菲國政府調查，有可疑交易的四十四家非政府組織被列入黑名單，其中有八家基金會據稱是珍妮特・林・那布禮斯 (Janet Lim-Napoles) 創辦的。由官方機構將這類優先發展援助金撥給非政府組織，例如技術資源中心 (TRC) 將五億披索的優先發展援助金分發給非政府組織，農業部所屬的國家農業企業公司 (Nabcor) 向十四家非政府組織提供了四億披索的資金，這些資金都未完成清算程序。

2013 年 10 月 19 日，大理院發出暫停撥款令，禁止發放 2013 年預算案中餘下的政治分肥金。大理院裁決宣稱優先發展援助金或政治分肥金違憲。

審計署的小組審查 2007 年至 2009 年的政治分肥金項目時發現政治分肥金貪污情況如下：七百九十八億七千八百萬披索的政治分肥金被白白浪費，其中六十一億五千六百萬披索進入了八十二個假的非政府組織的口袋，該八十二個假非政府組織是一百八十八名國會議員為七百七十二項假的項目而推薦的執行機構。那些假項目涉及假的受益人、假收據和報告。

2015 年，菲律賓國家調查局向監察署提交第三批政府優先發展援助資金貪污弊案涉案者名單，參議員洪納山、內閣部長維慈蕊描等九位現任及卸任議員因涉貪被提起犯罪指控。這些人把優先發展援助金撥付給女商人那布禮斯虛設的基金會，並從中收取回扣，因而涉嫌侵吞公款、貪污、行賄、受賄等罪名。議員們涉嫌從那布禮斯之非政府

機構所使用的總金額中抽取 40% 至 60% 的回扣。被告據稱利用以下
執行機構輸送他們的政治分肥金到假的基金會：技術資源中心、國家
民生發展公司 (NLDC) 和國家農業企業公司。

　　除了國會議員有優先發展援助資金，總統亦有「總統社會基金」，
該基金是 1998 年成立的機構，提供額外的援助給予有需要的人，例如
殉職軍人的家屬。但未傳有不法情事。

五、菲海外工作人口比例高達 10%

　　菲國長期動亂及經濟不振，導致有高達九百萬菲律賓人在海外工
作，佔總人口 10%。菲國有超過四分之一的人生活在貧窮線以下，另
有一半人口隨時可能陷入貧困。菲律賓的中產階級只佔總人口約15%。
根據菲律賓海外就業管理局 (POEA) 的初步數據，2015 年到海外就業
的菲律賓人達到一百八十萬。這些人大多數的職業是家庭幫傭、勞工
或水手，也有不少人在西方國家從事專業工作。如此多的海外菲人，
對菲國經濟有正面貢獻，在海外工作的菲律賓人 2009 年匯回家的款項
比前一年多了 5.6%，達到一百七十三億美元，佔國內生產總值的
10.8%。2014 年海外匯款有二百四十六‧三億美元，2015 年為二百五
十七‧八億美元。

　　菲律賓外國匯款最大的來源是美國、沙烏地阿拉伯、阿聯大公國、
新加坡、香港、英國、加拿大、日本和卡達。

六、計畫實施節育法

　　菲律賓是以信仰天主教為主的國家，全國有 80% 的人信仰天主
教。而天主教是反對節育的，早期聯合國在菲國推行節育政策，都以
失敗告終。菲國 2010–2015 年出生率達 1.72%，2014 年 7 月 27 日，菲
國人口突破一億，對於激增的人口數，菲國曾在 2010 年 12 月做過一
次民調，儘管受到當地天主教會強烈反對，有七成的菲律賓人支持國
會通過一項有關人工避孕的法案。

菲律賓國會經過多年的努力，終於在 2012 年 12 月 18 日通過生育健康法，共和國第 10354 號法，或稱為《責任父母與生育健康國家政策法》。艾奎諾三世總統於 12 月 21 日簽署該法案成為法律。該法律規定政府健康中心分發免費避孕套和避孕藥，讓國內上千萬名窮人受益；強制性規定學校進行性教育，公共醫療員工接受計畫生育培訓，而且墮胎後醫療服務被合法化。反對者辯稱該法案在許多層面上都是違憲的，包括維護家庭聖潔和保證宗教自由。該法本應在 2013 年 3 月 31 日正式實施，但反對者投訴法院，大理院於 3 月 19 日頒佈維持原狀令，阻止實施生育健康法一百二十天。大理院之所以叫停該法的執行，主要目的在讓法官聽審來自教會支持的團體提出的十五條正式請願。大理院於 7 月 16 日再度延長了凍結維持原狀令之效力。

大理院在 2014 年 4 月 7 日不顧十多個由教會支持的團體所提出的請願書，終於通過贊成《生育健康法》合憲。聯合國對此表示歡迎，認為它確保所有人可獲得生育保健。

七、艾奎諾家族終於將土地分給佃農

艾奎諾夫人擔任總統時，最大的成就之一就是在 1988 年 6 月 10 日簽署《綜合土地改革法》，贏得菲人的讚揚，但該法規定，地主可決定分給佃農土地或股份。也就是地主可將大規模農場改組為農業公司，佃農可取得公司股份，而不必分土地給佃農。此一規定被批評為規避土地改革。艾奎諾夫人總統及其家族擁有面積達六千四百五十六公頃的路易西達莊園蔗田，1989 年 10 月 14 日，在路易西達莊園的六千多名工人舉行公投，以決定取得土地的方式，結果有五千一百一十七人贊成以分發股票以及一整套利惠的方式（包括醫療、貸款與生活津貼）執行土改，有一百三十二人贊成分配土地。土改部同意此一土改計畫，政府將分三十年分期償還地價給許範哥家族。

2000 年 12 月初，菲政府土改部下令調查艾奎諾夫人的路易西達莊園是否符合種植園〈股權分配選擇計畫〉(stock distribution option,

SDO)，按該計畫將把農地股權分配給以前的佃農。土改部長摩拉爾斯說，地主利用該方法逃避將土地持份移轉給農民，導致農村不安。原先路易西達莊園土地有六千四百五十六公頃，但現在已減少到四千九百一十五公頃，因為艾奎諾夫人的哥哥荷西・許範哥 (Jose Cojuangco) 已將其他土地改為工業用地、高爾夫球場和購物中心。目前該農莊仍有六千多名農民，但只有 20% 為固定雇用，其餘為打零工。不滿的農民組織團體，要求重分配土地。但土改部下令調查該農莊農民不滿情事，被認為是政府在打壓艾奎諾夫人，因為她正積極發動反艾斯特拉達總統的群眾運動。

路易西達莊園想分土地的佃農，告到法院，2011 年 11 月 24 日菲律賓最高法院下令總統艾奎諾三世母親的家族，把擁有的路易西達莊園的四千九百一十五公頃土地分配給六千二百九十六名農民，並支付十三・三億披索給農民；這筆錢相當於過去出售農地的收入，因為一些農地已經建成住宅區。總統發言人陳顯達表示，艾奎諾三世不應該被牽涉進路易西達莊園爭議中，因為艾奎諾三世在 2010 年當選總統的一個月後，已把他在莊園的 1% 股份轉手。

八、積極振興經濟

菲律賓經濟發展之狀況，可從其國內生產毛額成長率的變動看出來，2011 年的國內生產總值增長率為 3.1%，2012 年為 6.7%，2013 年高達 7.1%，應是近年最佳成績。2014 年為 6.1%，2015 年再下滑至 5.8%。人均所得 2013 年為六千六百美元，2014 年為七千美元，2015 年為七千五百美元。2015 年國內生產毛額的產業別，農業僅佔 10.7%，工業為 31.6%，服務業為 57.6%。菲國經濟整體表現，被認為僅次於中國，是東亞地區成長率快速增長的國家。在人口結構上，菲國擁有東亞地區最為年輕、充足的勞動力。菲國之所以在近年經濟好轉，要歸功於總統艾奎諾三世積極懲治貪污，法令透明，頒佈許多有利外商投資的法令，例如修改銀行法，允許外商銀行可到菲國設立分行，修改

沿海航行法，允許外商航運公司船隻可以招攬群島內的進出口貨物，通過《反托拉斯法》(anti-trust)，通過海關關稅與現代化法，以迎合國際標準，使外商放心至菲國投資。

另一個原因是政府積極推動經濟發展策略，例如，2016 年國家預算中，政府分配三十一·四億披索的國家預算，以激勵國內的製造業項目。這筆預算，三·九二億披索將用於在全國各地建立一百六十八個企業 (Negosyo) 中心，為中小企業服務。新的企業中心，預計將使一萬六千八百家公司受益。七·八億元將通過科技部小企業技術升級計畫，為二千一百五十家公司提供技術和創新幫助。政府還配發十九·七億披索用於電氣化計畫，其中約十八億披索將為三千一百五十九個社區引進能源，一·六九億披索將幫助五千四百戶家庭通電。菲律賓將通過工商部的製造業復興計畫 (MRP)，重建現有產業的能力，加強新產業，並保持比較有優勢的產業的競爭力。該計畫還尋求建立在以農業為主的製造業創業企業，並通過產品開發、增加附加值，支持小農戶和農業合作社，以市場營銷和融資目的，整合成大型的企業。儘管經濟發展朝正面進展，但菲國還存在著貧富懸殊、收入不公平分配、就業機會不足、失業率高達 6.5% (2015)、經濟成果為少數富人寡佔、貧窮線下人口比例仍高達 25.2% (2012)，等問題仍有待克服。

九、發展博彩業

新加坡為了因應 2001 年經濟衰退，採取幾項策略。一是在新國設立賭館；二是積極吸引高科技人才；三是透過淡馬錫控股公司在海外進行購併。新加坡發展博彩業有成，在經濟衰退中顯得一枝獨秀，對菲國是一個啟示，因此菲律賓政府起而效尤，大力發展博彩業，力圖將馬尼拉發展成「東南亞的拉斯維加斯」。菲律賓政府在 2008 年和 2009 年頒發了四家賭博業執照。每一家獲得執照的博彩業開發商都同意，將在未來五年內投資菲律賓十億美元。

菲國政府在馬尼拉灣填海建造約八平方公里的賭博區「娛樂城」，

新濠博亞娛樂公司和菲律賓當地大企業 SM 集團在該地建造造價十億美元的「夢之城」，已於 2015 年 1 月開業。緊鄰它的是造價十二億美元的晨麗賭場度假村。不遠處，靠近馬尼拉機場的是達富來國際集團經營的馬尼拉名勝世界度假村。「夢之城」就有六棟酒店大廈，有三百八十張賭桌、一千七百臺吃角子老虎機以及一千七百臺電子桌上遊戲機。「娛樂城」預計將開設第二個名勝世界設施，由雲頂香港公司與菲律賓當地企業聯盟全球集團公司合作開發。此外，日本環球娛樂公司還將與旗下子公司聯合開發一個大賭場。據菲律賓娛樂博彩公司說，2014 年賭場收入已增至二十五億美元，增幅達 16%，令人樂觀。該公司希望賭場總收入到 2020 年能增至七十億美元。由於最近中國政府打貪嚴厲，澳門博彩業不景氣，菲律賓想趁機取代澳門。

　　孟加拉央行在紐約聯邦儲備銀行的一個帳戶於 2016 年 2 月遭入侵，被竊走了八千一百萬美元，失竊巨款流入菲律賓，因此，世界銀行要求菲律賓必須確保將賭場納入反洗錢法的適用範圍內。

十、記者生命未受保障

　　國際記者聯盟在 2016 年 1 月發佈最新報告，過去二十五年全球至少有二千二百九十七名記者和媒體工作者遇害，喪命的原因是為了向全球報導有關戰爭、革命、犯罪以及貪污事件的消息，且加害者通常未受到懲罰。國際記者聯盟說，在過去二十五年內，菲律賓共有一百四十六名記者遇害。在 2015 年共有九名記者被殺，其中三人是在 8 月的前後十天內連續遇害。據報在這些襲擊中，只拘捕到一名嫌犯。菲國通訊部長科洛馬認為國際記者聯盟的「高遇害記者數字」紀錄，主要是 2009 年的馬金達諾省屠殺事件。在當年的屠殺事件中，共有五十七人死亡，其中三十四人是記者。

　　根據「國際新聞安全協會」(INSI) 網站，2015 年媒體從業人員遇害人數排行，菲律賓以六人高居全球第五名。該年 11 月又有一名廣播電臺記者遇害。

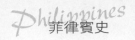

十一、菲國和美國強化軍事關係

　　菲律賓曾是美國殖民地，兩國長期維持軍事同盟關係，但菲律賓憲法禁止外國軍隊在菲國設立軍事基地。1991 年，菲律賓參議院投票關閉在菲美軍基地，兩國在 1998 年又簽署〈訪問部隊協議〉，允許美國軍隊至菲國舉行聯合軍事演習。自 2002 年開始，美國以「反恐」為名陸續向菲南部派駐數百名海軍陸戰隊士兵。艾奎諾三世政府上臺以來，美軍更是以參加聯合軍演名義頻繁進出菲律賓，以輪換駐紮的方式大幅擴大在菲軍事存在。2014 年 4 月 28 日，菲律賓國防部長牙斯敏與美國駐菲大使戈德堡在馬尼拉簽署為期十年的菲美〈加強防務合作協議〉(Enhanced Defense Cooperation Agreement, EDCA)，准許美軍使用菲國軍事基地、在菲興建軍事設施以及在菲存放、部署武器。這份協議在菲律賓國內引發巨大反對聲浪，菲律賓前參議員沙義薩、陳迎達和現任眾議員科爾蒙納雷斯等人向菲律賓最高法院提交訴狀，指控菲美〈加強防務合作協議〉違憲。菲律賓參議院曾通過決議並通知菲最高法院，主張菲美〈加強防務合作協議〉應以「協定」形式提交到參議院，由至少三分之二參議員投票贊成方可通過。菲律賓最高法院在 2016 年 1 月 12 日以十票贊成、四票反對、一票棄權裁定備受爭議的菲美〈加強防務合作協議〉符合憲法規定，從而為美軍更大規模進駐菲律賓打開方便之門。最高法院認為，該協議是原有的菲美〈訪問部隊協議〉的執行細則，屬於延伸條款，「是行政協議，而非協定」，因而無需國會批准。根據菲憲法規定，除非經過國會批准，菲律賓不得允許外國軍隊、軍事基地或者設施在菲存在。菲政府考慮把北呂宋地區的克拉克、蘇比克灣、麥獅獅堡等軍事基地開放給美國軍隊使用，在這些菲國軍事基地內為美國軍隊提供駐地。

十二、菲南蘇祿軍索討沙巴領土

　　自稱是蘇祿蘇丹王國三名繼承人之一的拉傑穆達，於 2013 年 2 月

12 日凌晨率領三百人之眾，從菲國西南隅的塔威塔威群島，乘船前往馬來西亞的沙巴州拿篤鎮擔必善，其中還包括七名婦女。他們自稱為「蘇祿王朝皇家軍隊」，年齡約在二十至六十歲之間，身穿黑色和灰色的軍服，配備 M16 萊福槍，M14 榴彈發射器和 Colt 45 手槍。他們向馬國提出兩項要求，即承認該軍隊的地位及勿把蘇祿子民遣返菲律賓。這批人屬於蘇祿蘇丹賈馬俞・基南追隨者，他們主張沙巴屬於蘇祿蘇丹所有，早期為英國不當兼併。1658 年，蘇祿王朝協助汶萊王朝平定內戰，為感謝蘇祿王朝的協助，汶萊王朝把沙巴割讓給蘇祿蘇丹。1878 年 1 月 22 日，蘇祿蘇丹迦瑪魯爾阿連 (Sultan Jamalul Allam) 和奧匈帝國 (Austro-Hungarian Empire) 駐香港領事歐佛貝克 (Baron von Overbeck) 簽約，將其在北婆羅洲的權利讓給歐佛貝克，亦封給他「山打根酋長首相與拉慈」(Datu Bendahara and Rajah of Sandakan) 的頭銜。當時每年付給蘇祿蘇丹租金一千六百美元。1882 年該土地轉讓給英國人的北婆羅洲公司所有，1888 年北婆羅洲成為英國保護地。菲律賓政府在 1962 年向馬來亞提出沙巴領土主權問題，認為當年蘇祿蘇丹和歐佛貝克簽的約是屬於租約，並非割讓條約，所以主權還是屬於蘇祿蘇丹所有。馬來西亞政府以後每年支付蘇祿蘇丹的後人租金五千三百令吉（一千六百美元）。

菲律賓政府為了和平解決此一問題，曾在 2 月 26 日派遣船隻到沙巴，準備接回這批蘇祿軍，但不為蘇祿軍接受。3 月 1 日，馬國軍警與這批蘇祿軍發生槍戰，導致十四人死亡，其中十二人為蘇祿軍，兩人為馬來西亞警察。馬來西亞警方曾試圖勸退蘇祿武裝份子，但談判宣告失敗。3 月 7 日晨馬方出動三架 F/A–18D 戰鬥轟炸機和五架鷹式教練機，對約一百名武裝份子佔據的村莊發動猛烈攻擊。隨後，特警部隊發動地面進攻，8 日馬國政府軍繼續出動多架直升機投放軍警人員到周邊地區，擴大搜索行動。殘餘的蘇祿軍逃回菲律賓。在這場衝突中，有五十四名蘇祿軍死亡，馬國軍警死八人、傷五人，馬國政府逮捕涉嫌的一百二十名與蘇祿軍關連人士。

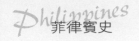

歸納造成該一事件的原因有：第一，菲國索討沙巴有多年，菲國政府並非十分積極，何以在此時爆發蘇祿蘇丹以軍事武力方式索討沙巴？穆斯林自治區目前是由「摩洛伊斯蘭解放陣線」所掌控，而其訴求建立「摩洛國」一直未為菲國政府所接受，不排除該一伊斯蘭教叛軍組織教唆蘇祿蘇丹王國製造國際事端，作為未來交涉籌碼。第二，蘇祿蘇丹賈馬俞・基南住在馬尼拉的貧民區，貧病交迫，對於馬來西亞每年支付給該蘇丹王國之後人的租金五千三百令吉（約六萬九千六百披索）感到不滿，有意藉此要求增加租金。第三，馬國政府懷疑馬國反對黨從中支持該蘇祿軍，以打擊政府威信。第四，目前住在沙巴的菲律賓蘇祿人有數十萬人，蘇祿軍意圖利用此一行動，喚起沙巴之菲律賓人響應支持。馬國從一開始即採取包圍隔絕策略，使這股蘇祿軍無從擴散串連，最後成功加以殲滅。

十三、菲國控告中國

自 1995 年 8 月以來，菲律賓為了南沙群島領土問題和中國進行多次衝突，自 2012 年 4 月 8 日起雙方又在中沙群島的黃岩島發生海軍和漁政船隻對峙事件，雙方曾試圖取得一種談判性的解決方案，但沒有任何進展。菲國外交部於 2013 年 1 月 22 日交給中國駐菲律賓大使馬克卿一份包含通知和聲明的普通照會，照會內容質疑中國對包括西菲律賓海（南海）在內的整個南中國海的九段線的主張權，要求中國停止侵犯菲律賓主權和管轄權的違法活動。菲國要求中國將此一爭端依《聯合國海洋法公約》提交聯合國仲裁法庭，遭中國拒絕，菲國在當天就提交仲裁。

聯合國仲裁法庭於 2015 年 10 月 29 日做出了初步決定，受理菲、中南海訟案，仲裁庭認為其具完全管轄權之主要內容歸納有下述四類：一是關於黃岩島、赤瓜礁、華陽礁和永暑礁不能產生專屬經濟區或者大陸礁層；二是美濟礁、仁愛礁、渚碧礁、南薰礁和西門礁（包括東門礁）為低潮高地，不能產生領海、專屬經濟區或者大陸礁層；三是

中國非法干擾菲國漁民在黃岩島的傳統漁業活動及阻礙菲國船隻航行；四是中國在黃岩島和仁愛礁違反了公約下保護和保全海洋環境的義務。

聯合國仲裁法庭對於菲律賓控告中國之南海案在 2016 年 7 月 12 日做出裁決，引發兩極反應，中國和臺灣強烈反對，美國、日本、菲律賓和越南則表示贊同。該判決之主要內容摘要如下：

第一，關於中國所主張的九段線（或中華民國所主張的十一段線），仲裁庭認為「中國對『九段線』內海洋區域的資源主張歷史性權利沒有法律依據。」法官並未對九段線（或十一段線）是否違反聯合國海洋法公約之規定做出判決，而只是表示在該線內主張歷史性權利是違反公約的。換言之，無論是九段線或十一段線之劃定基本上並不違反聯合國海洋法公約。

第二，法官們主張「歷史上小規模漁民的利用南沙群島」、「日本短暫在南沙進行漁業和肥料開採」，都是短暫的使用，不能夠構成穩定的人類社群的定居。所以南沙群島不能產生延伸的海洋區域。

第三，對於黃岩島 (Scarborough) 的裁決，仲裁庭說：「菲律賓漁民（如中國漁民一樣）在黃岩島有傳統的漁業權利，而中國限制其進入該區域，從而妨礙了這些權利的行使。」該一判決跟前述否定中國在九段線內擁有歷史性權利相矛盾。

第四，南沙群島的所有高潮時高於水面的島礁（例如太平島、中業島、西月島 (West York I.)、南威島 (Spratly)、北子島、南子島）在法律上均為無法產生專屬經濟區或大陸礁層的岩礁。

法官做出上述的判決多少受到菲國代表對法官之說法的影響，該菲國代表說：「要避免對和平的威脅，有兩種途徑，一是將太平島判為岩礁，或者責成雙方，在簽署疆界協議之前，在南沙群島的任何地物不行使超過 12 海里的權利。」

這次仲裁庭之判決充滿歪曲、偏執、不公平、草率、疏於查證等缺失，完全聽從於菲律賓片面的說詞，而未能客觀中立的評斷各方之

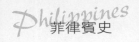

爭執。最為嚴重的是，判決本身出現自我矛盾、介入政治立場、涉及
領土歸屬以及菲國代表威脅法官之判決等問題，其實難以成為國際共
守之司法準則。

菲國除了訴諸法律行動外，亦分別與美國和日本進行軍事合作，
以強化其對南沙群島的主張。

南海仲裁案公布後，杜特地 7 月間向中國示好，強調「中國有錢，
美國沒有錢」，他要擱置仲裁，期待年內訪問中國，尋求對話解決爭議。
北京對他樂觀期待，外交部回應歡迎杜特地訪北京。但 8 月底，杜特
地向中國駐菲律賓大使趙鑒華表示，馬尼拉與北京有關南海爭議的雙
邊對話，須以南海仲裁案裁決結果為基礎。杜特地的反覆言論，將為
菲、中關係投下變數。

第二節　積極掃毒不顧人權的杜特地總統

一、2016 年總統及國會大選

菲國在 2016 年 5 月 9 日舉行總統、國會與地方選舉，參選的合法
政黨中央有八個主要政黨和六個主要地方政黨。這八大政黨如下：國
民黨、愛國人民聯盟、菲律賓人民主一人民力量黨、新社會運動、菲
律賓人民主奮鬥黨、力量─基督穆斯林民主黨、民主行動黨和國家團
結黨。六大地方政黨包括：北納卯的村民實力黨、西黑人省的聯合黑
人省聯盟、洪溪禮斯市的邦邦牙同鄉黨、仙扶西黎文地市的仙扶西加
速黨、仙道斯將軍市的正直成就運動和國都區的國家繁榮合作夥伴。

本次選舉選出總統、副總統、十二名參議員、近三百名眾議員，
以及八十一個省、一百四十四個市、一千四百九十個社以及民答那峨
島穆斯林自治區的地方政府首長和議員，共計一萬八千零六十九個公
職崗位的新人選。全菲五千四百多萬選民登記，投票率高達 81%，投
票結果，納卯市長杜特地獲得最高票當選總統，副總統仁妮‧羅布禮

道 (Leni Robredo) 第一高票，只比第二高票的小馬可仕 (Ferdinand Marcos, Jr.) 多二十幾萬票。

為防止選舉暴力，在 2016 年 1 月 10 日實施禁槍令，全菲已有四千零九十二人因違反禁槍令而被抓，警方累計沒收三千三百七十二件槍支以及三萬七千三百六十五件致命性武器。5 月 8 日至 5 月 9 日，菲律賓全國還實施禁酒令，有十二人因違反禁酒令而被警方逮捕。

二、杜特地小傳

杜特地出生於菲國中部南雷泰 (Southern Leyte) 島，其父為宿霧島達諾 (Danao) 市長，後出任納卯省省長，他五歲時其父將家遷移至納卯。他畢業於菲律賓大學政治系，1972 年獲得聖必達法學院 (San Beda College of Law) 的法律學位，同一年考上律師，也曾擔任納卯檢察官的助理。他在法學院讀書時，遭到同學嘲笑他是米賽亞人，他開槍擊傷該同學。1986 年被任命為官派納卯市副市長，1988 年當選納卯市市長，任命一名摩洛族人為副市長，廣受好評，其他城市也採用此一做法。1995 年，一名菲人在新加坡因為犯下謀殺罪被處死，杜特地號召一千人上街頭抗議，焚燒新加坡國旗。1998 年當選眾議員。2001 年再度當選納卯市市長，2004、2007 年又連續當選市長。他任市長時，曾騎重型機車巡視，隨扈高鳴警笛、帶 M16 步槍跟隨在後。他花重金興建一所勒戒所，協助煙毒犯戒除毒癮。煙毒犯願意改過自新者，發給二千披索作為生活津貼。他也到偏遠的「新人民軍」陣地，進行和平交涉。納卯市曾被評為全世界第五個安全城市。2010 年，他當選副市長，而由擔任副市長的他的女兒當選市長。羅慕斯、艾斯特拉達、艾洛雅和艾奎諾三世都曾邀他出任內政部長，均為其婉拒。2014 年 4 月，一個國際組織想提名他角逐世界市長獎，為其所拒，他說他不過是做他應做的事。美國癌症協會 (American Cancer Society) 和新加坡在 2010 年頒給他反煙獎，都遭他婉拒。他也實施公共場所從午夜一點到八點禁酒令、市內限制車速、禁煙令、禁爆竹、添購醫院救護車及警

察巡邏車、下令大賣場或大商場的出入口裝設閉路電視、頒佈婦女發展法，致力維護婦女的權利和地位。他支持節育，主張最多不超過三個小孩。他反對「新人民軍」採用武裝革命手段，但不反對他們的主張。他對同性戀抱以同情，不反對同性結婚。他喜歡閱讀間諜小說，也喜歡讀有關民答那峨的歷史書、世紀偉人傳記、經濟的書、食品安全的書及政治書籍。

他在 2014 年 9 月與其他市長和省長召開民答那峨領袖會議 (Mindanao Council of Leaders)，主要討論聯邦制政府。他是菲律賓人民主—人民力量黨的主席 (PDP-Laban, Philippine Democratic Party-People's Power)，他原先登記參選納卯市市長，後被菲律賓人民主—人民力量黨提名參選總統，於是由他女兒競選納卯市市長。

他口無遮攔，經常出言不遜，例如 2015 年 1 月，教宗方濟各 (Pope Francis) 訪問菲律賓，杜特地詛咒教宗來訪造成交通打結，引發批評，他立即致函教宗道歉，表明他不是詛咒教宗，而是批評菲國政府接待準備做得不好。

三、掃毒涉違反人權

杜特地在競選總統時就提出他的主要政見是「打擊毒品犯罪」和「反貪腐」。他在 5 月 7 日晚上競選造勢活動上再度向支持者宣示，如果當選總統，會嚴厲打擊犯罪活動，「用盡一切辦法，通過適當程序，執行菲律賓所有的法律」。他宣稱自己可能是菲律賓首位左派總統，強調自己其實是「中間偏左」的「社會主義者」。他警告貪官污吏選擇「退休」或「去死」，同時也重申支持員警使用致命武力對付罪犯的決心。關懷穆斯林與原住民，挺同性戀族群，並為他們制定「反歧視」市律。他將加快國家的基建設施翻修，

圖 33：杜特地總統

並且進行更多反腐的檢查。他承諾要在短期內解決目前猖獗的犯罪問題。面對腐敗的警察系統，他承諾要給予警察增加一倍的薪水，同時懲治任何形式的腐敗。

從他在 6 月上任以來，對於掃毒雷厲風行，有一千多人在未經法律程序遭到警察或法外組織的處決殺害，引起國際的批評，聯合國秘書長潘基文公開譴責菲國之法外殺人及動用私刑是「非法而且違反基本人權和自由」，他則批評聯合國未能處理好中東問題，造成眾多人命的傷害。

杜特地在競選時講了一件有關 1989 年他擔任納卯市長時發生監獄犯人姦殺澳洲女傳教士案件之故事，杜特地說：「雖然生氣，但她那麼漂亮，身為市長應該第一個強姦她。真是浪費。」美國駐菲律賓大使高德伯格 (Philip Goldberg) 對於此一談話有所批評，杜特地反罵高德伯格為「同性戀者」和「妓女的兒子」。此事引發他和美國政府之間的不愉快。

東協在 9 月 6 日到 8 日，在寮國永珍召開東協高峰會，杜特地在 5 日前往寮國之前的記者會上重砲抨擊美國政府及美國總統歐巴馬質疑菲國掃毒行動違反人權，情緒激動時甚至一度飆出髒話。美國白宮在 5 日隨後宣佈，歐巴馬取消原訂 6 日與杜特地的首次會晤，改見南韓總統朴槿惠。杜特地總統明顯對美國沒有好感，他已不止一次對美國作出強硬措詞的言論，包括大選時揚言與美國斷交，選後甚至還形容美國駐菲大使為「妓女的兒子」。杜特地總統除了飆罵歐巴馬與美國人權紀錄之外，也斥責國內部分專欄作家是「美國走狗」。

菲國為了化解與美國之間的歧見，在 9 月 6 日由總統發言人朗讀的一份聲明指出，杜特地總統重申珍視菲、美盟友關係，兩國在反毒、反恐與除貧等領域，擁有共同的目標。此外，他也感謝歐巴馬力挺菲律賓，在 G20 會議上重申要中國遵守國際法的重要性，並強調將繼續協助保護盟友的安全。9 月 7 日菲律賓總統杜特地和美國總統歐巴馬在晚宴前簡短交談，但未能化解疙瘩。杜特地在這次東協高峰會上會

見俄羅斯總理梅德韋傑夫，表示將尋求俄羅斯的協助。杜特地總統返國後向駐紮在菲國南部的美國特種部隊下逐客令，還宣佈考慮向中國及俄國購買武器。

杜特地因為掃毒而與美國交惡，恐非其所預料，菲美關係是否生變，猶待觀察。

第十七章
菲律賓未決的歷史遺產

第一節　邁向穆斯林自治之路

　　穆斯林叛亂問題是西班牙殖民主義在菲國造成的後果，主要原因是西班牙在十六世紀中葉殖民統治菲律賓群島時，群島本散居著穆斯林和拜物教徒，西班牙武力征剿的範圍只及於菲律賓中部和北部，因此這些地區被天主教化，至於群島南部則未被天主教化，仍維持傳統的伊斯蘭教信仰，此一歷史事件深切影響以後菲國的內政。穆斯林認為馬尼拉中央政府冷落南部穆斯林住區，國家資源分配給南部的很少，南部建設資金不足，以致遠比天主教徒住區貧窮落後；尤有進者，中北部的天主教徒源源移入南部，獲得許多原屬穆斯林的土地，穆斯林的生活愈形艱苦，乃起而要求獨立，意圖脫離天主教徒控制的中央政府，於是發生長期的流血衝突。

　　穆斯林叛軍從 1960 年代末開始有組織的進行叛亂活動。當時的領導人是在菲律賓大學擔任講師的密蘇瓦里 (Nur Ullaji Misuari)，他組織「摩洛民族解放陣線」，1976 年在利比亞斡旋下與馬可仕政府簽訂〈的黎波里 (Tripole) 協議〉，馬尼拉政府答應給予南部十三省（以後改為十四省）和九市穆斯林自治權，涵蓋地區包括民答那峨島中部及巴拉望

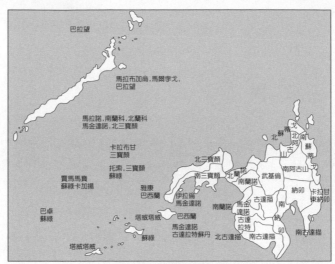

圖 34：摩洛穆斯林分佈地區

島。密蘇瓦里原先接受馬來西亞的援助，後來接受利比亞的援助。

　　1978 年摩洛民族解放陣線分裂，副主席沙拉馬特 (Salamat Hashim) 與主席密蘇瓦里意見不合，至 1980 年沙拉馬特所領導的派系正式成立「摩洛伊斯蘭解放陣線」。該組織的領袖慕拉德 (Murad) 在 1970 年代曾在沙巴受訓，從 1985 年以後，該游擊隊的軍官曾到阿富汗反抗軍接受戰鬥訓練。該叛軍組織分佈在民答那峨島的中南部七個省，獲得約一百五十萬馬金達諾族及約一百八十萬馬拉那峨族的支持。至於摩洛民族解放陣線的大本營則拘限在蘇祿群島，獲得島上約一百一十萬托索族的支持。

　　摩洛伊斯蘭解放陣線是一個比摩洛民族解放陣線更激進和危險的團體，總部設在科塔巴托市郊區約二小時車程的阿布巴卡里營區。該組織的軍隊名稱為「班格沙摩洛伊斯蘭武裝力量」(Bangsamoro Islamic Armed Forces)，人數約在十二萬，半數擁有武裝力量，主要資金是來自巴基斯坦、馬來西亞、阿富汗和中東的伊斯蘭教組織。其武器裝備日益現代化，據稱擁有數百枚俄製火箭推進的 RPG–2 槍榴彈、六座 75

公釐防空砲、美製 B40 反坦克火箭和 81 公釐迫擊砲、美製刺針防空飛彈，這些飛彈是獲自阿富汗反抗軍，原本是用來對付蘇聯的戰鬥機。

自 1986 年以來，摩洛伊斯蘭解放陣線與政府軍發生約一百多次的衝突，1994 年 12 月在北科塔巴托省，一家南韓建設公司承建一宗約二十億披索的水壩灌溉工程，其工程人員遭到該游擊隊的綁架，導致與政府軍發生衝突，政府軍十八人死亡。

1989 年菲南穆斯林要求自治，艾奎諾夫人總統因此舉行公民投票，結果蘇祿、塔威塔威、馬金達諾和南蘭諾四省穆斯林獲得自治地位。然而，上述兩個穆斯林叛軍團體不滿，要求更大程度的自治，以達成獨立的目標。

1992 年，菲國政府和摩洛民族解放陣線領袖密蘇瓦里在利比亞舉行談判，翌年 4 月在印尼舉行初步談判。10 月 26 日雙方又在印尼雅加達舉行談判，結果摩洛民族解放陣線同意放棄獨立建國的要求，願意接受自治區政府的方案，雙方並簽署臨時停火協議。1995 年 1 月 30 日菲政府與摩洛民族解放陣線簽訂正式停火協議。

印尼原定在 1994 年 6 月安排菲國政府和摩洛民族解放陣線代表在雅加達舉行第二輪和談，但因菲國在 5 月舉辦東帝汶人權問題國際會議，引起印尼不滿，威脅不再主辦和談。後來菲國做出善意的回應，拒絕讓東帝汶叛軍領袖及法國和葡萄牙兩國第一夫人至馬尼拉出席會議，印尼才答應充當和事佬。9 月 1 日在雅加達舉行第二輪菲南穆斯林問題和談。菲國政府為期真正停火，乃要求印尼派軍人至菲南監督停火，獲印尼首肯。

摩洛民族解放陣線擁有武裝力量約一萬五千人，在菲南從事游擊隊活動將近三十年，導致當地治安不良，穆斯林與天主教徒之間時生衝突。菲國政府欲以自治區方式來解決問題，但激進派穆斯林不以此為滿足，希望穆斯林住區能成為獨立國家。不過，從過去舉行的公民投票顯示，並非所有穆斯林都希望獨立建國，大多數穆斯林仍主張留在菲律賓，1989 年實施自治區的兩個省省長，在 1994 年 2 月也因經

濟困難而主張退出自治區，以取得中央政府更多的經費。由此可知，菲南穆斯林存在著矛盾，主張激進伊斯蘭主義者，希望自成一獨立國或自治區；而著重經濟發展者，則希望與馬尼拉加強關係，繼續成為菲律賓共和國的一部份。而最令人感到不解的是，菲國為關切東帝汶人權問題而召開國際會議，結果遭到印尼的不滿，認為是干涉內政的不友好舉動，而現在菲國為解決內部穆斯林叛亂問題，卻邀請印尼居間和解，甚至派監督停火官員，顯示國際事務有時也非可用常情來理解。

1996 年 3 月 1 日菲國政府首席談判代表曼紐爾‧楊 (Manuel Yan) 和摩洛民族解放陣線主席密蘇瓦里在菲南三寶顏市舉行談判。密蘇瓦里是在兩艘菲國海軍砲艦和一百四十四名摩洛民族解放陣線武裝軍人護送下抵達三寶顏市的。他要求不舉行公民投票而將民答那峨島設立穆斯林自治區，但政府代表堅持依憲法規定菲南穆斯林之自治須舉行公民投票，以致於談判破裂。

一、菲律賓政府與摩洛民族解放陣線達成和平協議

菲律賓政府於 1996 年 6 月 7 日與菲國南部最大的伊斯蘭教分離主義者摩洛民族解放陣線達成初步的和平協議，8 月 30 日在印尼總統蘇哈托的見證下，於雅加達草簽和平協議，9 月 2 日在馬尼拉由政府談判代表曼紐爾‧楊與摩洛民族解放陣線領袖密蘇瓦里簽訂正式的和平協議，使擾攘約二十六年的穆斯林叛亂問題，展露和平的曙光。摩洛民族解放陣線主席密蘇瓦里且同意放棄爭取菲南獨立的主張，而參加民答那峨穆斯林自治區行政長官之選舉，此顯示了羅慕斯總統的政治手腕獲得成功，解決了前幾任總統無法解決的棘手的穆斯林叛亂問題。

菲政府與密蘇瓦里簽訂的和平協議，主要內容包括：

1.設立菲南和平與發展理事會，由摩洛民族解放陣線監督菲南

十四省的發展計畫。

2. 理事會由八十一人組成，其中四十四人由摩洛民族解放陣線提名。

3. 理事會主席由密蘇瓦里本人或他任命的人擔任。

4. 理事會將準備於 1999 年舉行公民投票，以決定十四省是否置於伊斯蘭教自治政府之下。這十四省中穆斯林有三百萬。

5. 將部份摩洛民族解放陣線的游擊隊整編入菲律賓武裝部隊和警察。

6. 伊斯蘭教會議組織將繼續觀察菲南發展計畫的推動。

菲南摩洛族的分離主義運動，在 1960 年代末達到高峰，其幕後的支持者為馬來西亞，1970 年初改由伊朗和利比亞在幕後支持。在 1970 年代，導致約有五萬多人死於戰亂。由於摩洛分離主義者是信仰伊斯蘭教，因此獲得伊斯蘭教國家的支持，其中最大的支持來源是伊斯蘭教會議組織，彼為了維護伊斯蘭教兄弟之利益，多年來一直介入菲南伊斯蘭教事務，並對菲律賓政府施加壓力。此次菲政府與摩民解陣達成和平協議，該組織居功厥偉。印尼從中扮演調解者之角色，亦功不可沒。

就菲國政府或穆斯林分離主義者而言，達成和平協議就是勝利，但對於天主教徒而言，則認為是一項失敗，羅慕斯總統是基督教徒，天主教徒懷疑他的做法是出賣天主教徒的利益。因此，反對他簽署該和平協議的聲浪不小，1996 年 7 月 3–8 日，他前往三寶顏市、桑托斯將軍市、第波羅市視察，分別遭到八千多和一萬多名天主教徒的示威抗議，反對他簽署和平協議。有八十多名天主教主教於 7 月 8 日致函給他，信中說：「在衝突地區建立的任何和平都必然是脆弱的，而不在所有人達成共識的情況下建立的和平更為脆弱。」他們籲請羅慕斯總統推遲簽署和平協議，直至以某種方式徵求在人口中佔多數的天主教徒的意見。7 月 30 日，在三寶顏市有二萬多名天主教徒、農民、學生、

及商人舉行反羅慕斯集會，並焚燒羅慕斯及其他官員之肖像。反對政府與摩洛民族解放陣線簽署和平協議最力的是由天主教徒組成的天主教警衛團，他們經常舉行示威遊行，羅慕斯不得不在9月初下令解散該組織。此外，在南古達描省有伊拉哥運動、在巴西蘭省有伊杜曼集團、在古達拉蘇丹省有普拉漢集團等團體反對政府與摩民解陣的和議。

　　菲國政府已同意將七千五百名摩民解陣的人員納編為軍隊（有五千人）及警察人員（有二千五百人），其槍械亦將歸由軍警保管。但據稱有二千名摩民解陣份子投向摩洛伊解，摩洛伊解副主席慕拉德宣稱其陣線現在為穆斯林爭取自治的合法代言人，他認為在菲南成立「和平發展理事會」不是解決問題之途徑。該陣線原有兵力六千人，如再加上新近投靠的二千人，則一共有八千人的實力。1996年10月25日，政府軍攻擊位在巴西蘭島上的摩洛伊解的據點，造成五名伊斯蘭教叛軍喪生、十三名軍人受傷。菲政府曾提議簽訂臨時停火協議，但遭到拒絕。原因是該摩洛伊解比摩民解陣更執著於想保有其祖先世居的土地，而這些土地被天主教徒取得。由於該陣線未與政府簽署和約，將來是一個變數。

　　民答那峨穆斯林自治區是由巴西蘭（伊沙貝拉市除外）、南蘭佬、馬金達諾、蘇祿和塔威塔威等地區組成。菲國政府為實踐諾言，於1996年9月9日舉行民答那峨穆斯林自治區投票，共有選民九十萬四千人，投票率達80%，只有密蘇瓦里一人參選，結果他順利當選該自治區行政長官。另外亦選出二十一名自治區議會議員。菲國政府撥給該自治區的預算原為二十一億三千萬披索，將從1997年開始增加至三十一億披索。

圖35：民答那峨穆斯林自治區

該一自治區之人口在 2015 年達三百七十八萬人，其首府設在哥打巴托布。

二、菲律賓政府與摩洛伊斯蘭解放陣線初簽〈祖先領地協議〉

1997 年 1 月，菲政府與另一穆斯林獨運組織摩洛伊斯蘭解放陣線舉行和談。摩洛伊斯蘭解放陣線有大約一萬一千名成員，數十年來，他們一直在菲南爭取自治。11 月 14 日，菲政府與摩洛伊斯蘭解放陣線就實施雙方停火協議的細節問題簽署了協議，內容包括禁止雙方採取敵對行為，例如綁架、發動攻勢、炸彈攻擊、搶劫、突擊、伏擊、就地行刑以及其他暴行。

1999 年 10 月 25 日，菲政府和摩洛伊斯蘭解放陣線在菲南的蘇丹庫達拉鎮舉行正式和談，由於受到東帝汶在 8 月底舉行公民投票決定獨立的影響，該陣線也爭取在民答那峨島的穆斯林省分舉行東帝汶式的自決投票。

馬來西亞是菲律賓和平敵判的調解人，以結束摩洛伊解長期以來在民答那峨島進行的獨立武裝鬥爭。自從 1978 年來，當地的武裝衝突已經奪走了超過十五萬人的性命。馬來西亞帶領的和平督察組由不帶武裝的軍方和警方人員六十人組成，包括馬來西亞二十人、汶萊十人、利比亞八人、日本二人、非政府組織二十人。國際督察員首次去民答那峨島是在 2004 年，當時菲律賓政府和摩洛伊解剛在前一年首次實現停火。

在馬來西亞的斡旋下，總統艾洛雅在 2008 年 7 月 27 日派總統和談顧問埃斯佩龍 (Hermogenes Esperon Jr.) 和國家安全顧問岡薩雷斯 (Norberto Gonzales) 到吉隆坡，與摩洛伊解代表談判。雙方的和談取得突破性進展，簽署〈祖先領地協議備忘錄〉(Memorandum of Agreement on Ancestral Domain)，同意在下月初正式簽字。祖先領地是指十六世紀西班牙殖民者佔領的菲南部地區穆斯林聚居區。該協議規定在菲南設立「摩洛民族家園」(Bangsamoro homeland) 的穆斯林自治區，該自

治區政府將能全權決定土地用途、勘探和開採所有陸上和岸外天然資源的權利，以及開發礦物資源的權利。開發自然資源所獲得的 75% 收入，將由該新自治政府保留。

2008 年 8 月 4 日，菲國政府和摩洛伊解代表在馬來西亞首都吉隆坡簽署〈祖先領地協議〉，該協議擴大現有的菲律賓南部六省自治區，要設立一個稱為「摩洛民族家園」(Bangsamoro homeland) 或「祖傳領地」的穆斯林自治區，該自治區政府將能全權決定土地用途、勘探和開採所有陸上和岸外潛在能源來源的權利，以及開發礦物資源的權利，並將授權摩洛國家司法實體與其他國家簽署貿易協定、友好條約和其他國際協定，並派代表進駐東協和聯合國。該協定將七百一十二個村莊納入伊斯蘭教自治區的領土。這些村莊的居民必須在一年內舉行全民公投，唯有獲得他們的同意後，協議才會正式生效。

然而，該項協議遭到天主教徒政治人物之抗議，他們表示，政府在作出決定之前，並沒有徵詢他們的意見。同時，他們也認為，擴大伊斯蘭教地區將導致新的宗教暴力事件。許多外商公司也感到憂心。菲南北哥打巴托 (North Cotabato) 省的天主教政界人士因政府沒有公開透露協定內容，因此提出反對，向最高法院提交請願書。有鑒於此，最高法院在 8 月 5 日發出一項臨時限制令，阻止政府簽署該協議。法官們一致決定，省政府和中央政府必須在 8 月 15 日進行抗辯，而總檢察長也必須提交一份初步協議的副本。

在最高法院簽發臨時限制令的幾個小時後，摩洛伊斯蘭解放陣線成員在菲南用迫擊炮攻擊北哥打巴托省米德薩亞普鎮附近的政府駐軍，雙方爆發約半個小時激戰。迫使三百多戶居民棄家逃難，違反了 2003 年簽署的停火協議。政府軍限組織成員在二十四小時內退出在北哥打巴托省佔據的九座村落。

菲律賓外長羅慕洛 (Alberto Romulo) 與馬來西亞外長萊士雅丁 (Dato' Seri Utama Rais Yatim) 於 8 月 5 日在吉隆坡聯合召開記者會說，有關協定沒有違反菲國憲法。他將說服天主教政界人士放棄請願，

讓政府與摩洛伊解簽署初步協議，以解決菲南數十年動亂。他對這次臨時耽擱令大家失望表示歉意，他說：「我們將向最高法院提出抗辯，解釋我們必須簽署協定備忘錄的理由，有關協定是合法的。我們深信最終將能重返吉隆坡簽署備忘錄。」

面對此一突發變局，馬來西亞基於諒解，同意續派十二名維和部隊留駐民答那峨島，繼續監督雙方遵守停火協議。

但摩洛伊解首席談判代表伊克巴勒 (Mohagher Iqbal) 對於菲國政府之做法深表不滿，把這次變卦歸咎於政府內部的政治鬥爭，表示原定的簽字儀式，只是一種形式。他強調說：「摩洛伊解已自 2008 年 7 月 27 日開始執行祖傳領地協議備忘錄的條文。協定是已達成的協定，具有約束力。」但菲國政府並不承認該一未正式簽字的協議有效，強調需等候法院的審理再做最後決定。

三、烽煙不歇

一些穆斯林叛軍雖然已撤出在菲南佔領的天主教徒居住地，但另外大約八百至一千名叛軍，不但沒有在期限內撤軍，反而入侵北哥打巴托省的其他村莊。菲律賓政府軍在 2008 年 8 月 7–11 日向叛軍發動炮擊和空襲。北哥打巴托省的激戰，並沒有對菲南民答那峨島穆斯林自治區的選舉活動造成直接影響。

民答那峨島穆斯林自治區 (ARMM) 成立於 1996 年，由菲南一些穆斯林聚集的省分組成，發生軍事衝突的北哥打巴托省並不屬於該自治區。菲律賓民答那峨穆斯林自治區在 2008 年 8 月 11 日順利舉行首次全自動化計票的地方選舉，結果現任行政長官薩爾迪 (Zaldy Ampatuan) 成功連任。

菲律賓伊斯蘭教分離主義叛軍在遭受軍方的猛烈攻擊後，8 月 12 日開始撤出在菲南佔據的天主教徒居住地。這次戰爭導致有十三萬人被迫離開家園。

聯合國糧食計畫署開始運送食物給難民。菲律賓全國災難協調委

員會也設立了四十三個庇護中心，分發了四百公噸的米給受戰災影響
的村民。

　　至 8 月 13 日經過三天的猛烈炮轟後，政府軍已從叛軍手中重新奪
回所有十五名天主教徒耕種的農田，雙方的激戰暫時停歇。紅十字會
組織已能進入戰區，準備援助糧食給八萬五千多名難民。

　　但 8 月 18 日數百名穆斯林叛軍破曉前突襲菲律賓南部北蘭佬省
的三個城鎮，包括以天主教徒佔多數的科蘭布甘 (Kolambugan)、薩蘭
加尼 (Sarangani) 省的馬阿辛 (Maasim)、考斯瓦甘 (Kauswagan) 等城
鎮，他們除了焚燒民宅、縱火焚燒警方哨站和車輛外，佔據銀行和商
店，還挾持人數不明的平民為人質，造成將近一萬人棄家逃離市中心。
至少三十四個平民、三名士兵在突襲中喪命，數十人受傷。

四、菲國政府轉趨強硬

　　菲國軍隊在戰場上佔居上風後，對摩洛伊解的態度亦轉趨強硬。
8 月 20 日，副檢察總長德瓦納德拉 (Agnes Devanadera) 向最高法院說，
自從政府在 8 月初無法與摩洛伊解在吉隆坡簽署協議之後，「局勢已經
改變」，政府將與摩洛伊解進一步談判，設法解決反對派提出的問題，
政府也會同將受協議影響的社區進一步磋商。內政部長普諾 (Ronaldo
Puno) 甚至懸賞一千萬披索，給提供情報以致於逮捕布拉沃和摩洛伊
解另一名強硬派司令卡杜 (Ameril Umbra Kato) 的線人。

　　8 月 21 日，菲律賓政府進而宣佈，取消與摩洛伊斯蘭解放陣線簽
署的〈祖先領地協議備忘錄〉，要求摩洛伊解主席穆拉德・伊布拉欣投
降，以及交出違反停火協議的野戰司令布拉沃和卡杜。摩洛伊解拒絕
政府的要求。總統府女發言人法哈多 (Lorelei Fajardo) 表示，政府今後
將先同當地和全國政界人士討論，獲得支持後，才會締結和平協定。

　　不過，摩洛伊解副主席加法爾說，〈祖先領地協議備忘錄〉已簽署，
無須重新談判。

　　8 月 22 日，菲律賓總統新聞秘書杜雷札 (Jesus Dureza) 表示，不管

最高法院裁決政府同摩洛伊斯蘭解放陣線達成的和平協議是否合法，政府都不會簽署和平協議。主要的原因是該項協議是在匆促下簽訂的，而該協議同意擴大民答那峨島的穆斯林自治區，將引起勢力強大的天主教徒的抗議。

政府軍從 8 月 21 日起連續數天對南部的伊斯蘭教叛軍展開攻擊，出動飛機和大砲，導致一百多名叛軍被擊斃，二十七萬二千多名村民為躲避戰火逃離家園。至少十五個摩洛伊斯蘭解放陣線的營地被除掉。摩洛伊解領導人提出停止攻擊的要求，已遭國防部長特奧多羅 (Gilberto C. Teodoro) 拒絕，菲國軍方決心將該陣線三名鷹派領導人逮捕，才會停止戰爭。

10 月 14 日，菲律賓最高法院裁決，政府與摩洛伊斯蘭解放陣線達成的〈祖先領地協議〉違憲。最高法院在九十頁的裁決中提醒總統艾洛雅，雖然她能夠尋找所有可能的途徑實現民答那峨的和平，但她沒有權力讓政府簽訂一份可能需要修改憲法的協議，因為這必須要徵詢國會或人民的意見。

2011 年 2 月 11 日，菲律賓政府和摩洛伊斯蘭解放陣線在馬來西亞吉隆坡舉行了兩年來的首度和平會談，叛軍要求控制民答那峨三至四成地區，以及獲取開發當地自然資源所得的 75% 收入。

由於菲律賓最大的伊斯蘭教武裝組織摩洛伊斯蘭解放陣線與政府談判，放棄建立伊斯蘭教國，以取得自治地位，對此感到不滿的卡杜在 2011 年 8 月另外組織「摩洛民族伊斯蘭自由戰士」(Bangsamoro Islamic Freedom Fighters)，卡杜的基地設在馬金達諾省達都恩賽市的郊外山區，約有二百名支持者。卡杜在 1970 年代末和 1980 年代初曾在沙烏地阿拉伯回教大學念書。菲律賓最高法院在 2008 年 8 月推翻讓摩洛伊解在南部廣大地區建立自治區的和平協議草案後，卡杜和另一名強硬叛軍份子在民答那峨島北哥打巴托省的農村縱火和殺害農民，進行大規模的襲擊行動，導致約四百人喪命，另七十五萬人流離失所，成為警方的通緝犯。該一組織為了爭奪地盤，而與摩洛伊斯蘭解放陣

線發生多次衝突。

2012 年 8 月 6 日,「摩洛民族伊斯蘭自由戰士」的數十名武裝份子,先向該省四個城鎮的軍隊展開同步襲擊。槍手也襲擊了北哥打巴托附近的兩個軍隊哨站。這次暴力事件導致至少三人死亡,數以百計的村民棄家逃命。

摩洛民族解放陣線在 1996 年與菲律賓政府簽署和平協定,但大部份成員並沒有繳械。2013 年 9 月 9 日,好幾百名隸屬「摩洛民族解放陣線」的伊斯蘭叛軍攻入南部三寶顏市的多座村莊,挾持幾百名人質,並且企圖進軍到市政府大樓宣佈獨立,後來遭到政府軍包圍,雙方戰鬥導致大約二百人死亡,其中包括一百六十六名叛軍;另外造成十多萬民眾流離失所。總計有大約三百名叛軍投降,或者遭到俘虜。他們佔據三寶顏市三星期。摩洛民族解放陣線疑因不滿菲律賓政府與另一支穆斯林分離組織和談,損及他們的既有利益,因而以政府未完全落實 1996 年和約為由,發動了這場動亂。來自摩洛民族解放陣線、「阿布沙耶夫」和「摩洛民族伊斯蘭自由戰士」等三股反政府武裝組織的百餘名成員 9 月 12 日曾試圖攻入鄰近三寶顏的拉米坦市,並與政府軍發生衝突,導致一名平民和三名「阿布沙耶夫」武裝份子死亡,另有兩名平民、兩名士兵和七名「阿布沙耶夫」武裝份子受傷。這夥反政府武裝份子 13 日上午 10 時許再度與駐守拉米坦市的政府軍交火,有六名政府軍士兵在交火過程中受傷。

五、2014 年簽署摩洛國綜合協議

2012 年 10 月 15 日,菲律賓政府與最大反政府武裝組織「摩洛伊斯蘭解放陣線」在菲總統府簽署和平協議,菲政府從 1997 年開始與「摩洛伊斯蘭解放陣線」和談,歷經十五年的馬拉松談判,雙方在馬來西亞首都吉隆坡達成協議,同意在菲南部建立名為「摩洛國」的新政治實體。菲南部穆斯林原住民自稱為摩洛人 (Moro),Bangsa 則為「國家」或「民族」之意。

「摩洛伊斯蘭解放陣線」將摩洛國定位為「亞國」，也就是「國中國」，但艾奎諾三世總統在宣佈時，只稱它將是新的政治實體、自治區，從頭到尾未提及「亞國」一詞。

15 日下午，在菲總統艾奎諾三世、馬來西亞首相納吉和「摩洛伊斯蘭解放陣線」主席穆拉德・伊布拉欣見證下，菲政府首席談判代表良仁、「摩洛伊斯蘭解放陣線」首席談判代表伊克描以及馬來西亞和平協調員三人在協議上簽字並交換文本，簽字儀式前，「摩洛伊斯蘭解放陣線」主席穆拉德・伊布拉欣對艾奎諾三世進行了禮節性拜訪，並向艾奎諾三世贈送了伊斯蘭傳統禮物「和平鑼」，艾奎諾三世則向穆拉德・伊布拉欣回贈了菲式傳統建築「尼帕屋」模型。該協議只涵蓋五個省份，而的黎波里協議是十三個省份。「摩洛國」將取代現有的民答那峨穆斯林自治區。

艾奎諾強調，菲政府與「摩洛伊斯蘭解放陣線」的這份協議將確保菲律賓仍是一個國家、一個民族。中央政府仍然負責當地的國防、安全、外交、貨幣政策等專屬權力。將成立的新政治實體會包括現有的民答那峨穆斯林自治區所管轄地區，涉及北蘭佬省六個城鎮、北古達描島省六個城鎮，古達描島市以及描絲蘭省的伊沙迷拉市。

2014 年 3 月 28 日，菲國政府和「摩洛伊斯蘭解放陣線」簽署的摩洛國綜合協議，要點如下：

1. 自治：「摩洛伊斯蘭解放陣線」放棄了在民答那峨建國，並在「摩洛國」自治區採取議會制的自治。
   摩洛國將取代由菲國政府與「摩洛民族解放陣線」簽署的和平協議成立的民答那峨穆斯林自治區。
2. 解除武裝：「摩洛伊斯蘭解放陣線」將逐步地解散其部隊及放下武器。一個地方「摩洛國」警隊將承擔菲國警察及軍隊的執法責任。
3. 權力：菲國政府將保留國防、外交政策、貨幣和公民事項的

專屬權力。多數穆斯林將它視為「國中國」，菲律賓政府則定位為「政治實體」，未來這個政治實體成立後，中央政府仍將掌握它的國防、外交、共同市場與全球貿易、貨幣、國籍及郵政等功能。

4. 稅／收入：自治政府將獲得所有地方稅金、收費的 75%，金屬礦物收入的 75%，控制海岸岸外十二海浬的捕魚區。

5. 伊斯蘭法律：該地區將不是一個伊斯蘭政府，而是一個非宗教政府。伊斯蘭教法只適用於穆斯林，而且只適用於民事案件，而不是刑事案件。所有居民都獲保障基本的生命權、活動權、隱私權和宗教及言論自由。

6. 領域：涵蓋五個省份、兩個城市、六個社鎮及三十九個村，佔菲律賓總土地面積的大約 10%。「摩洛國」政治實體將涵蓋現有的民答那峨穆斯林自治區、加上伊沙迷拉與古達描島兩市、北蘭佬省六座城鎮，以及古達描島省六座城鎮的三十九座村莊，幅員近三萬五千平方公里，人口可達四百萬。

7. 如果其他城鎮願意加入「摩洛國」政治實體，也可在公投兩個月前，透過地方政府決議案或 10% 登記選民連署請願，參與公投。

8. 授權法律：艾奎諾三世將要求國會在 2014 年底為該自治地區通過《摩洛國基本法》。

9. 公投：生活在「摩洛國」地區的人民將必須在 2015 年舉行的公投中追認《摩洛國基本法》。

10. 過渡政府：在基本法獲得通過及在公投中獲得追認後，十五人「摩洛國」過渡政府將掌管該地區直至選出一個地區議會。艾奎諾三世委任該過渡政府的成員，但「摩洛伊斯蘭解放陣線」將佔大多數，該過渡政府的主席將由「摩洛伊斯蘭解放陣線」的人擔任。

11. 選舉：一個地區議會將由五十人組成，他們將在 2016 年 5 月

的全國大選中選出。

2016 年 1 月 27 日，菲律賓眾議院在表決該案時，法定開會人數不足，而使該案未能通過。由於艾奎諾三世快下臺了，其任內重大成就之一就是與伊斯蘭教叛軍達成和平協議，但該項協議有違憲之虞，眾議院為了不違逆總統之意，及謀求族群和諧，沒有以投票方式否決該案，而以技術性手段打消該案，誠為顧全大局之舉。

菲南穆斯林獨立運動從 1970 年代開始，將近四十多年，始終未能成事，主要原因是它位居偏遠落後地區，資源及人力有限，無法完全推翻馬尼拉政府。再加上美國以反恐為名，對菲國提供軍經援助。美國在 2004 年派軍協助菲國在南部進行反恐訓練以及對穆斯林叛軍進行軍事清剿工作。菲南「摩洛伊斯蘭解放陣線」已被美國認定為恐怖主義組織，其要爭取建立自治國更增困難。

據菲國軍方估計，「摩洛伊斯蘭解放陣線」大約有一萬一千名成員，該陣線在 1970 年代中葉成立。其勢力不大，比不上「摩洛民族解放陣線」。但「摩洛民族解放陣線」在 1996 年與菲國政府達成和解而解散，其領袖密蘇瓦里出任菲南自治區行政長官，其游擊隊不是被納編入政府軍，就是解甲歸田，一部份人可能加入當時勢力不大的「摩洛伊斯蘭解放陣線」。此後數十年來，「摩洛伊斯蘭解放陣線」勢力日益增長，成為菲南最大的反政府團體，他們一直在菲南爭取自治。

菲國政府為了化解南部穆斯林的不滿，已與「摩洛伊斯蘭解放陣線」達成祖先領地協議，菲國政府讓步同意南部穆斯林有祖先居住地，可成立自治政府。但經不起南部天主教勢力的反對，菲國政府撤回該項協議，拒絕簽字。接著菲國政府再在 2014 年與「摩洛伊斯蘭解放陣線」簽署摩洛國協議，亦因反對聲浪過大，未獲國會通過。

總之，菲南穆斯林問題是一個歷史遺留下來的問題，目前菲政府只與反政府的四個穆斯林組織之二達成和平協議，仍須繼續與其他組織談判，才能順利完全解決問題。

第二節　以刀劍爭取獨立：阿布沙耶夫集團

　　阿布沙耶夫 (Abu Sayaff) 一詞有不同的意義，一指「阿拉之僕人」，另一說法為此一名詞為阿拉伯片語，意指「劍之父」，即強者之意，或意指「執劍者」。領袖為詹加蘭尼 (A. A. Janjalani)，1963 年出生於巴西蘭島，該島面積一千三百二十七平方公里，人口三十三萬二千八百（2000 年），居民由信仰伊斯蘭教的雅康族、托索族和沙馬爾族及信仰天主教的北方移民構成。人口中有 58% 是在貧窮線或在貧窮線以下，識字率只有 66%，而全菲之識字率為 93.5%。每一萬七千人中只有一名醫生。

　　政府在島上的力量微弱，到處充斥著土匪、摩洛民族解放陣線的游擊隊、阿布沙耶夫份子，他們肆行綁架、走私、濫伐林木和勒索等罪行。詹加蘭尼曾到沙烏地阿拉伯研究伊斯蘭教，也曾到巴勒斯坦和利比亞接受軍事訓練。1980 年代參加國際伊斯蘭教軍，在阿富汗境內參加抗蘇戰爭。他回國後，擔任伊斯蘭教長老，從事伊斯蘭教宣傳工作，是屬於伊斯蘭教基本教義派。1991 年在巴西蘭島成立阿布沙耶夫組織，目標是在民答那峨島建立伊斯蘭教國家。該組織的武裝人員約一百人至一千人之間，自稱為「伊斯蘭聖戰自由戰士」，活動地區在巴西蘭島和蘇祿群島，以綁架勒索等暴力手段獲取資金。其主要外援國家是巴基斯坦。

　　「阿布沙耶夫集團」反對摩洛民族解放陣線與菲政府達成的停火協議，而力主革命手段取得菲南獨立。近年多從事綁架活動，以募集資金。最為轟動的案件是 2000 年在婆羅洲東北角的西巴丹島 (Sipadan) 綁架二十名國際遊客和馬來西亞度假村工作人員，索取大筆贖金，而引起國際的注意。菲國政府對於該綁架案雖採取武力清剿手段，但未見效果。

　　據菲律賓軍方估計，阿布沙耶夫殘餘成員還有三百六十名，主要

在蘇祿島和民答那峨島西南部地區活動。阿布沙耶夫的活動目標和方式與「摩洛伊斯蘭解放陣線」不同，後者有明顯的意識形態和建立伊斯蘭教國的理想，而且購置有先進的武器，訓練游擊隊，從中東國家吸收戰爭經驗。但阿布沙耶夫沒有明顯的政治目標，也沒有從事游擊隊活動，而是以打家劫舍取得資金，其行徑類似盜匪之流。

阿布沙耶夫的根據地在蘇祿群島中的巴西蘭島，其人數約有三百—四百人之間，擁有大量各類威力強大的槍械，包括榴彈發射器和迫擊炮等。

在 2001 年「九一一事件」後，來自印尼的「伊斯蘭教祈禱團」成員在東南亞各國串連，其中有些滲透進入菲南，多達三十個外國激進份子與阿布沙耶夫成員一起受訓。生於馬來西亞的伊祈團成員馬爾萬(Marwan)，也協助提升了阿布沙耶夫的引爆炸彈技術。阿布沙耶夫一組武裝份子在 2001 年襲擊度假勝地帕爾馬斯島(Dos Palmas)，綁架了美國人索韋羅、美籍基督教傳教士伯納姆夫婦和好幾名菲律賓人。

第三節　菲國動亂之源：菲共

羅慕斯總統半生戎旅，以剿共為職志，尤其早年在冷戰時期，剿共成為菲國軍方的主要工作。但在執政後，菲國情勢變化，尤其在艾奎諾夫人執政後，與共黨和解已變成政府的政策。羅慕斯亦尋求與共黨和解，但雙方纏鬥不休。直至 1996 年 12 月 1 日起，菲政府與共黨停火協議才生效，效期至 1997 年 1 月 29 日屆滿，後延長至 3 月 6 日，再延長至 4 月。

但隨後雙方又發生衝突，談談打打變成雙方各自運用的策略，以謀取談判桌上的優勢。1998 年 3 月 16 日菲政府與菲共領導的全國民主陣線代表在荷蘭海牙簽署〈尊重人權與國際人道法律的全面協議〉。4 月 1 日菲政府片面宣佈從本日起對菲共游擊隊實施九十一天的單方面停火，目的在使 5 月 11 日舉行的總統選舉能夠在和平的氣氛中進

行。停火協議將於 6 月 30 日午夜，即新總統上任十二小時之後結束。

　　1999 年 2 月 23 日菲共新人民軍綁架兩名軍官和一名警察情報官，菲政府宣佈無限期中止與全國民主陣線的談判。2000 年 12 月 10 日，菲政府與菲共另一個派系「革命無產階級軍阿力克斯－波加約旅」簽署和平協定，和平協定由農業部長安加拉和該組織首席談判代表克魯茲簽署。在簽署後，艾斯特拉達總統下令司法部在聖誕節之前釋放三十五名叛亂份子和全國所有二百名政治犯。他也送一張四千五百萬披索的支票給地方農業合作社購買拖拉機。該派在 1990 年代初期因思想和武裝鬥爭的路線與菲共主流意見不合而退出。因多名要員被捕，實力大為受挫，不得不與政府和解。

　　為了鼓勵新人民軍成員回歸主流社會，政府在 2010 年 1 月發給每一名帶槍投誠游擊隊員五萬披索賞金、二萬披索現金獎勵和價值五萬披索的生計援助，總計達十二萬披索（新臺幣約八萬三千元）。

　　菲國在 2010 年 5 月舉行大選，有許多偏遠選區被菲共控制，共產黨叛軍向參加大選的候選人收取金錢，然後發出「競選准許令」，允許候選人進入其控制區展開競選活動。叛軍是根據候選人競選的職位，來決定收費的數額，一名眾議員候選人需繳付二百二十萬披索。如果候選人拒絕付款，有可能被新人民軍的槍手伏擊或縱火燒毀他們的汽車和財物。2010 年 12 月，菲共新人民軍向民答那峨島的七家礦務公司勒索，威脅說如果它們不付款就會受到攻擊。南蘇里高省的七家礦務公司受到新人民軍勒索，每家公司每月交出的勒索金可以高達三十三萬三千八百美元。他們還威脅礦務公司，如果不想受到攻擊，就得將勒索金提高 25%。

　　菲政府軍和新人民軍原定於 2011 年 1 月在挪威首都奧斯陸舉行會談，這是自 2004 年以來首次計畫恢復初步和談。後延至 2 月 15 日，菲律賓軍方在談判前的一次突擊行動中逮捕了菲律賓共產黨決策委員會的頭目傑斯敏斯。這次談判主題是經濟與社會改革，尤其是菲共鼓吹的土改。21 日，結束談判，雙方發表聯合聲明，強調雙方承諾最遲

在明年 6 月之前，設法簽署將終止菲共叛亂的全面協定。這次和談是由菲律賓政府與菲共政治組織「全國民主陣線」負責。雙方上次談判破裂的主因，包括菲共要求政府從美國和歐盟的國際恐怖組織名單刪掉菲共的名字，以及菲共不信任當時在任的總統艾洛雅。菲共要求釋放所有在囚同志，艾奎諾三世政府拒絕了該要求後，對話破裂。政府堅持叛軍先交出武器，作為任何和平協議與永久停火的第一步。雙方原計畫 2012 年 10 月在奧斯陸和談，但最終未能舉行，從而造成雙方的和談進程再度陷入僵局。2013 年 1 月 27 日，「新人民軍」在西黑人省發動襲擊，造成一名警官、八名平民死亡。

　　此後，雙方不時在各地爆發衝突，菲共揚言武裝抗爭將會繼續，直至掠奪人民的資源的行為停止，及實現土地改革和國家主義工業化。2015 年 12 月 15 日，菲共發表聲明稱，菲共中央委員會決定菲共「新人民軍」及民兵從 2015 年 12 月 23 日至 2016 年 1 月 3 日對政府軍「停戰」，與民眾一起慶祝聖誕及新年傳統節日。這是歷年的停火時期。停戰期間，菲共領導的武裝部隊會停止針對政府軍和警察採取任何進攻行動，准許政府軍官兵和警察以個人身分進入「人民民主政府管轄的地區」探親訪友。

　　據菲國軍方估計，菲共人數已從二萬五千人減少為四千人。菲共在菲島作亂已逾半個世紀，活動地點散布在各偏遠島嶼，無法佔領大片土地或控制大城市，只能在鄉下偏遠地區進行騷擾、綁架、暗殺的活動，其革命的動力和正當性並未獲得多數菲人的認同，但只要菲國經濟和社會結構仍存在著不合理，產生貧困階級，則他們還是有參加共黨游擊活動的可能性。菲共外圍組織仍然在馬尼拉活動，經常舉行示威抗議遊行，而其主要領導人施順則在荷蘭從事募款和國際宣傳活動。

第四節　走出東、西方文明的十字路口

　　菲國從實施民主選舉制度以來,其政治就呈現菁英寡頭政治特性,豪門世家透過選舉取得政治權力,大焉者當選總統,小焉者取得地方的縣市長或議員,幾乎很少平民或中下階層能躋身政治權力階層。因此歷來的總統都是豪門世家地主階層,即使搞人民革命起家的前總統艾奎諾夫人也是大地主,羅慕斯總統雖非大地主,但也是政治世家,其父為菲國外交家,妹為菲國參議員。艾奎諾夫人執政時,曾通過一個進步的《土改法》,但並未對社會及經濟進行改革,仍延續以前的寡頭統治模式。在這樣的政治結構下,富者相互援引結納,窮者也相互引朋為盜,社會貧富差距愈來愈大,導致社會治安敗壞。

　　社會少數菁英透過政治恩惠制,建立起其政黨派系,政黨之基礎很少是基於意識型態而結合的,除了共黨之外。因此,從戰後以來,菲國的政黨是利益取向的型態,當領導者改變時,政黨立即瓦解,其跟隨者轉而效忠其他有力的新領導人,所以政黨分合非常快速。在歷次的選舉中,提供了這些社會菁英寡頭操控上層政治的機會。依此而論菁英民主制與傳統施恩受惠制,對菲國政治及社會的影響是負面的。

　　教會是菲國一個重要的社會組織,但它不是只關心精神層面而已,而是成為引導社會良知的機構。為了實踐宗教關懷社會的理想,教會團體介入選舉活動,各擁護其中意的候選人,並給予公開的支持。每逢選舉時,教會都會呼籲軍隊保持中立,而自己則介入選舉,亦是菲國自 1980 年代中期以來政治文化的一部份,也是對政教分離的一個諷刺。

　　菲國曾被譽為「亞洲的民主櫥窗」,意即她從美國學到很好的民主政治。然而,從菲國歷史來看,她沒有走向平民政治,而是典型的菁英民主政治,或者寡頭世家政治。歷來的選舉也出現選舉舞弊和暴力不公情事,選舉暴力衝突經常造成傷亡事件,菲國也為民主政治付出

不小的代價。

　　菲國的歷史融合傳統的東方文化和西方文化，島民保存著淳樸、熱情、濃郁的家族情感，也流行著西方的文化、制度和行為，她如何在「外表東方、內心西方和東方雜揉」的十字路口走出自己的路？解決這個問題就如同菲人想變更其國名一樣的困難。

Philippines

附　錄

大事年表

西元

1521. 3.15	麥哲倫發現菲律賓群島。4 月 24 日，派四十八名武裝士兵進攻馬克坦島上的酋長拉布拉布，結果被殺。麥哲倫的殘餘士兵搭乘兩艘船到摩鹿加群島（或稱香料群島）。
1543	西班牙遠征軍司令拉洛勃斯在發現菲島並加以命名一年後，遭土著驅逐出菲島，後來被葡萄牙人逮捕。
1564	五十四歲的黎牙實比離開新西班牙（即墨西哥），率四艘船前往菲島。
1565	黎牙實比在宿霧建立第一個菲島殖民地。
1571. 5.19	黎牙實比在馬尼拉建立據點，將菲島首府從宿霧遷到馬尼拉。
1611	西班牙在馬尼拉設立聖湯瑪士大學。
1624	日本驅逐西班牙商人，結束與菲律賓的貿易關係。
1762.10	時值七年戰爭，西班牙與法國合作，英屬東印度公司攻佔馬尼拉。
1762.12	迪耶哥·希蘭將西班牙軍隊逐出沿岸的維庚市，建立一個獨立政權。
1763. 5	迪耶哥·希蘭被暗殺，嘎布里拉·希蘭則繼續鬥爭。
1764. 5	在七年戰爭結束簽訂〈巴黎條約〉後，菲律賓重回西班牙控制。但短暫的英國統治，顯示了舊西班牙秩序的衰微。
1781	西班牙總督瓦家斯設立國家經濟之友社，鼓勵種植新作物，以利出口。
1782	西班牙菲島政府設立菸草獨佔公司，菲島成為重要菸葉生產

	和出口地區。
1785	由西班牙國王許可的菲律賓皇家公司，開始執行西、菲之間的直接貿易。
1815	墨西哥和菲島之間的大帆船貿易結束。
1834	西班牙國王廢止菲律賓皇家公司，正式允許自由貿易，開放馬尼拉港與外國貿易。約在 1870 年英、美商人獨佔了菲島貿易，菲島進出口貿易興旺。
1839	克魯茲組織菲人兄弟會，稱為聖荷西的科福拉迪亞。該組織在 1840 年被宣佈為違法，並被禁止，他們在塔亞巴斯進行武裝叛亂。開始時，他們力量堅強，打敗西班牙地方軍隊。
1841.11. 1	優勢的西班牙軍隊擊潰科福拉迪亞叛軍，並屠殺其成員。
1841.11. 5	克魯茲被執行死刑，其黨徒則逃至聖克里斯托巴山和巴納霍山。這些山後來流傳許多神話故事。
1855	西班牙菲島當局增開宿霧、黎牙實比、三寶顏、伊洛伊洛等對外貿易的港口。在伊洛伊洛，英國副領事郎尼鼓勵和支持開發尼格羅斯島為菲島糖業的中心。
1861. 6.19	菲國民族英雄黎薩生於內湖省，加南描社。
1863.11.30	保尼法秀出生於馬尼拉的唐多。
1868	具有自由思想的總督迪拉托里在西班牙爆發驅逐伊莎貝拉二世女王的革命後，奉派到菲島。
1871	托缽僧和其他保守份子企圖以更為保守的伊茲奎亞多來取代托里總督。
1872. 2.17	三名菲人傳教士葛梅茲、薄哥斯、詹摩拉在魯尼塔執行斷頭臺死刑。他們都是改革者。在托里總督任內，薄哥斯出版一本小冊子《給高貴的西班牙國民宣言》。
1887. 3.21	黎薩在柏林出版《社會癌症》。
1891. 9. 1	黎薩在比利時堅特出版《貪婪之統治》。
1892. 7. 7	保尼法秀創立卡蒂普南。

1896. 6.21	保尼法秀派特使維連瑞拉前往達必坦，會見被關押的黎薩，目的在尋求他對武裝革命的支持以及拯救他。
1896. 8.26	保尼法秀和卡蒂普南在普嘎德拉溫開始進行反西班牙的革命運動。
1896.12.30	黎薩在巴貢巴樣執行死刑。
1897. 5.10	保尼法秀為由亞奎那多領導的軍事政府執行死刑。以後亞奎那多成為革命政府的最高領袖。
1897.12	比亞克納巴托協議暫時終止了菲人和西班牙人之間的戰爭。亞奎那多隨後被放逐香港。
1898. 2.25	年屆六十歲的美軍杜威司令接獲海軍助理部長羅斯福的密電，命令他的亞洲艦隊航向香港，準備在戰爭爆發時進攻菲島的西班牙艦隊。8 月 12 日，美西簽訂和平議定書。12 月 10 日，美、西在巴黎簽訂條約正式結束戰爭。西班牙撤出古巴，割讓波多黎各、關島和菲律賓給美國，美國為取得菲島付給西班牙二千萬美元。
1898. 5. 1	杜威將軍在馬尼拉灣擊敗西班牙軍隊。
1898. 6.12	亞奎那多宣佈菲律賓獨立。
1898. 8.12	美、西簽訂和平議定書。
1898.12.10	美、西簽訂〈巴黎條約〉，結束戰爭。
1899. 3. 4	美國派遣康乃爾大學校長舒曼到菲島，調查菲島的情況。
1899. 6.23	亞奎那多宣佈成立菲律賓共和國。
1899. 2. 4	菲律賓與美國爆發武裝衝突。
1899. 2. 6	美國參議院投票兼併菲律賓。
1899.11.21	亞奎那多撤退至北呂宋山區。皮臘在保衛提拉德隘道時犧牲，年僅二十四歲。
1901. 3.23	亞奎那多被捕。
1901. 7. 4	美國總統麥金萊在菲島設立民事政府，任命塔夫托為首的菲律賓委員會。

1901. 9.28	在巴蘭吉嘎,美軍隊遭馬爾瓦將軍領導的菲軍逮捕,全數遭處死,此一慘案導致美軍對菲軍採取報復措施。
1902. 7. 1	美國國會通過適用菲律賓殖民政府的法案,稱為〈第一組織法〉。
1902. 7. 4	美國總統羅斯福正式結束菲島的「大叛亂」活動,開始對菲執行合法的主權管轄。
1902. 9	菲律賓的馬爾瓦將軍投降,戰爭終告結束。
1907.10.16	菲島舉行首次眾議院選舉,奧斯敏納當選為議長。
1908	在馬尼拉設立菲律賓大學。
1909. 8	阿爾里契設立菲、美之間自由貿易。
1916. 8.29	〈鍾斯法案〉許諾菲律賓獨立;選舉參議院,以取代任命的菲律賓委員會。
1934. 3	〈泰丁斯─麥克杜飛法案〉規定菲律賓在經過自治十年後獨立。
1935.11.15	成立菲律賓自治國,選舉奎松為總統,奧斯敏納為副總統。
1941.12. 7	日軍攻擊美國的珍珠港和菲島的克拉克空軍基地。
1941.12.10	日軍登陸呂宋島。
1942. 1. 2	日軍佔領馬尼拉。4月9日,美軍在巴丹半島的軍隊向日軍投降。在行軍到集中營的「死亡行軍」過程中,三萬六千名美軍死亡。
1942. 1	有名望的菲律賓政治人物組成菲律賓行政委員會。
1942. 3.29	左派共黨份子組成人民抗日軍。
1942. 5	在菲島美軍向日軍投降。
1943.10	日本在菲島設立「菲律賓共和國」,允許其獨立。
1944.10.20	麥克阿瑟將軍反攻登陸雷泰島。
1944.10.23	重建菲律賓自治國,奧斯敏納出任總統。
1945. 1. 9	美軍在麥克阿瑟將軍指揮下重返菲島。
1945. 2. 3	美軍進入馬尼拉,以後三週與日軍進行巷戰,最後將日軍逐

出馬尼拉。

1945. 7. 5	美國宣佈完全恢復菲島的控制。
1946. 4.23	羅哈斯擊敗奧斯敏納出任菲國總統。
1946. 7. 4	依據 1934 年〈麥克杜飛─泰丁斯法案〉規定，菲律賓脫離美國獨立。首任總統為羅哈斯。
1947. 3.14	菲美簽訂為期九十九年軍事基地協議。
1947. 3.21	菲美簽訂軍事援助協議。
1948. 3. 6	虎克黨被宣佈為非法組織。
1948. 4.16	羅哈斯死於任上，由季里諾繼任為總統。
1949.11. 8	季里諾當選為總統。
1951. 8.30	美、菲簽訂〈共同防禦條約〉。
1953.11.10	麥格賽賽擊敗季里諾當選總統。
1954. 9. 8	東南亞公約組織在馬尼拉成立。
1957. 3.17	麥格賽賽因飛機撞山逝世，由賈西亞繼任總統。
1957.11.12	賈西亞擊敗國民黨的雷克托，當選為總統。
1959.10.12	菲、美簽訂〈保連─西拉諾協議〉，規定美軍在菲境基地從事非屬東南亞公約組織或與菲國防衛無關的軍事任務或在菲境部署長程飛彈時，美國須與菲國諮商。
1961.11.14	馬嘉柏皋擊敗賈西亞，當選總統。
1962. 6.12	宣佈為菲國新的獨立日。
1965.11. 9	馬可仕擊敗馬嘉柏皋，當選總統。實踐競選承諾，派遣民事行動團前往越南協助美軍作戰。
1966. 9.16	菲、美簽訂〈魯斯克─羅慕斯協議〉，將菲、美基地協議改至 1991 年期滿。
1968. 9.18	菲國與馬國政府官員在曼谷會談中失敗後，馬尼拉宣佈擁有沙巴領土主權，並通過一項法律將沙巴併入菲國領土。
1969.11.11	馬可仕再度當選總統。
1970. 1. 3	馬尼拉大學生進行大規模反政府和反美示威遊行，稱為「第

一季暴風」。

1971. 8.21　馬可仕政敵在一場演講會上遭到手榴彈攻擊，兇手沒有緝捕，人身保護令終止頒發。

1972. 1.11　恢復頒發人身保護令。

1972. 9.21　馬可仕宣佈〈戒嚴令〉。

1973. 1　　公民議會以舉手方式通過新憲法草案。

1974. 7. 4　終止給予美國平等權的憲法修正案。

1976. 8.17　民答那峨發生大地震及海嘯，造成八千人喪生。

1976.12.23　菲國與摩洛民族解放陣線的領袖密蘇瓦里在的黎波里簽訂協議，終止雙方的戰鬥。

1978. 4. 7　舉行臨時國民議會選舉，選舉舞弊情事嚴重。

1979. 1. 7　修改菲美軍事基地協議，在菲境基地須掛菲國國旗，但美國保證不妨礙基地使用。

1981. 1.17　馬可仕宣佈解除戒嚴統治，但仍保留戒嚴權力。

1981. 6.16　馬可仕再度當選總統。

1982. 9.15　馬可仕官式訪問美國。

1983. 8.21　前參議員艾奎諾返抵馬尼拉機場遭到暗殺死亡。

1984. 4.14　舉行國民議會選舉，反對黨僅獲少數議席。

1985.12. 2　由馬可仕控制的法庭宣佈涉及艾奎諾暗殺案的參謀總長維爾及其他軍官無罪。

1985.12. 3　艾奎諾夫人宣佈參選總統。

1986. 2. 7　舉行總統選舉。

1986. 2.25　馬可仕逃至克拉克空軍基地搭機前往夏威夷。艾奎諾夫人接掌總統。

1986. 3.25　公佈第 3 號令，以自由憲法替代 1973 年憲法。

1986. 4.30　艾奎諾夫人新政府公佈第 9 號令，設立制憲委員會。6 月 2 日開始起草新憲法，至 10 月 15 日完成草案。

1986. 7. 6　在 2 月當選副總統的陶倫迪諾，為了爭取「合法」地位，夥

同四十餘名軍官發動一場為時四十小時的「政變」。

1986.11.22	包括以菲律賓軍官學校 1972 年班為主力改革軍部運動的成員與馬可仕的支持者在國防部長恩里烈的盟友住宅集會準備發動軍事政變，艾奎諾夫人先下手為強，解除恩里烈國防部長職務。
1986.11.26	菲政府與菲共全國民主陣線達成停火六十天協議，27 日簽署該項協議。
1987. 1.27	數百名軍人發動政變，結果失敗。
1987. 2. 2	舉行新憲法公民複決投票，有 90% 的選民出席投票，獲 75.45% 選民的贊成通過。
1987. 5.11	菲國舉行新憲法公佈後的首次國會選舉。
1987. 8.26	百萬多人發動全菲總罷工，各大城市的交通陷於癱瘓。
1987. 8.27	洪納山上校發動兵變，進攻總統府及其他據點。
1988. 1.18	舉行地方官員選舉。
1988.10.17	菲、美雙方達成新軍事基地協定。
1989.11.30	深夜菲國又發生兵變，叛軍在坦克車掩護下向馬尼拉進攻；次日凌晨，叛軍已奪下市內陸軍和海軍陸戰隊軍營、空軍基地、國家電視臺、國際機場等。
1990. 2.22	洪納山領導的「菲律賓人民軍」叛軍集團發表政綱，主張建立聯邦政治體制，聲言將不會建立軍人獨裁政權，譴責外國帝國主義者，呼籲美國不要介入菲國內政糾紛。後被弭平。
1990. 3. 4	卡加揚省前省長阿奎納洛叛變，失敗逃逸。
1990. 8.29	眾議院通過參加政變者最高可處無期徒刑的反軍變法案。艾奎諾夫人在同年 10 月 24 日簽署該項法律。
1990.10. 4	前上校魯白禮率兵佔領霧端市和黎奧洛市內的陸軍營區，意圖建立一個獨立的民答那峨聯邦共和國。
1991. 6	品納土波火山爆發，克拉克空軍基地的美軍人員及其眷屬被迫疏散。

1991. 8.27	〈美菲友好合作與安全條約〉草案簽訂，菲國允許美國繼續使用蘇比克灣海軍基地十年。菲律賓參議院外交委員會於 9 月 9 日以十二票對十一票加以否決。
1991.11.26	美國正式把克拉克空軍基地交還給菲國。
1992. 5	菲國舉行總統選舉，羅慕斯當選。
1992. 9.30	美國把蘇比克灣海軍基地的使用權交還菲國。
1995. 1.16	教宗保祿二世訪問馬尼拉。
1995. 1.30	菲政府與摩洛民族解放陣線簽訂正式停火協議。
1996. 6. 7	菲律賓政府與菲國南部最大的伊斯蘭教分離主義者摩洛民族解放陣線達成初步的和平協議，8 月 30 日在印尼總統蘇哈托的見證下，於雅加達草簽和平協議。9 月 2 日在馬尼拉簽訂正式的和平協議。
1996. 9. 9	舉行民答那峨穆斯林自治區投票，密蘇瓦里一人參選，順利當選該自治區行政長官。
1996.12. 1	菲政府與共黨停火協議生效，效期至 1997 年 1 月 29 日屆滿，後延長至 3 月 6 日，再延長至 4 月。
1997. 1	菲政府與摩洛伊斯蘭解放陣線舉行和談。11 月 14 日，雙方就實施停火協議的細節問題簽署協議。
1997. 2.18	參議院以二十三票通過決議反對修憲延長總統任期。
1997. 3.19	最高法院以九票對五票做出裁決，表示憲法規定的創制對象只允許針對一般法律，並不能針對國家憲法進行修改。
1997. 1.31	菲國天主教會主教會議發表一封公開信，呼籲菲國人民共同努力，舉行誠實廉潔選舉，以選出一位能幹和正直的國家領導人。3 月 30 日樞機主教辛海美公開表示，總統候選人艾斯特拉達人品有問題，不適合擔任總統的職務。
1998. 3.16	菲政府與全國民主陣線的代表在荷蘭海牙簽署〈尊重人權與國際人道法律的全面協議〉。
1998. 5.11	菲國舉行總統、副總統投票，結果艾斯特拉達當選總統，艾

洛雅當選副總統。

1999. 8.18	艾斯特拉達總統委任一個籌備工作小組，以研究在不影響菲國政治原則的情況下，修改 1987 年憲法中有關經濟的條款，使之更符合菲國經濟發展的需求。
1999. 8.20	艾奎諾夫人和辛海美舉行五萬人示威集會，反對修憲。
2000.10.18	菲國眾議院反對黨眾議員向眾議院秘書處提出對總統的彈劾動議，指控總統艾斯特拉達貪瀆違法。司法委員會於 11 月 6 日通過針對總統涉嫌收賄及貪腐的彈劾動議正式送交眾議院全院。
2000.11. 4	反對黨號召六萬群眾在馬尼拉舉行反艾斯特拉達總統集會，前總統艾奎諾夫人、羅慕斯、現任副總統艾洛雅、參議長德利倫、眾議長維拉爾、天主教領袖辛海美，以及宗教組織和左派團體成員，示威群眾高呼要求總統辭職下臺。
2000.11.13	眾議院共二百一十八席中已有一百一十五人連署彈劾案，因此眾議長在沒有投票情況下，逕自宣佈通過彈劾建議案。
2001. 1.17	參議院審判庭中總共有二十二位參議員，結果有十一票對十票決議停止調查總統隱匿鉅額賄款的秘密銀行帳戶。
2001. 1.18	數十萬人走上街頭抗議示威，要求艾斯特拉達總統下臺，菲國參謀總長雷耶斯率兩將領倒戈，國防部長麥卡度也倒戈支持副總統艾洛雅。
2001. 1.20	副總統艾洛雅宣誓就任菲國第十四任總統。艾斯特拉達則在當天下午 2 時 20 分由其夫人露易莎和四名子女陪同離開總統府，黯然下臺。
2001. 2. 9	艾斯特拉達向菲國最高法院提出申請，要求中止對他的起訴，他宣稱自己仍是合法的總統，艾洛雅只是「代理總統」，因為他並未辭職。3 月 3 日，最高法院十三名法官一致投票支持艾洛雅就任菲國總統的合法性。
2001. 5. 1	擁護前總統艾斯特拉達的民眾八千多人在黎明前攻擊總統

府，要求恢復艾斯特拉達總統職位，遭軍警驅離，引發群眾
暴動，暴民還劫掠市內的商店，在警民衝突中有四人喪生，
一百三十八人受傷，一百多人被捕。菲國政府宣佈馬尼拉進
入「戡亂狀態」。

2001. 5.14　舉行國會眾議員選舉、參議員期中選舉以及地方政府公職人
員選舉，總共要選出眾議員二百六十二席。

2003. 7.27　海軍上尉特里蘭斯率領三百二十一名年輕軍官和士兵發動
兵變。

2004. 5.10　艾洛雅總統贏得六年連任。

2004. 7.26　艾洛雅總統對國會發表國情咨文，主旨為「新方向：在變革
的時代以民為本以及國家復興」，推出五項改革方案，即為在
今後六年的任期內促進經濟增長和社會公平。

2004. 7　在「九一一事件」後，菲國派遣人道主義救援隊至伊拉克。
但菲國卡車司機克魯斯遭伊拉克反抗軍綁架，並要求菲國從
伊拉克撤軍。艾洛雅總統提前從伊拉克撤軍以營救克魯斯。

2005. 6　反對黨公佈一卷錄音帶，聲稱艾洛雅總統在 2004 年 5 月總
統大選前致電選舉委員會主任，要求讓她以一百萬票的差距
勝過競選選手。

2005. 7. 7　艾洛雅總統表示菲國政治體系需要基本改變，將朝議會制修
改。

2005. 7. 8　在財政部長布里斯馬策動下，十名內閣閣員集體請辭，並在
記者會上表示，艾洛雅總統被指控在去年大選中涉嫌舞弊，
已喪失領導能力，以此逼迫艾洛雅下臺。

2005. 7.12　亞銀表示可能刪除對菲國下個三年的貸款，除非菲國加速改
革，強化其金融地位。
四萬多人聚集在大馬尼拉市馬卡蒂示威，要求艾洛雅下臺。
前總統羅慕斯主張修憲，改採議會制，2006 年修憲前，艾洛
雅仍擔任看守總統。眾議院主席維尼西亞表示，此為替代艾

洛雅下臺的方案。

2005. 7.15　有三百多名農民團體的成員聚集在農業部大廈前示威，與警方發生衝突，有七人受傷（其中一名為警察）。

2005. 7.16　十二萬五千人在黎薩公園集會示威，支持艾洛雅總統。參加集會者大多是公務員、公立學校學生和宗教團體。

2007. 5　　舉行眾議員選舉，區域代表選出二百一十八席，政黨名單代表制選出二十二席，共二百四十席。

海軍上尉特里蘭斯當選參議員，因被控叛亂罪而遭監禁，在被禁止出獄競選拉票和沒錢資助競選活動的情況下，仍憑藉他反政府、反貪污的立場當選，足見選民對艾洛雅政府的不滿。

2007. 7.19　7月19日，艾洛雅總統宣佈成立一個真相委員會，調查反對派指她在2004年總統選舉中作弊的指控，但重申不會辭職。

2007.11.29　領導2003年7月馬卡蒂市酒店流產兵變的特里蘭斯，以及於2006年2月企圖率偵騎兵撤回對政府支持的華人準將丹尼洛·林，於馬卡蒂呼籲民眾加入其行列，同時要求艾洛雅辭職。

2008. 2.15　菲律賓各界發動萬人大示威，要求被疑收取回扣的艾洛雅總統辭職。長達四個多小時的示威活動在晚上8點多和平落幕。

2008. 2.19　領導菲律賓天主教主教團的主教拉達梅奧會見了五十名民間組織、學生團體和商界組織的代表後對記者說，把艾斯特拉達拉下臺的那一股「人民力量」是失敗的。

2008. 2.25　反政府團體在大馬尼拉區多個地方舉行示威活動，要求艾洛雅辭職。

2008. 3.14　近萬名學生和激進份子在馬尼拉舉行示威活動，要求被指涉及貪污的總統艾洛雅下臺。

2008. 5. 1　近萬名勞工到菲律賓總統府附近舉行示威，要求總統辭職和提高工資。

2008. 7. 3	菲律賓警方宣佈逮捕一名前眾議員和四名前軍官、警官,警方表示五人試圖從一名日本商人處勒索一千萬美元,以資助旨在推翻總統艾洛雅的顛覆行動。
2008. 8. 4	菲國與摩洛伊斯蘭解放陣線在馬來西亞首都吉隆坡簽署領土協定,該協定擴大現有的菲律賓南部六省自治區,要設立一個稱為「摩洛民族家園」或祖傳領地的穆斯林自治區。
2008. 8. 5	最高法院發出一項臨時限制令,阻止政府簽署祖傳領地協議。
2008.10. 9	菲律賓參議院以十六票對四票批准〈日菲經濟夥伴協定〉,這是菲律賓與外國簽署的第一份雙邊自貿協定,日本將豁免菲律賓大約 80% 產品的關稅,有助於菲國商品出口至日本。
2008.10.14	菲律賓最高法院裁決,政府與摩洛伊斯蘭解放陣線達成的祖先領地協定違憲。
2008.12. 3	眾議院經過將近八個小時的辯論和投票後,未能通過對總統艾洛雅提出的彈劾案,使艾洛雅在今後一年內免再遭彈劾。
2009.11.23	在菲南馬金達諾省塔古龍鎮發生大屠殺案。
2010. 5.10	舉行中央和地方選舉,曼古達達圖獲當選省長。馬可仕的妻子伊美黛當選眾議員、獨子小斐迪南·馬可仕當選參議員、長女伊米當選家鄉北伊洛康諾斯省省長。
2010. 8.23	香港旅行團二十多名成員乘坐的巴士在馬尼拉景點黎薩公園附近遭一名菲國前警官敏洛沙劫持,劫持者射殺人質,菲警方強攻巴士,事件最終導致八名港人不幸遇難,七人受傷。
2010. 9.11	艾奎諾三世總統表示真相委員會將對前艾洛雅政府的貪污醜聞展開調查。
2010.10. 3	艾奎諾三世總統在紐約表示,菲國和其他東協成員國將採取一致行動,反對中國對南海宣示主權的任何動作。
2010.10.18	超級颱風「胡安」吹襲北呂宋,帶來巨浪和至少造成三人死亡。

2010.10.23	菲律賓警方表示，21 日發生在北古達描島省的巴士爆炸事件，很可能是場恐怖攻擊。
2010.10.27	菲律賓警方表示最近選舉暴力事件增多，死亡人數增加至三十九人。
2010.10.29	外交部表示「菲律賓共和國」的簡稱，由 "RP" 改為 "PH" 或 "PHL"。
2010.11. 1	艾奎諾三世總統向聯合國承諾，菲律賓政府 2010 至 2016 年中期發展計畫將很快就會公佈。
2010.12. 7	最高法院宣佈艾奎諾三世總統發出的成立真相委員會第 1 號行政令違憲，真相委員會違反平等保護條款。
2011. 2. 6	十四名涉及跨國詐騙集團的臺灣嫌犯被菲律賓警方遣送中國大陸。
2011. 2.11	菲政府和「摩洛伊斯蘭解放陣線」的代表在馬來西亞吉隆坡舉行和平會談。
2011. 2.15	菲政府和菲共「全國民主陣線」在挪威首都奧斯陸舉行會談。
2011. 2.27	大理院駁回了政府就真相委員會的合憲性，提出另外進行辯論的請求。
2011. 3. 2	菲政府將實行一千四百九十三項，總值十二億九千萬美元的年度基建計畫。
2011. 3.21	駐菲律賓的美國大使杜馬斯要求菲律賓政府公開支持聯合國安理會授權軍事行動保護在利比亞的平民及禁飛區的決議。
2011. 6. 9	菲法庭下令凍結涉及政治大屠殺的安帕圖安家族的銀行帳戶和其他資產。
2011. 8	「摩洛伊斯蘭解放陣線」領袖之一──卡杜另組「摩洛民族伊斯蘭自由戰士」於馬金達諾省達都恩賽市郊外山區，約有二百名支持者。
2011. 8. 9	前總統艾洛雅被列入「旅遊觀察名單」六十天。

2011.11. 5	總統艾奎諾三世證實，恐怖份子企圖暗殺兩位大使和部份菲律賓安全官員。
2011.11.24	菲最高法院下令總統艾奎諾三世母親的家族將土地分給農民。
2011.12.12	菲眾議院通過議案，彈劾最高法院首席大法官科羅納。
2011.12.29	菲政府檢察官對艾洛雅夫婦、前交通部長門多薩和前選舉委員會主席阿巴羅斯提出貪污控告。
2012. 5.29	菲律賓參議院投票，以壓倒性比數決定將最高法院首席大法官科羅納褫職，使他成為菲律賓歷史上首位遭彈劾下臺的首席大法官。
2012. 7.16	菲律賓監察署對前總統艾洛雅提出掠奪控告。
2012. 7.25	菲法院以破壞選舉控狀證據不夠充足為由，准許艾洛雅提交一百萬披索保釋金，結束長達八個月的醫院軟禁。
2012. 8. 6	「摩洛民族伊斯蘭自由戰士」襲擊當地軍隊，導致數以百計的村民棄家逃命。
2012.10.15	菲政府與國內最大反政府武裝組織「摩洛伊斯蘭解放陣線」在菲總統府簽署和平框架協議。
2012.12.18	菲國會通過生育健康法，共和國第 10354 號法，或稱「責任父母與生育健康國家政策法」。
2013. 1.22	菲政府質疑中國對南中國海的九段線的主張權，要求中國停止侵犯菲律賓主權和管轄權的違法活動，並提交國際海洋法法庭仲裁。
2013. 1.27	「新人民軍」在西黑人省發動襲擊，造成一名警官、八名平民死亡。
2013. 9. 9	「摩洛民族解放陣線」攻入南部三寶顏市，導致約二百人死亡，十多萬民眾流離失所。
2013. 9.12	「摩洛民族解放陣線」、「阿布沙耶夫」和「摩洛民族伊斯蘭自由戰士」等三股反政府武裝組織攻入鄰近三寶顏的拉米坦

市，並造成多人傷亡。

2013. 9.27　參議員晶貴‧伊斯逻拉揭發國會議員在科羅納被定罪之前，收到了優先發展援助金或政治分肥金五千萬披索。

2013.10.19　大理院發出暫停撥款令，禁止發放 2013 年預算案中餘下的政治分肥金。大理院裁決宣稱優先發展援助金或政治分肥金違憲。

2014. 3.28　菲國政府和「摩洛伊斯蘭解放陣線」簽署摩洛國綜合協議。

2014. 4.28　菲國防部長牙斯敏與美駐菲大使戈德堡在馬尼拉簽署為期十年的菲美「加強防務合作協議」(EDCA)，准許美軍使用菲國軍事基地、在菲興建軍事設施以及在菲存放、部署武器。

2015. 2. 2　菲國政府在馬尼拉灣填海建造約八平方公里的賭博區「夢之城」開幕。

2015.10.29　聯合國仲裁法庭受理菲、中南海訟案，並做出初步裁決。

2015.12.15　菲共發表新年停戰聲明。

2016. 1.10　菲國實施禁槍令。

2016. 1.12　菲最高法院裁定菲美「加強防務合作協議」合憲。

2016. 1.27　菲眾議院在表決摩洛國綜合協議時人數不足，使該案未能通過。

2016. 5. 8　菲律賓全國實施禁酒令兩天，防止選舉暴力。

2016. 5. 9　舉行總統、國會與地方選舉，共計選出一萬八千零六十九個公職職位。杜特地當選菲國總統。

2016. 7.12　聯合國仲裁法庭對南海仲裁案做出裁決。

參考書目

中文部分

陳烈甫，《虎克騷亂與社會改革》，正中書局，民國 60 年 9 月臺初版。

陳烈甫，《菲律賓的歷史與中菲關係的過去與現在》，正中書局，臺北市，民國 57 年。

陳烈甫，《菲律賓民治制度的理論與實際》，正中書局，臺北市，民國 58 年。

陳鴻瑜，《菲律賓的政治發展》，臺灣商務印書館，臺北市，民國 69 年。

劉芝田，《菲律賓民族的淵源》，東南亞研究所，香港，1970 年。

外文部分

Abueva, Jose Veloso, "Philipino Democracy and the American Legacy," *The Annals of the American Academy of Political and Social Science*, Vol. 428, November 1976.

Alip, Eufronio M., *Political and Cultural History of the Philippines*, Vol. I, II, Alip & Sons, Inc., 1954.

Aruego, Jose M., *Philippine Government in Action and The Philippine Constitution*, University Book Supply, Inc., Manila, 1982.

Butwell, Richard, "The Philippines After Democracy," *Current History*, Vol. 65, No. 387, November 1970, pp.217–220.

Butwell, Richard, "The Philippines Under Marcos," *Current History*, Vol. 58, No. 344, April 1970, pp.196–201.

Butwell, Richard, *Southeast Asia: A Political Introduction*, Praeger Publisher, Inc., New York, 1975.

Clemente II, Fred Al., "Philippine Bureaucratic Behavior," *Philippine Journal of Public Administration*, Vol. XV, No. 2, April 1971, pp.119–147.

Corpuz, Onofre D., *The Philippines*, Prentice-Hall, Inc., Englewood Cliffs, N. J., 1965.

Cutshall, Alden, *The Philippines: Nation of Islands*, D. Van Nostrand Company, Inc., New Jersey, 1964.

de Guzman, Raul P., "Politics in the Philippines," *Philippine Journal of Public Administration*, Vol. XV, No. 3–4, July–October 1971, pp.233–238.

Feliciano, Gloria D. and Thomas G. Flores, "A Note on Change in the Philippine Barrio," in Daniel Lerner and Wilbur Schramn (ed.), *Communication and Change in the Developing Countries*, East-West Center Press, University of Hawaii, 1969, Second Printing, pp.289–302.

George, T. J. S., "The Philippines Under Martial Law: The Road Ahead," *Pacific Community*, Vol. 4, July 1973, No. 4, pp.525–534.

Guzman, Raul. P., *Government and Politics of the Philippines*, Oxford University Press, Singapore, 1988.

Hall, D. G. E., *A History of Southeast Asia*, Macmillan & Co. Ltd., S. T. Martin's Press, New York, 1968.

Hawes, Gary, *The Philippine State and the Marcos Regime, The Politics of Export*, Cornell University Press, Ithaca and London, 1987.

Kahin, George McTurnan (ed.), *Governments and Politics of Southeast Asia*, first published 1959, Taipei reprinted.

Liang, Dapen, *Philippine Parties and Politics*, The Gladstone Company, San Francisco, second printing, 1971.

Noble, Lela Garner, "The Moro National Liberation Front in the Philippines," *Pacific Affairs*, Vol. 49, No. 3, Fall 1976, pp.405–424.

Pacis, Vicente Albano, *Philippines Government and Politics*, Phoenix Press, Ine., Quezon City, second revised edition, 1967.

Phelan, John Leddy, *The Hispanization of the Philippines, Spanish Aims and Philipino Response 1565–1700*, The University of Wisconsin Press, second printing, 1967.

Steinberg, David Joel, *Philippines Collaboration in World War II*, Ann Arbor: The University of Michigan Press, 1967.

Taylor, George E., *The Philippines and the United States: Problems of Partnership*, Council on Foreign Relations, Inc., New York, 1964.

Tilman, Robert O., "The Philippine Under Martial Law," *Current History*, Vol. 71, No. 422, December 1976, pp.201–204.

Vivar, Teofista L., et al. (eds.), *Philippines: History and Government*, Vibal Publishing House, Inc., 1999.

Wurfel, David, *Filipino Politics: Development and Decay*, Cornell University Press, Ithaca and London, 1988.

Zaide, Gregorio F., *Philippine Political and Cultural History*, Vol. I, II, Philippine Education Company, Manila, 1957.

Zaide, Gregorio F., *Philippines Constitutional History of Modern Nations*, The Modern Book Co., Manila, 1970.

Zaide, Gregorio F., *The Philippine Revolution*, The Modern Book Company, Manila, revised edition, 1968.

圖片出處：AFP/CORBIS: 30, 31. American Historical Collection, Rizal Library, Ateneo de Manlia University: 15. Bettmann/CORBIS: 14, 25. Jaime Zobel de Ayala: 28. Museo Naval, Madrid: 4. National Book Store, Inc., Philippine: 3, 5, 6, 7, 8, 9, 11, 12, 13, 16, 17, 18, 20, 21, 22, 23, 24, 29. Nik Wheeler/CORBIS: 26. Popperfoto/PHOTOLIFE:10. Tom Gralish and the Philadelphia Inquirer: 27. Topham Picturepoint: 19. Jeffrey Avellanosa from Makati, Philippines:32. Ryan Lim from wikipedia:33. MrHope from wikipedia:35.

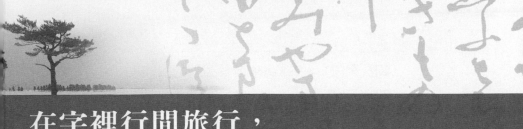

在字裡行間旅行，
實現您 **周遊列國** 的夢想

尼泊爾史──雪峰之側的古老王國

這個古老的國度雪峰林立，民風純樸，充滿神祕的色彩。她是佛陀的誕生地，驍勇善戰的廓爾喀士兵的故鄉。輝煌一時的尼泊爾，在內憂外患中沉默，直到2001年爆發的王宮滅門慘案，再度成為國際焦點，真是王儲為情殺人或是另有隱情？尼泊爾又該何去何從？

約旦史──一脈相承的王國

位處於非、亞交通要道上的約旦，先後經歷多個政權更替，近代更成為以色列及阿拉伯地區衝突的前沿地帶。本書將介紹約旦地區的滄桑巨變，並一窺二十世紀初建立的約旦王國，如何在四代國王的帶領下，在混亂的中東情勢中求生存的傳奇經歷。

阿富汗史──文明的碰撞和融合

什麼？戰神亞歷山大費盡心力才攻下阿富汗！什麼？英國和蘇聯曾經被阿富汗人打得灰頭土臉！沒錯，這些都是阿富汗的光榮歷史！就讓本書一起帶領你我了解不同於電視新聞的阿富汗。

敘利亞史──以阿和平的關鍵國

敘利亞，有著與其他阿拉伯國家不同的命運。幾千年來，不同的入侵者先後成為這裡的主人，艱苦的環境和無盡的苦難，讓敘利亞人民除了尋求信仰的慰藉外，也發展出堅忍的民族性，使其終於苦盡甘來。

韓國史——悲劇的循環與宿命

位居東亞大陸與海洋的交接，注定了韓國命運的多舛，在中日兩國的股掌中輾轉，經歷戰亂的波及。然而國家的困窘，卻塑造了堅毅的民族性，愈挫愈勇，也為韓國打開另一扇新世紀之窗。

日本史——現代化的東方文明國家

她擁有優雅典美的傳統文化，也有著現代化國家的富強進步。日本從封建的舊式帝國邁向強權之路，任誰也無法阻擋她的發光發亮。她是如何辦到的？值得同樣身為島國民族的我們學習。